AutoCAD

for Mechanical Drawing

신동일 · 박정규 · 백덕화 공저

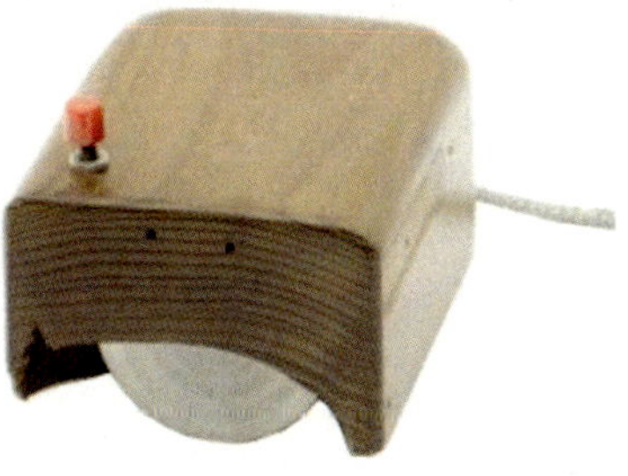

기계제도를 위한 AutoCAD는 산업 현장에서 기계설계, 제품설계 등에서 가장 많이 사용하는 2차원 CAD의 소프트웨어를 사용하는 기능 숙지 및 기계제도에 필요한 도면 그리는 방법 위주로 구성되어 있다. AutoCAD는 매년 소프트웨어 개발사에서 여러 가지의 기능을 추가적으로 탑재하여 새로운 버전의 CAD소프트웨어를 출시하고 있으나 기본적인 기능 자체는 변함이 없다.

따라서, 본 교재에서는 실제 설계 시 사용되는 AutoCAD의 기본적인 기능 숙지 위주로 구성하여 도면작성에 필요한 기본적인 옵션 설정, 단축명령 사용, 도면작성 및 출력의 형태로 다음과 같이 구성되어 있다.

제1장 기계제도와 CAD
기계제도를 위하여 사용되는 CAD소프트웨어의 위치관계를 나타내는 장으로서 CAD/CAE/CAM의 관계, CAD의 정의, CAE의 정의, CAM의 정의 및 CAD와 제도의 관계를 설명한다.

또한 제도의 규정 중 최소한의 기본인 투상법과 선의 사용법을 배워서 AutoCAD를 익힘에 있어 제도 규정에 따르는 것을 습관화 하고자 한다.

제2장 AutoCAD 명령 및 연습
AutoCAD를 사용하여 도면을 작성하기 위한 그리기, 수정, 치수기입 등의 명령을 익히고 연습할 수 있도록 했다. 그리고 보다 정확하고 효율적인 명령어 사용을 위해 작업환경 설정, 도면층 설정, 제도값 설정 및 사용자 작업환경 설정으로 구성하며 기본적인 옵션설정 방법과 단축명령을 설명한다.

제3장 투상도 연습
도면은 단순한 그림이 아닌 구체적이고 정확한 정보가 들어 있는 자료이어야 하므로 정확한 정보의 전달을 위해서는 규정에 맞는 작도법을 익히기 위한 투상도 연습문제를 준비했다.

이상과 같이 기계제도를 위한 AutoCAD의 교재에서는 그리기 기능, 편집 기능 및 도면출력, 옵션 설정에 대하여 직관적인 사용 단계별로 구성하고 연습문제를 통하여 도면 그리는 방법을 숙지함으로써 기계도면 작성 방법을 습득할 수 있도록 본 교재를 구성하였다.

실제 설계에는 본 교재에 수록된 것 이상의 많은 고급 기능이 사용되므로 본 교재 수준의 AutoCAD 사용법에 숙달된 후에는 숙련자를 통해 고급기능을 배우기 바란다.

AutoCAD의 기본적인 기능 숙지로 도면작성이 가능하도록 노력하였으나, 다소 미흡한 부분이 있으리라 사료되며 또한, 추가적인 기술이 필요한 부분도 있을 것이라 생각되므로 추후 빠른 시일 내에 개정 보완토록 할 것이다.

본 교재가 출판될 수 있도록 수고를 해주신 기한재출판사의 사장님 이하 여러분께 깊은 감사를 표하는 바이다. 그리고 도면, 그림 및 설명내용 작성에 수고해준 조현지 학생에게 별도의 감사를 전한다.

제1장 **기계제도와 CAD/7**

제2장 **AutoCAD 명령 및 연습/29**

제 1 장

기계제도와 CAD

1.1 CAD/CAE/CAM의 관계

우리의 일상생활에 사용되고 있는 제품 또는 그 생산 장비는 시장조사를 통한 상품기획에서부터 생산판매까지의 과정을 고려하여 수익을 최대한 창출하면서 우리의 생활에 유익함을 부여하여야 한다.

그림 1.1은 제품의 생산 공정에 있어서 CAD(Computer Aided Design), CAE(Computer Aided Eng ineering) 및 CAM(Computer Aided Manufacturing)의 위치관계를 나타낸다. 기획구상과 기본설계는 시장조사 및 영업활동의 과정에 위치하는 것으로서 개략적인 시스템을 설계하여 의사결정을 하며 이 과정에서는 3차원 CAD가 유익하게 활용된다.

3차원 CAD를 사용하여 개략적인 시스템의 구상 설계가 완료되어 제품의 상세 설계를 하는 과정에서는 중요한 부분에 대하여서 CAE를 통한 설계의 확실성을 부여하여 고객에 대한 신뢰성을 향상시키며 설계의 시행착오를 줄여서 생산시간 및 수정시간을 단축하여 원가절감에 기여하도록 한다.

제품의 부품을 생산하기 위한 상세설계, 생산설계 및 공정설계에는 구상 설계에서 사용된 3차원 CAD의 정보를 활용하여 2차원 CAD의 도면을 작성하고 가공에 필요한 데이터를 작성하는 CAM의 과정을 거쳐서 필요한 공작기계를 사용하여 부품을 생산한다.

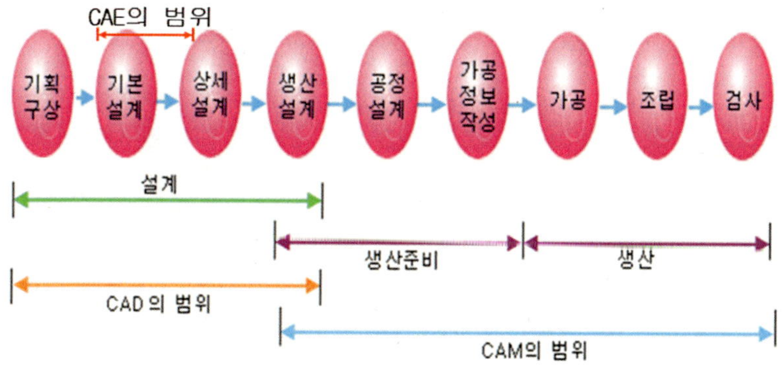

<그림 1.1 제품생산에서의 CAD 위치>

생산이 완료된 부품은 생산도면을 참조하여 가공 상태를 검사하여 합격된 부품을 조립공정으로 송출하여 조립을 실시한다. 마지막으로 조립이 완성된 제품의 성능을 검사하여 합격한 것을 출하하여 고객에게 판매함으로서 수익을 창출한다.

1.2 CAD의 정의

CAD(Computer Aided Drafting or Computer Aided Design)의 정의는 컴퓨터를 이용하여 필요로 하는 제품을 설계 및 제조하는 모든 행위를 말하며 컴퓨터를 이용한 제도 또는 컴퓨터를 이용한 설계라고도 한다.

그림 1.2는 제품의 구상 설계 및 상세 설계에 사용되는 도면의 형상을 나타낸 것으로 3차원(3D) CAD와 2차원(2D) CAD로 구분하고 각 회사의 특성에 맞는 CAD 소프트웨어를 사용하여 설계한다. 최근에는 제품의 설계 및 제품의 생산에 사용되는 장비의 설계에 3차원 CAD의 도입이 활발하다.

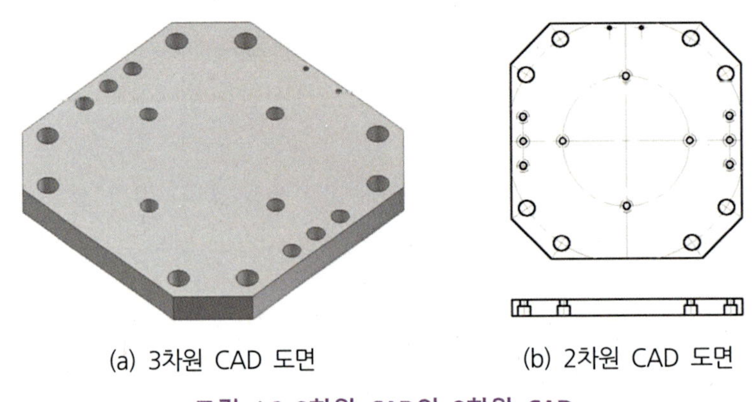

(a) 3차원 CAD 도면 (b) 2차원 CAD 도면

<그림 1.2 2차원 CAD와 3차원 CAD>

그림 1.3은 기계부품의 생산을 위하여 작성된 2D CAD 소프트웨어를 사용하여 작성한 2D 기계부품 도면을 나타낸다. 제품 설계 시 3D CAD를 사용한 설계가 가능하지만, 기계부품의 제작을 위한 표면 거칠기, 끼워 맞춤 공차 및 기하공차 등은 2D 도면에 표시하므로 제작현장에서는 2차원의 도면을 사용하고 있다. 따라서 기계설계 엔지니어는 2D 도면 작성 방법을 알고 있어야 한다. 본 교재에서는 Auto CAD 소프트웨어를 사용하여 2D 도면으로 기계부품을 그리는 방법에 대하여 설명한다.

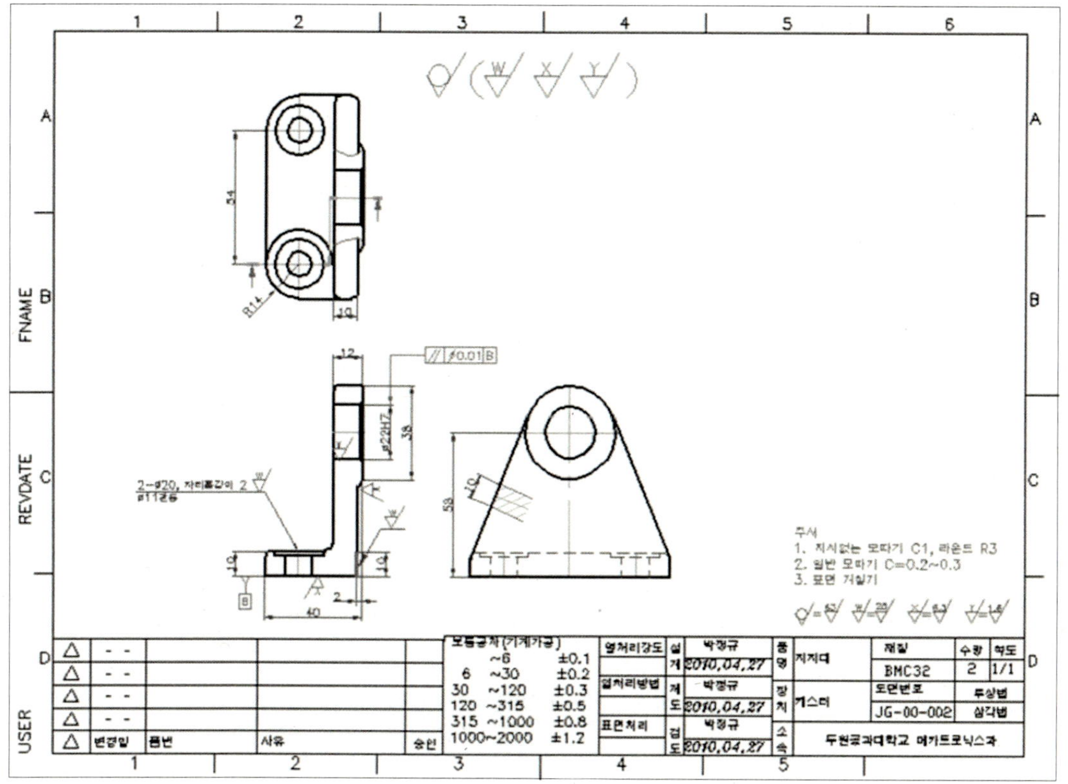

<그림 1.3 2차원 CAD에 의한 기계부품 도면>

1.3 CAE의 정의

그림 1.4는 기계도면 또는 제품의 상세설계에서 사용되는 CAE(Computer Aided Engineering)의 사례로서 압입장치의 변형해석을 나타낸다. 3차원 CAD를 사용하여 도면을 제작하고 해석용 Tool을 사용하여 응력의 집중도를 해석하여 가능하면 응력이 골고루 분포되어 집중응력에 의한 피해를 줄이도록 설계를 한다. CAE를 통한 응력해석에서는 응력이 집중되는 부분을 색상으로 표시하여 집중응력을 나타내며 상세설계 시에 응력이 골고루 분포되어 가급적이면 집중응력이 발생하지 않도록 설계한다.

집중응력이 발생되는 부분은 지속적인 사용으로 피로가 누적되어 쉽게 파손될 우려가 있으므로 응력해석의 결과를 이용하여 응력의 분산설계 및 보강설계를 실시하여 집중응력의 피해를 감소시키도록 설계를 한다. 해석에서 주의할 사항은 해석에 필요한 파라미터를 실제와 유사한 데이터의 사용에 따라서 신뢰성이 평가되므로 신뢰성 있는 데이터를 사용하는 것이 중요하다.

기계 구조의 기초 구조 설계

- 기본적인 구조
- 소요 하중 조건 부여

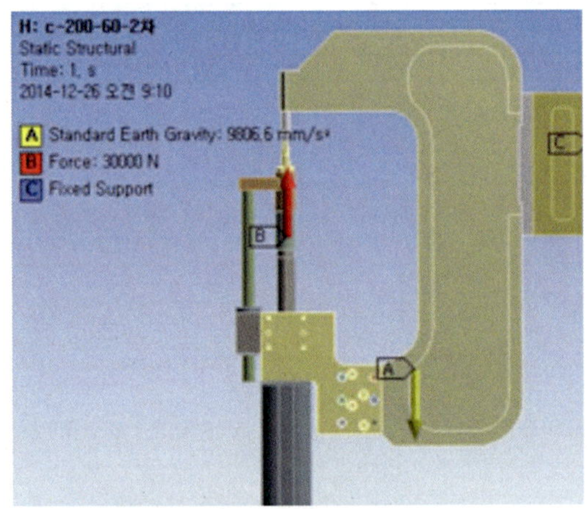

구조를 해석하기 위한 Mesh

- 주요 영역
- 해석 수준

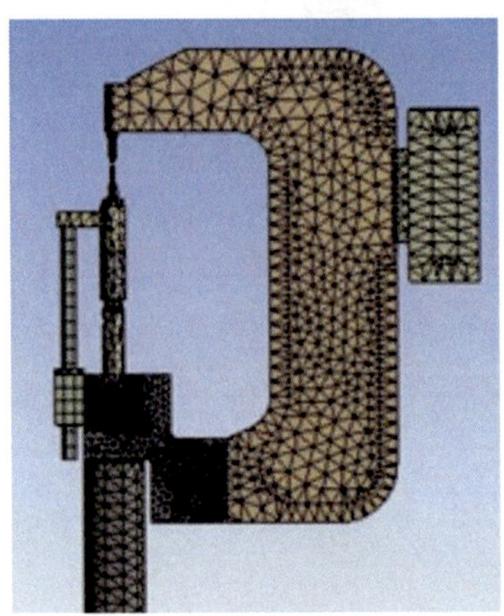

하중에 의한 변형량 분석

- 변형량 시뮬레이션
- 변형량 분석 및 상세설계 방안

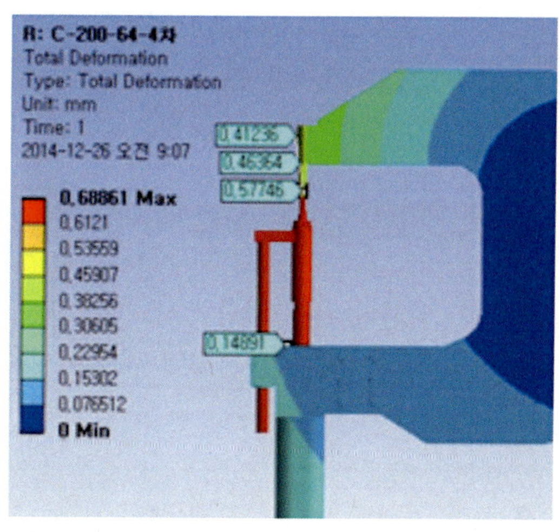

<그림 1.4 CAE 사례>

1.4 CAM의 정의

그림 1.5는 2차원 CAD도면과 3차원 CAD도면을 사용하여 기계가공에 필요한 CAM(Computer Aided Manufacturing)의 데이터를 생성하는 과정을 나타낸다. 3차원 CAD를 사용하여 설계한 부품을 생산하기 위하여서는 2차원 CAD 도면화 작업을 통하여서 기공 정밀도, 끼워 맞춤 공차 및 기하공차 등을 고려하여 기계가공에 필요한 데이터를 생성하여야 한다.

기계가공에 사용되는 공작기계의 종류, 절삭공구의 종류, 공구 및 가공품의 회전 및 이송속도, 절삭 깊이, 도면의 형상에 따른 위치 정보 등을 생성하여 자동으로 부품 가공을 위한 프로그램을 작성하여야 한다. CAD를 사용하여 설계된 도면을 생산설계를 하는 과정에서 부품의 가공에 필요한 기계에 맞는 데이터를 생성하여 NC(Numerical Control) 기계 또는 CNC(Computerized Numerical Control) 기계의 동작에 필요한 프로그램을 작성한다.

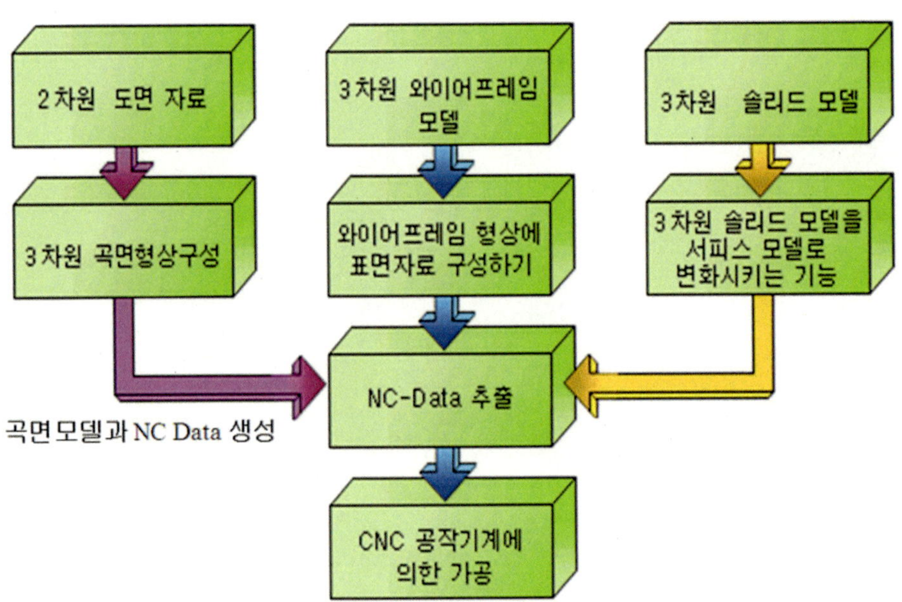

<그림 1.5 기계부품 가공에 사용되는 CAM 공정>

1.5 CAD와 제도의 관계

제도는 설계된 기계 및 물품을 제작하기 위하여 정보의 전달, 보존 및 작성을 위한 하나의 수단이라고 한다. CAD(Computer Aided Drafting)는 제도를 하기 위한 도구라고 할 수 있으며, 도형, 기호, 문자 등의 작업을 컴퓨터를 이용하여 하는 것을 CAD의 의미라고 하고 CAD(Computer Aided Design)의 또 다른 의미는 설계를 하기 위한 수단이라고 할 수 있다.

CAD는 제도와 설계를 가능하게 하는 수단이며 그 의미를 구분하면 다음과 같다. 설계(Design)는 어떤 기계나 구조물 등을 제작하려고 하면 먼저 세밀히 검토하여 확실한 제작계획을 세우고 그 계획을 실제로 종합하여 구체적으로 표현하는 것을 의미하며 제도(Drawing)는 설계대로 기계를 제작하기 위하여 설계자의 요구사항을 각 부서 및 제작자에게 정확히 전달되도록 도면을 작성하는 것을 의미한다. 기계의 모양이나 구조 등은 정해진 규정에 따라 선으로서 제도지 위에 도형으로 표시하고 치수는 숫자로 정확하게 표시하며, 재료의 종류, 표면 다듬질 정도 및 가공공정은 기호나 문자로 도형에 표시하여 2차원 또는 3차원의 형태로 기계를 도형 및 기호로 표시하여 나타내는 것을 제도라고 한다.

제도는 정보의 작성, 정보의 보존 및 정보의 전달로 3가지의 기능을 가지게 된다.

정보의 작성은 설계자의 아이디어를 도면화하여 그 도면으로부터 다시 아이디어를 얻어서 설계자의 사고를 심화시키고 현실화하도록 도와주는 것이다. 정보의 전달 기능은 설계자의 의도를 제작자(가공/검사/조립/유지보수) 등에게 정확하고 빠짐없이 전달하는 것이다.

정보의 보존은 도면에 정보를 보존하여 향후 이를 이용하여 비슷한 다른 설계의 참고용으로 사용이 가능하며 기계의 사용 시에 발생하는 유지보수 자료로 활용할 수 있다.

1.6 CAD를 위한 기계제도의 기본 원칙

도면 작성자의 설명이 없어도 도면에 나타난 뜻을 명확하게 전달하기 위해서는 제도상의 약속을 규정하여 둘 필요가 있으며, 이렇게 규정한 제도상의 약속을 제도규격이라 한다.

1.6.1 투상법

투상법이란 공간에 있는 입체를 평면에 도시하거나 평면상에 그려진 도형을 보고 입체를 상상하여 그리는 법을 말한다.

[1] 기본 투상면

투상면을 아래 그림과 같이 직립면과 일치한 면으로 회전하면 3개의 물체 그림이 마치 한 장의 지면상에 놓인 것처럼 동일 평면 내에 놓이게 된다.

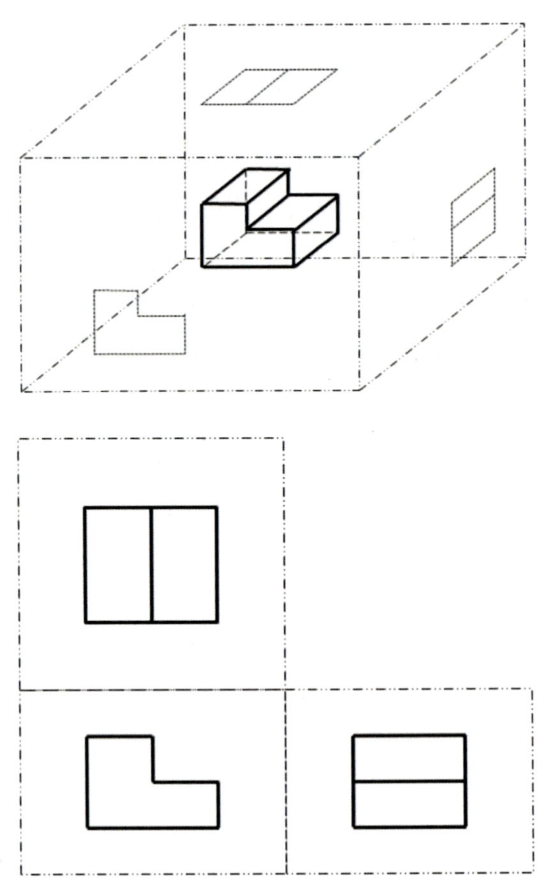

[2] 제3각법 : 물품을 제3각내에 두고 투상하는 방식, 투상면의 뒤쪽에 물품을 두는 경우

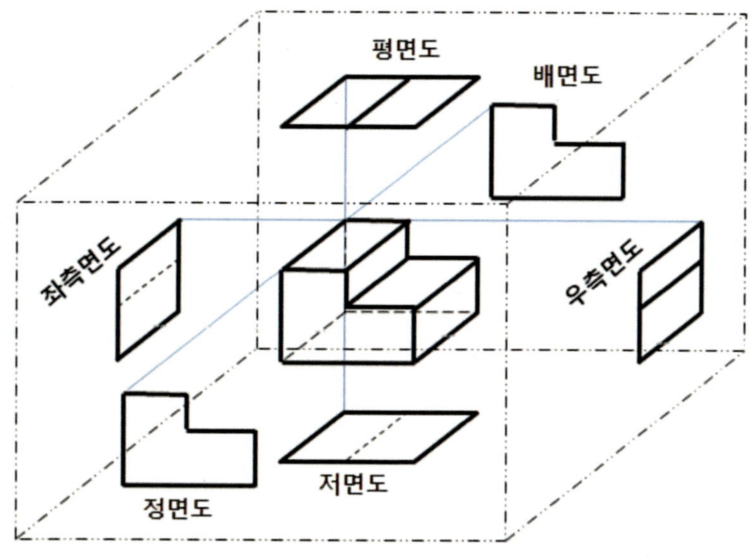

도면의 배열은 정면도를 중심으로 하여 위쪽에 평면도, 오른쪽에 우측면도를 배열한다.

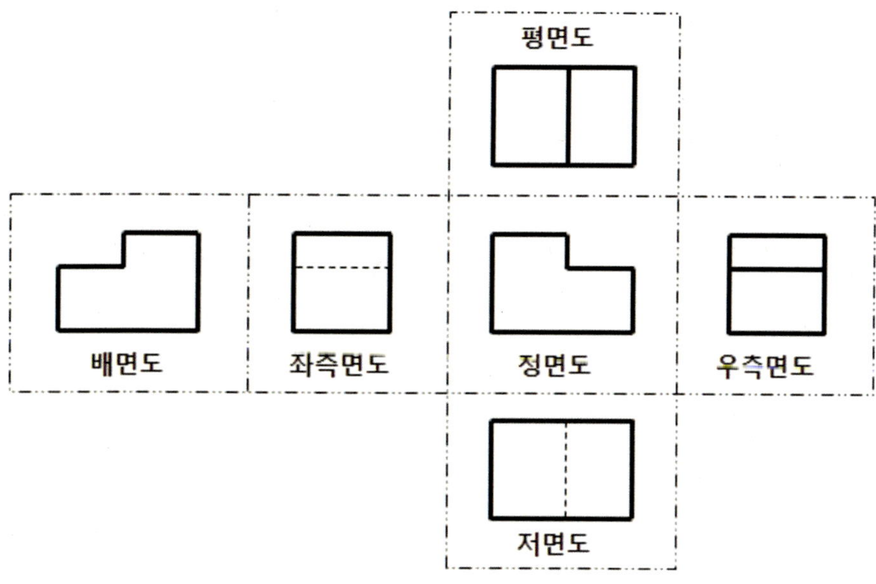

1.6.2 기계제도에 사용되는 선의 종류와 용도

용도에 의한 선의 종류

용도에 의한 명칭	선의 종류		용 도	AutoCAD 선 종류
외형선	굵은 실선		대상물의 보이는 부분의 모양을 표시하는 선	continuous
치수선	가는 실선		치수를 기입하기 위한 선	continuous
치수보조선			치수를 기입하기 위하여 도형으로부터 끌어내는 데 쓰는 선	
지시선			기술, 기호 등을 표시하기 위하여 끌어내는 선	
회전단면선			도형 내에 그 부분의 끊은 곳을 90° 회전하여 표시하는 선	
중심선			도형의 중심선을 간략하게 표시하는 선	
수준면선			수면, 유면 등의 위치를 표시하는 선	
숨은선	가는 파선 또는 굵은 파선		대상물의 보이지 않는 부분의 모양을 표시하는 선	hidden
중심선	가는 1점 쇄선		(1)도형의 중심을 표시하는 선	center
			(2)중심이 이동한 궤적을 표시하는 선	
기준선			위치결정의 근거가 된다는 것을 명시할 때 쓰는 선	
피치선			되풀이 하는 도형의 피치를 취하는 기준을 표시하는 선	
특수지정선	굵은 1점 쇄선		특수한 가공을 하는 부분 등 특별한 요구사항을 적용할 수 있는 범위를 표시	center
가상선	가는 2점 쇄선		(1)인접부분을 참고로 표시하는 선	phantom
			(2)공구, 지그 등의 위치를 참고로 나타내는 선	
			(3)가동부분을 이동 중의 특정한 위치 또는 이동한계의 위치로 표시	
			(4)가공 전 또는 가공후의 모양을 표시하는 선	
			(5)되풀이하는 것을 나타내는 선	
			(6)도시된 단면의 앞부분을 표시하는 선	
무게중심선			단면의 무게중심을 연결한 선을 표시하는 선	
파단선	불규칙한 파형의 가는 실선 또는 지그재그선		대상물의 일부를 파단한 경계 또는 일부를 떼어낸 경계를 표시	continuous
절단선	가는 1점 쇄선으로 끝부부분 및 방향이 변하는 부분을 굵게 한 것		단면도의 절단된 부분을 나타낸다.	center
해칭	가는 실선으로 규칙적으로 줄을 늘어 놓은 것		도형의 한정된 특정부분을 다른 부분과 구별하기 위하여 사용 예를 들어 단면도의 절단된 부분	continuous
특수 용도선	가는 실선		(1)외형선 및 숨은선의 연장을 표시하는 선	continuous
			(2)평면이란 것을 나타내는 선	
			(3)위치를 명시하는 선	
	아주 굵은 실선		얇은 부분의 단선도시를 명시하는 선	continuous

KS A 3007-1988에 규정된 도면에 사용되는 선의 모양과 굵기에 따른 용도와 사용법을 나타낸다.

1.7 AutoCAD 시작하기

1.7.1 AutoCAD 화면의 구성

AutoCAD 프로그램은 2개의 창이 생성이 되며 처음 시작하면 위쪽의 창만 보인다.

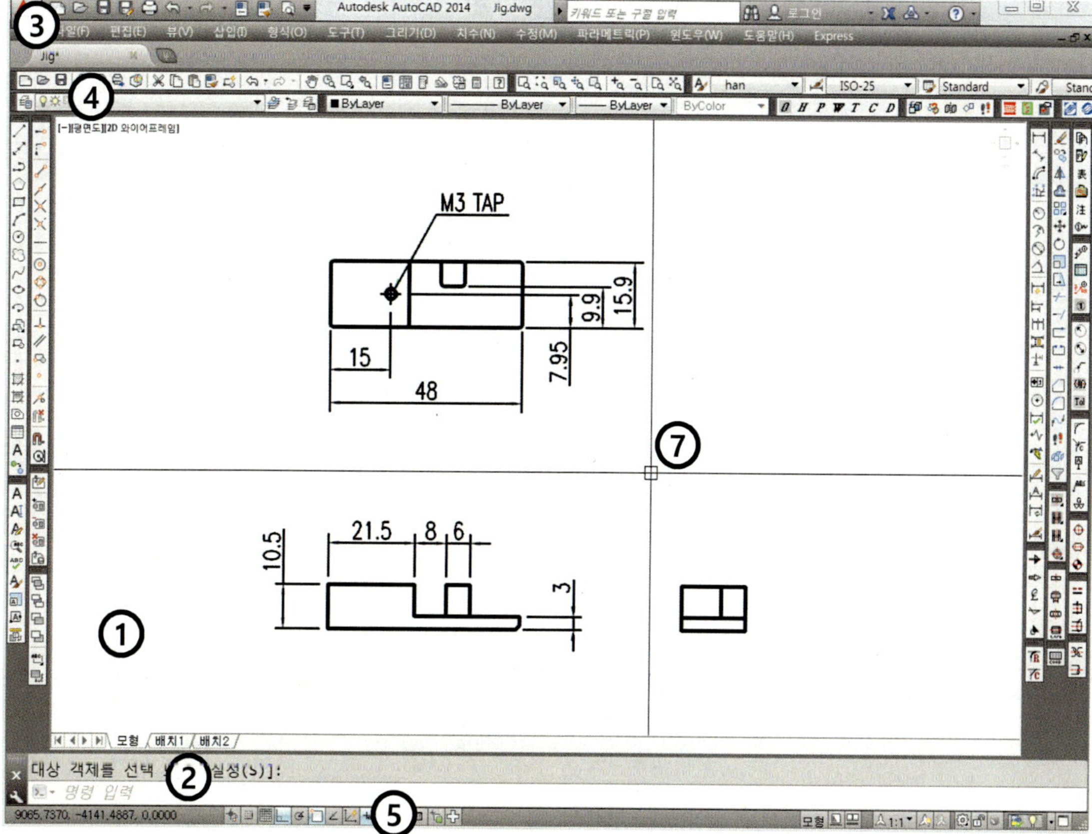

AutoCAD 문자 윈도우 - Jig.dwg ⑥

편집(E)

원본 객체를 선택하십시오:
현재 활성 설정: 색상 도면층 선종류 선축척 선가중치 투명도 두께 플롯 스타일 치수 문자 해치
대상 객체를 선택 또는 [설정(S)]: 반대 구석 지정:
대상 객체를 선택 또는 [설정(S)]:
명령: *취소*
명령: *취소*
명령:
명령:
명령: e
ERASE
객체 선택: 반대 구석 지정: 48개를 찾음
객체 선택:
명령:

① 모형 공간(Drawing Area)
 - 도면 작성 공간(도면 영역)
② 명령 창(Command Window)
 - 명령을 입력하는 공간
③ 풀다운(Pull down) 메뉴
④ 툴바(Toolbar) 메뉴
⑤ 상태표시 막대(Status Bar)
⑥ 문자 윈도우(Text Window)
⑦ 십자선(Cross Line)

작업 공간

AutoCAD 프로그램은 작업 목적에 맞게 몇 개의 화면이 준비되어 있으며 2차원 도면을 작성하는 'Auto CAD 클래식', '제도 및 주석' 중 선택해서 사용할 수 있다.

* Auto CAD 클래식 : 필요한 명령 아이콘을 꺼내 화면에 배치해 두고 신속하게 작업을 할 수 있음. Auto CAD에 익숙한 사용자에게 편리함.
* 제도 및 주석 : 유사한 기능/목적의 명령 아이콘을 군(Group)으로 묶어두어 초보자들도 쉽게 명령들을 찾아서 작업할 수 있도록 함. 다만 단계를 거쳐서 명령 아이콘을 눌러야 하는 경우가 많음.

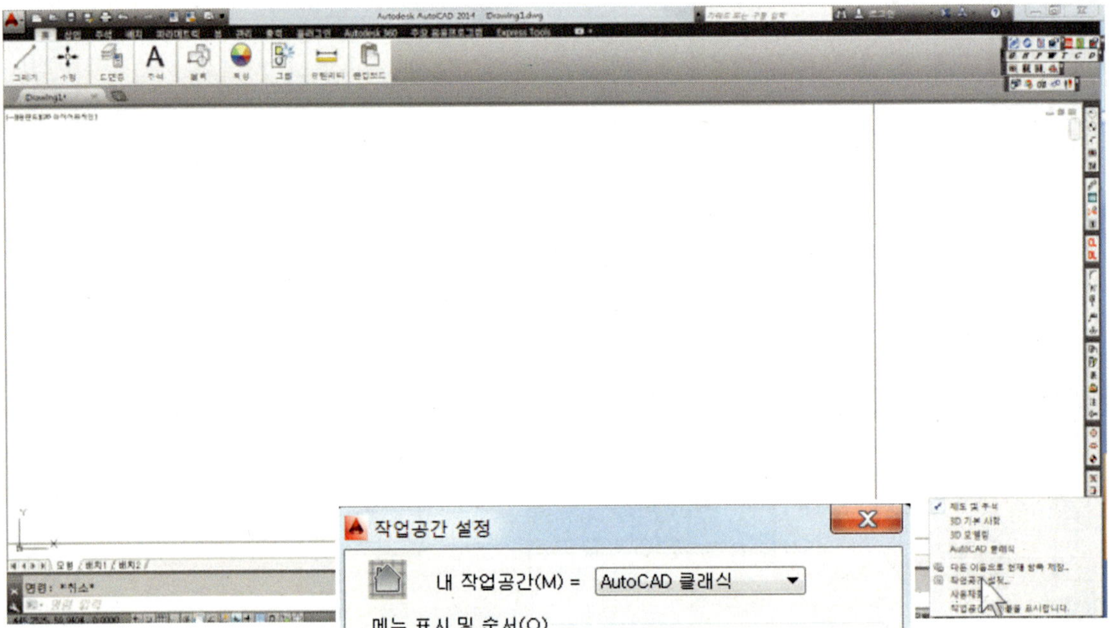

<제도 및 주석 작업공간>

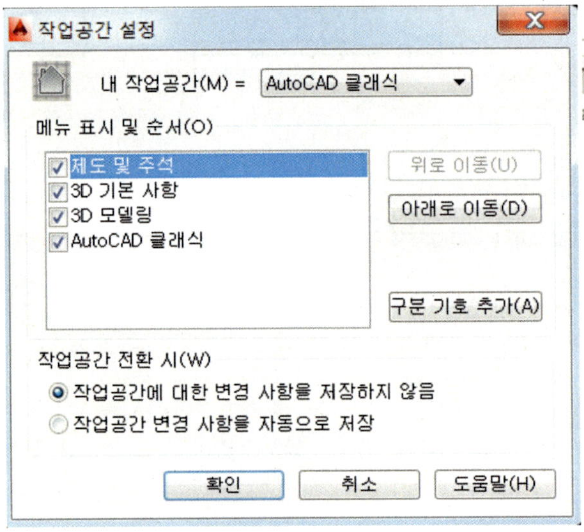

<작업공간 설정하기>

작업 공간

제도 및 주석의 명령 버튼 구성과 Auto CAD 클래식에서의 툴바 비교

<그리기>

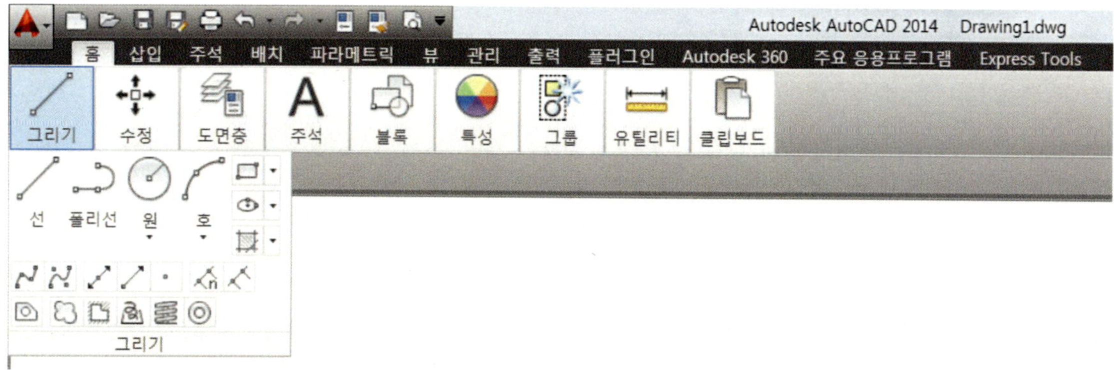

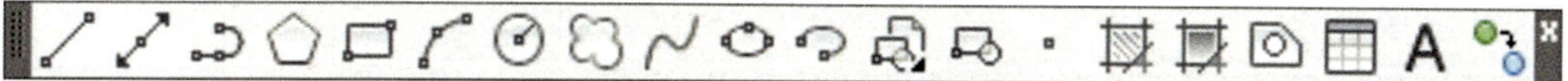

<수정>

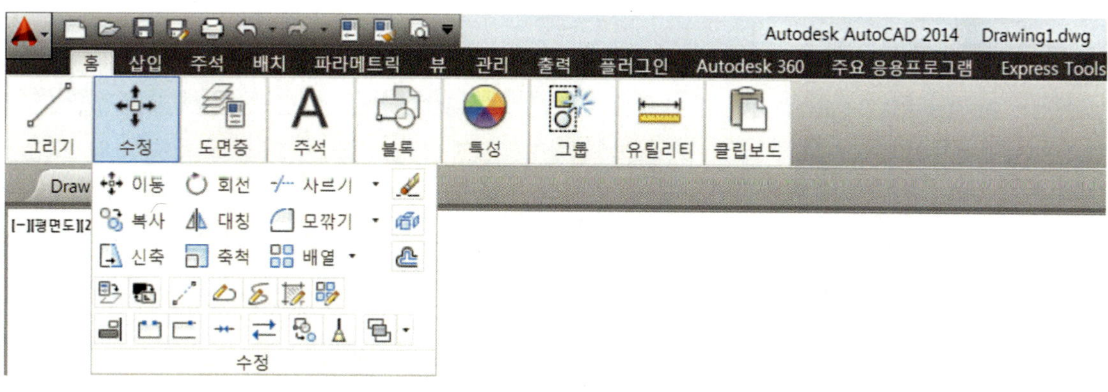

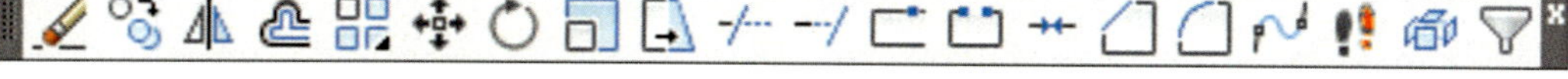

제도 및 주석의 명령 버튼 구성과 Auto CAD 클래식에서의 툴바 비교

<도면층 및 특성>

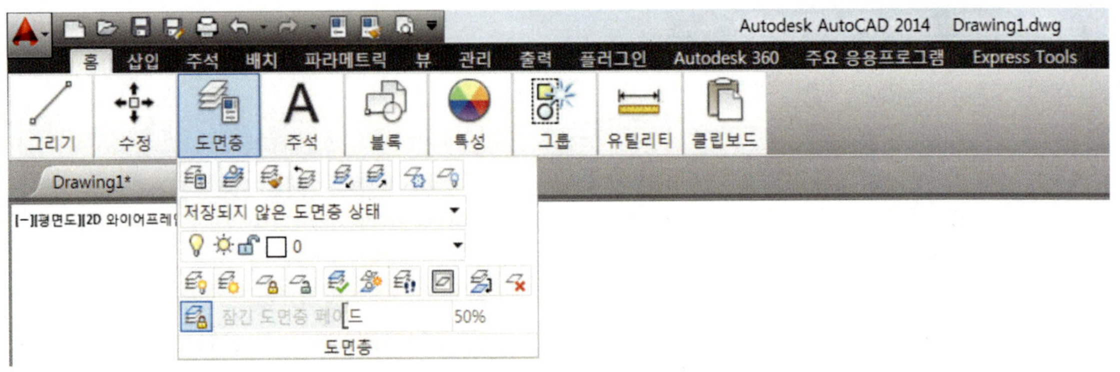

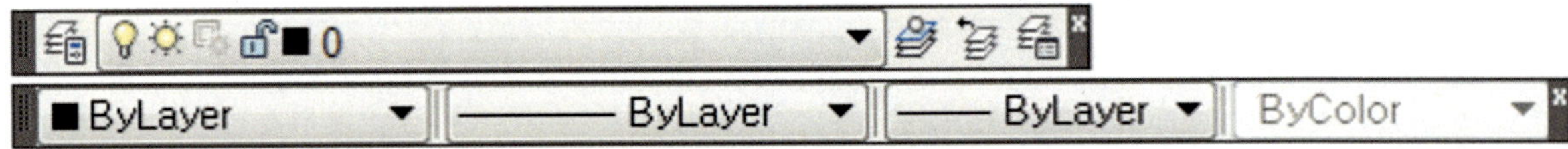

<특성 및 스타일>

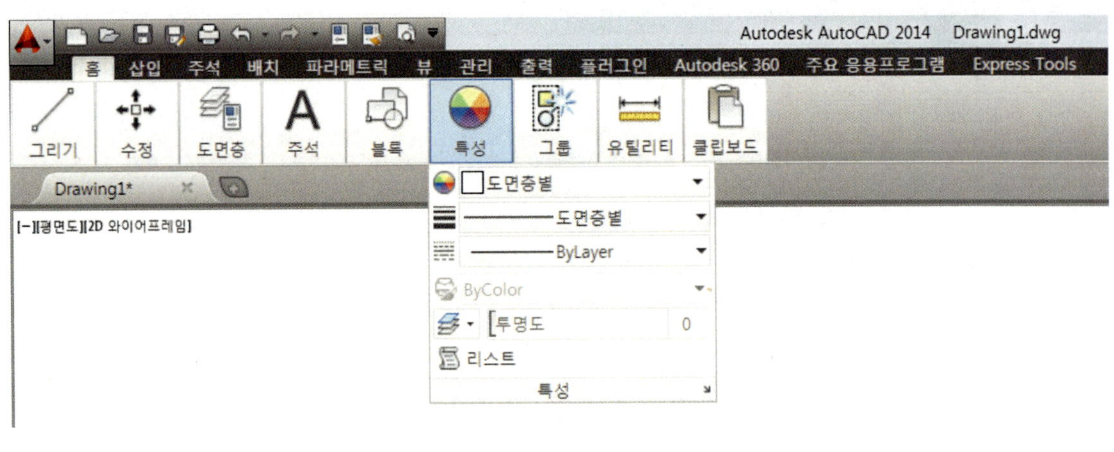

제도 및 주석의 명령 버튼 구성

<문자>

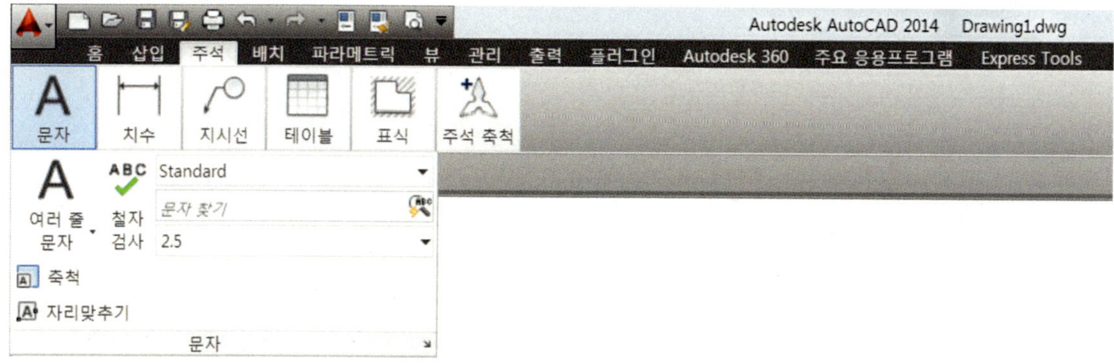

<치수>

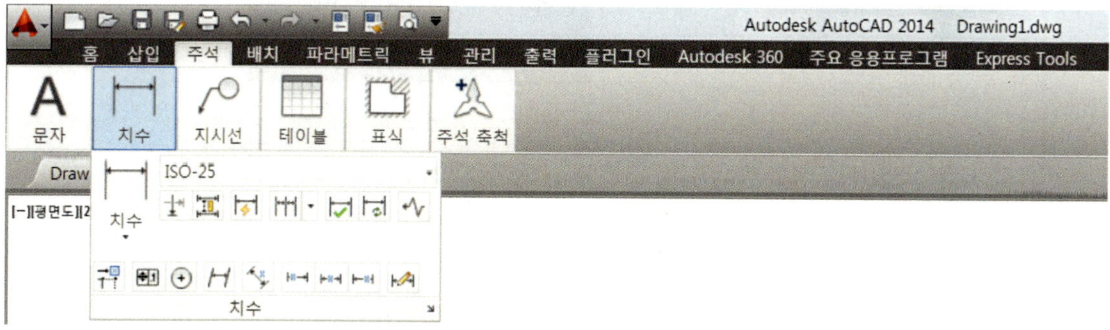

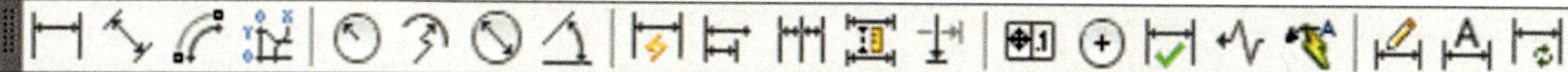

1.7.2 AutoCAD 화면 설정

Option 명령 : OP

① 색상 설정 및 확인

- 2D 모형공간은 검정색이나 어두운 색으로 설정해야 눈의 피로도를 적게 할 수 있다.

② 십자선 크기

- 십자선은 도면영역 내의 도면 요소들의 위치 및 자세를 확인하는 기준선의 역할도 하므로 크기를 100으로 설정하도록 한다.

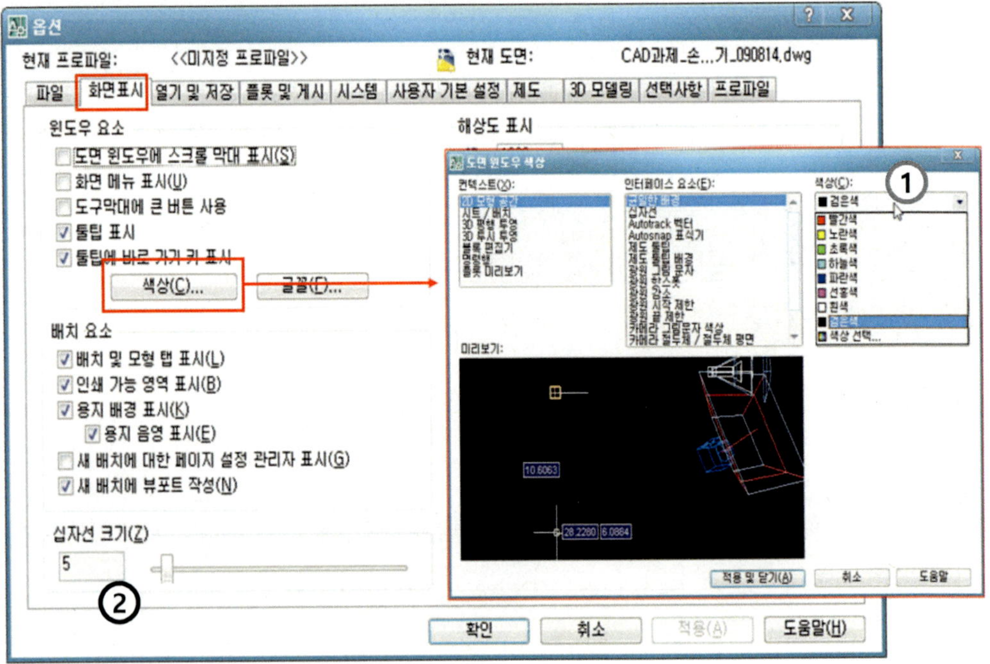

1.7.3 Cursor

Graphic Cursor(그래픽커서) : 도면을 작성할 때 위치를 지정, 도면 객체를 선택, 풀다운 메뉴나 Icon을 선택할 때 사용된다.

- 화살커서( ) : 풀다운 메뉴나 Icon을 선택할 때 사용된다.
- 십자형커서(Crosshairs)( ) : 도면영역에서 도면 객체를 그릴 때 사용된다.
- 사각형커서(□) : 도면을 수정하기 위해 도면 객체를 선택할 때 사용된다.
- 스냅커서 : Osnap 모드에 따라 커서의 형태가 다양하게 변한다.

1.7.4 Mouse

- 왼쪽 버튼은 화면상의 위치 혹은 객체를 선택한다.
- 우측 버튼은 선택 마침 또는 명령 종료 기능을 하며 Enter 버튼의 역할을 할 수도 있다.

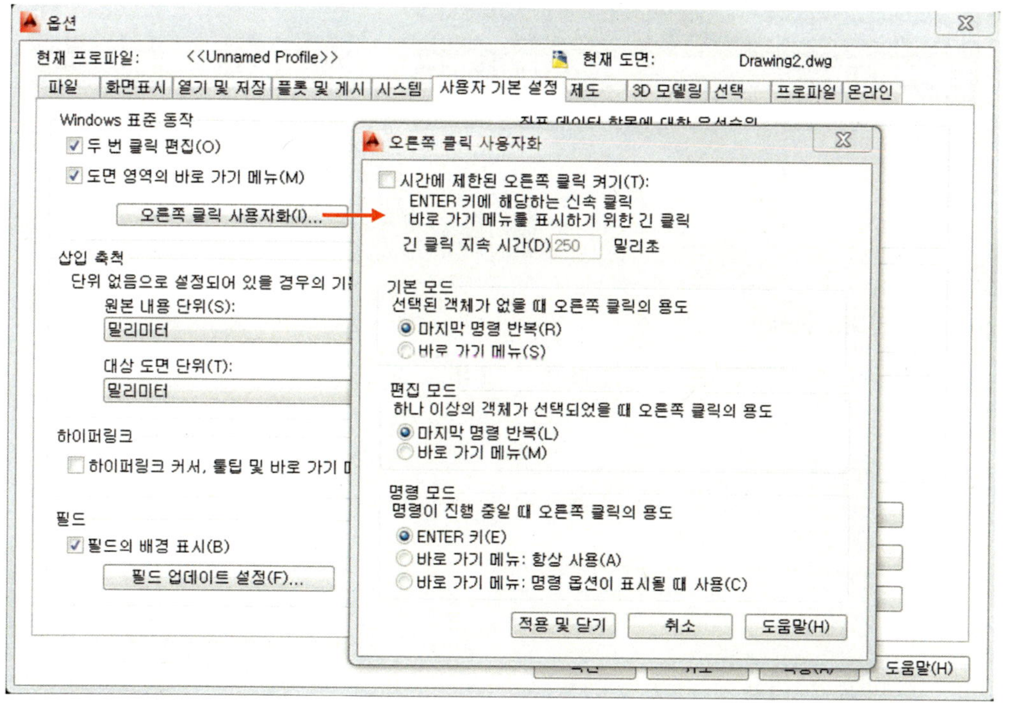

1.7.5 명령(Command) 입력 방법

① Toolbar

AutoCAD의 명령은 기능별로 그룹화되어 있으며 명령 Icon 덩어리를 툴바라 한다.

Mouse를 이용하여 Toolbar에 있는 Icon을 누른다(클릭한다).

AutoCAD의 명령 Icon은 기능과 잘 연관되는 모양이므로 명령을 모르더라도 알아보기 쉬워 편리하다.

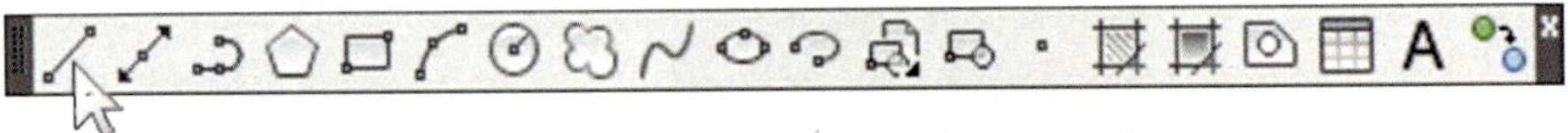

② Pull Down Menu(풀다운 메뉴)

Mouse를 이용하여 Pull Down Menu에 있는 명령을 지정한다.

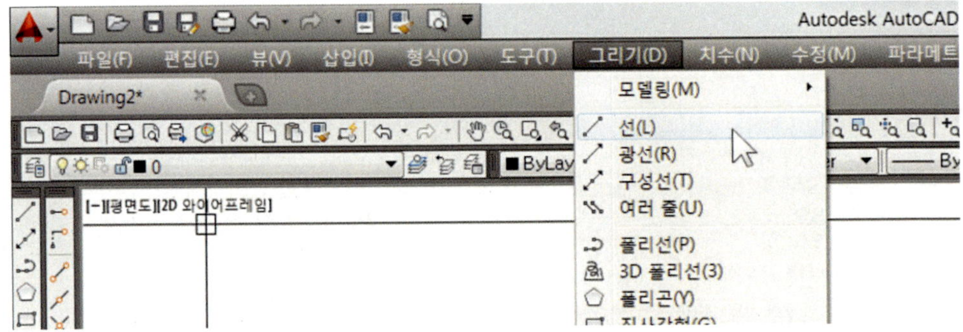

③ Keyboard(키보드입력)

키보드를 이용하여 명령창에 <명령:> 상태에서 명령을 입력한다.

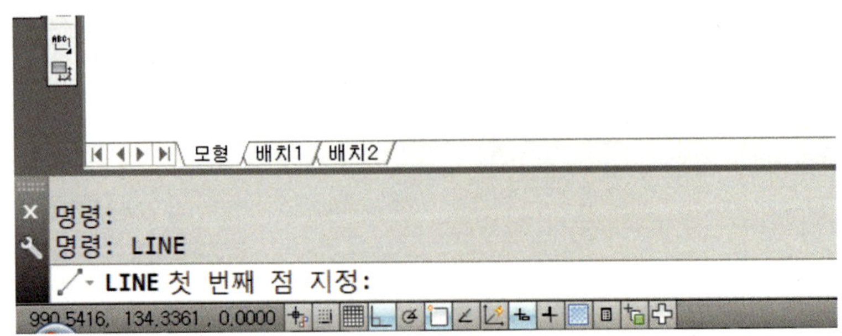

※ 동일 명령 반복사용
실행했던 명령을 한번 더 실행하고자 할 때 ↵ 키 또는 Spacebar를 누르면 된다.

1.7.6 툴바 꺼내기

기존에 나와 있는 기본 툴바 이외에 다른 툴바를 꺼내는 방법이다.

1) 기존의 툴바 위에 커서를 위치한 다음 우측버튼 클릭하여 필요 툴바 체크함.

2) 풀다운 메뉴 도구(T)의 '도구막대' 탭의 우측 검은 삼각형 위에 커서 올림.

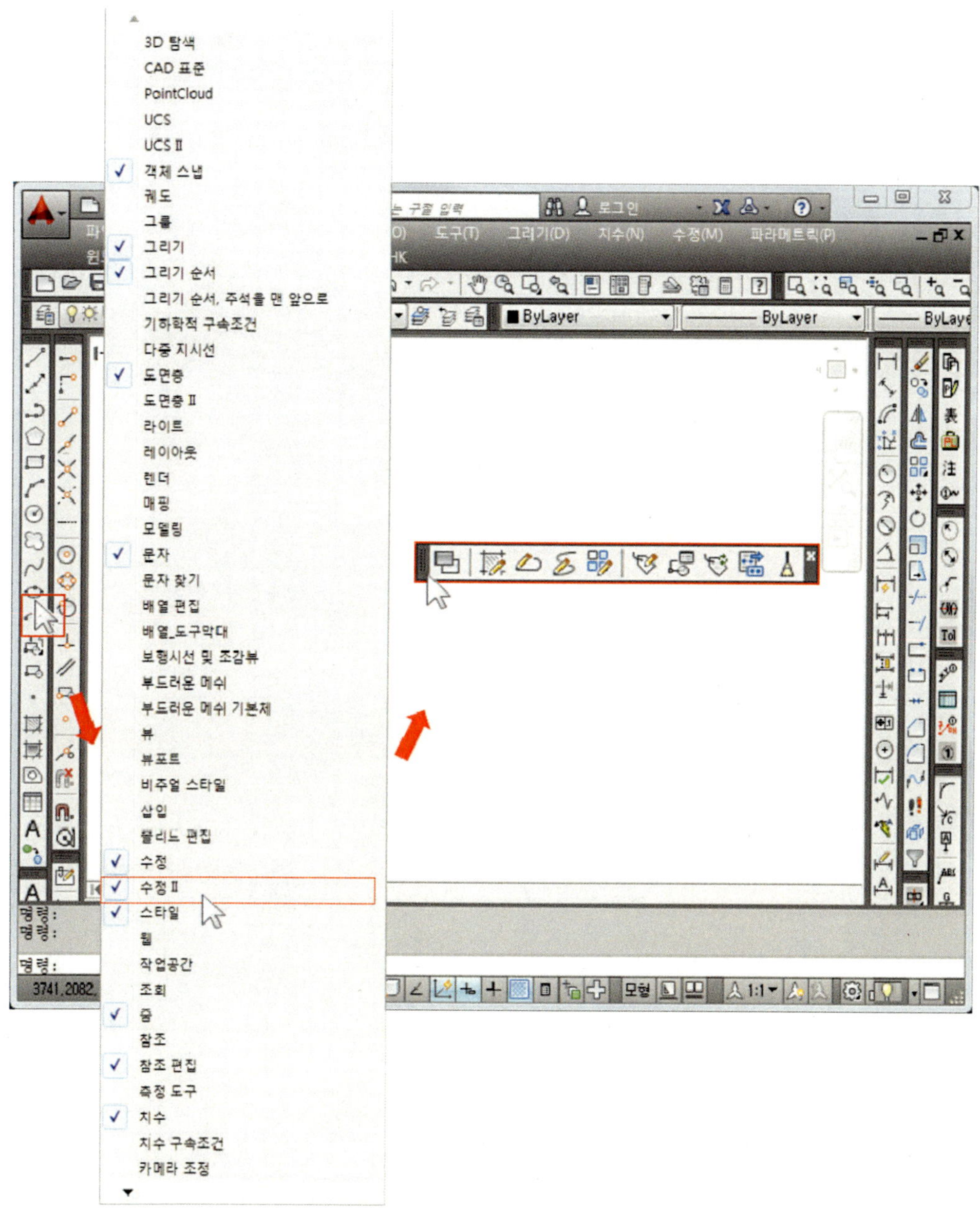

제 2 장

AutoCAD 명령 및 연습

2.1 Line, Zoom, Osnap, Mouse, Keyboard

2.1.1 Line(선)

직선을 그린다.

① 명령(Command) : L ↲

② 툴바 메뉴 :

LINE
첫 번째 점 지정: *(마우스 왼쪽 버튼으로 화면상 임의점 클릭 혹은 좌표 값 입력)*
다음 점 지정 또는 [명령 취소(U)]: *(두 번째 점을 찍거나 좌표 값 입력)*
다음 점 지정 또는 [명령 취소(U)]: *(세 번째 점을 찍거나 좌표 값 입력)*
다음 점 지정 또는 [닫기(C)/명령 취소(U)]: ↲ *(명령 종료: Enter 버튼 혹은 마우스 오른쪽 버튼 누름)*

③ 기타 명령옵션 요약

명령옵션	설 명
닫기(C)	시작점과 이어준다.
명령 취소(U)	마지막에 작도된 요소를 하나씩 취소한다.

④ 시작점, 끝점 지정방법

지정 방법		설 명
화면에 직접 Cursor로 지정		마우스의 클릭버튼으로 화면상의 특정 지점 선택함
좌표 입력	직교좌표(절대좌표)	AutoCAD의 원점으로부터의 거리좌표 입력함(x,y)
	직교좌표(상대좌표)	시작점으로부터의 거리를 직교좌표값으로 입력함(Δx,Δy)
	극좌표(절대좌표)	시작점으로부터의 거리를 극좌표 값으로 입력함(r,θ)

[1] 화면에 직접 Cursor로 자유롭게 그리기

마우스로 화면상의 임의 점을 자유롭게 지정

① 명령(Command) : L ↵

② 툴바 메뉴 :

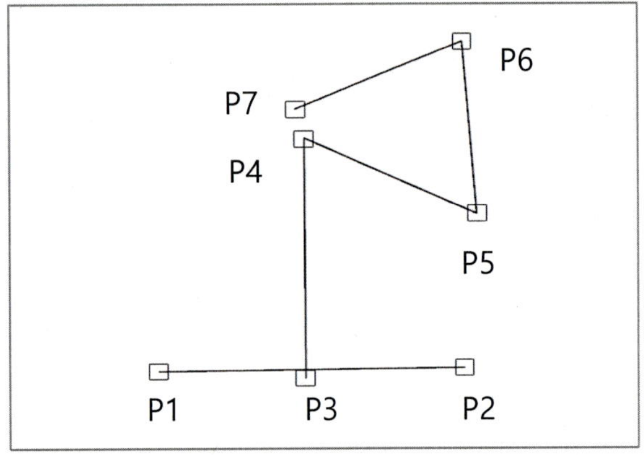

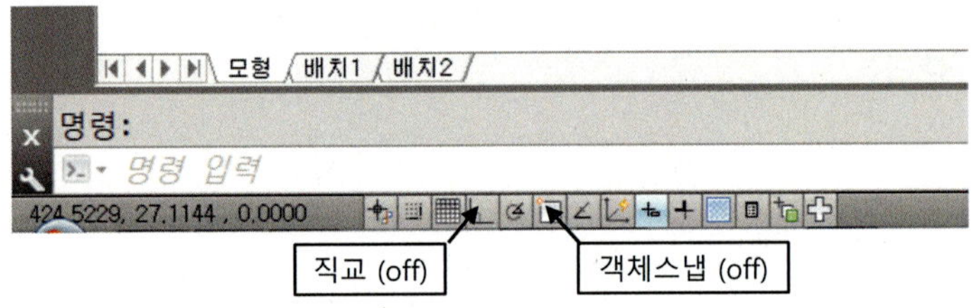

LINE
첫 번째 점 지정: (P1)*커서(십자선)로 화면(모형공간)의 임의 위치를 클릭한다.*
다음 점 지정 또는 [명령 취소(U)] : (P2) *커서로 화면의 임의 위치를 클릭한다.*
다음 점 지정 또는 [명령 취소(U)]: ↵ (혹은 마우스 우측 버튼) (명령종료)
↵ (혹은 마우스 우측 버튼을 누르면 마지막 명령인 Line이 실행된다.)

LINE
첫 번째 점 지정: (P3)*커서(십자선)로 화면(모형공간)의 임의 위치를 클릭한다.*
다음 점 지정 또는 [명령 취소(U)] : (P4) *커서로 화면의 임의 위치를 클릭한다.*
다음 점 지정 또는 [명령 취소(U)] : <P5~P7 반복>
다음 점 지정 또는 [닫기(C)/명령 취소(U)]: ↵ (혹은 마우스 우측 버튼) (명령종료)

[2] 화면에 직접 Cursor로 시작점/끝점 지정 방법

객체스냅점(OSNAP) 이용해서 특정점 선택

① 명령(Command) : L ↵

선 (P1-P2) 그리기

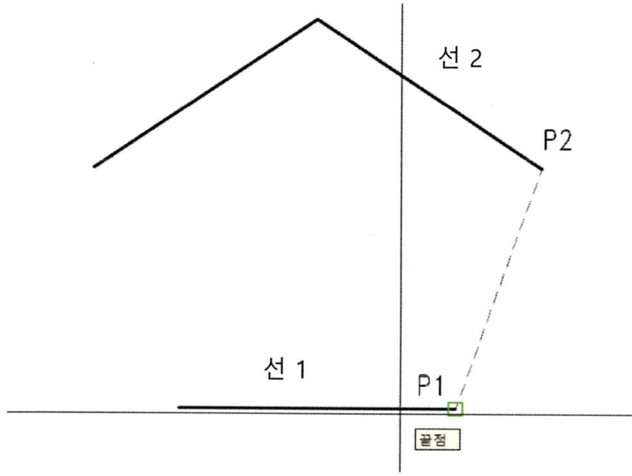

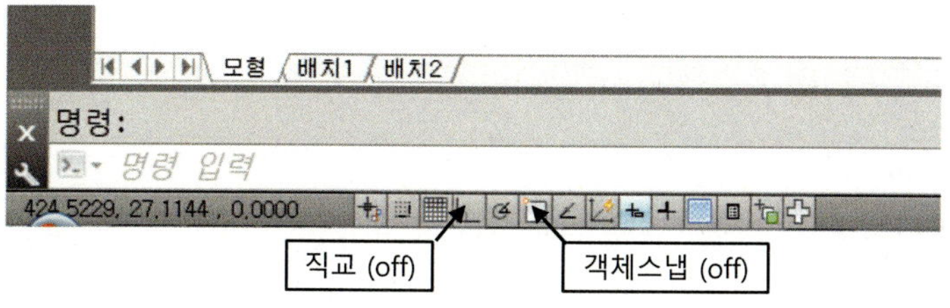

LINE

첫 번째점 지정: (P1) 끝점 툴바를 클릭한다. 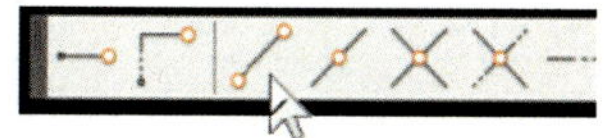

커서(십자선)을 선 1의 P1점 근방에 위치하여 선 1의 끝에 '끝점' 기호가 표시되면 왼쪽 버튼을 클릭한다.

다음 점 지정 : (P2) 끝점 툴바를 클릭한다. 

커서(십자선)을 선 2의 P2점 근방에 위치하여 선 2의 끝에 '끝점' 기호가 표시되면 왼쪽 버튼을 클릭한다.

다음 점 지정 또는 [닫기(C)/명령 취소(U)]: ↵ (혹은 마우스 우측 버튼) (명령종료)

[3] 직교좌표(절대좌표) 입력(형식: x좌표, y좌표)

① 명령(Command) : L ↵

② 툴바 메뉴 :

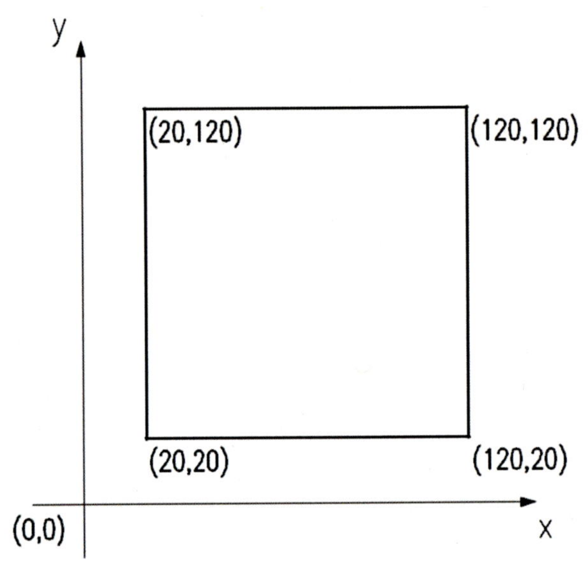

LINE
첫 번째 점 지정: *20, 20* ↵
다음 점 지정 또는 [명령 취소(U)]: *120, 20* ↵
다음 점 지정 또는 [명령 취소(U)]: *120, 120* ↵
다음 점 지정 또는 [닫기(C)/명령 취소(U)]: *20, 120* ↵
다음 점 지정 또는 [닫기(C)/명령 취소(U)]: *20, 20* ↵
다음 점 지정 또는 [닫기(C)/명령 취소(U)]: ↵ (혹은 마우스 우측 버튼) (명령종료)

본 기능은 도면 작도 시 잘 쓰이지 않는 좌표 입력법이다.

설정 상태

입력을 똑 같이 했는데도 앞쪽 그림과 같이 그려지지 않는다면 제도 설정값을 확인하여 다음과 같이 맞춘다.

- 열기 : 상태막대의 버튼 위에 커서 올리고 우측버튼을 누른 다음 '설정'을 누른다.

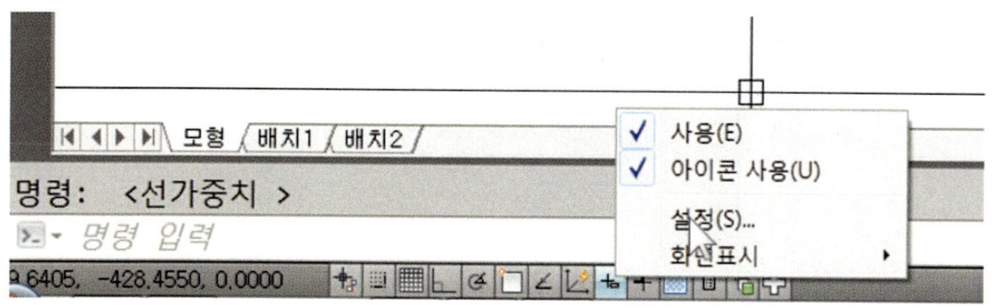

<제도 설정창 열기>

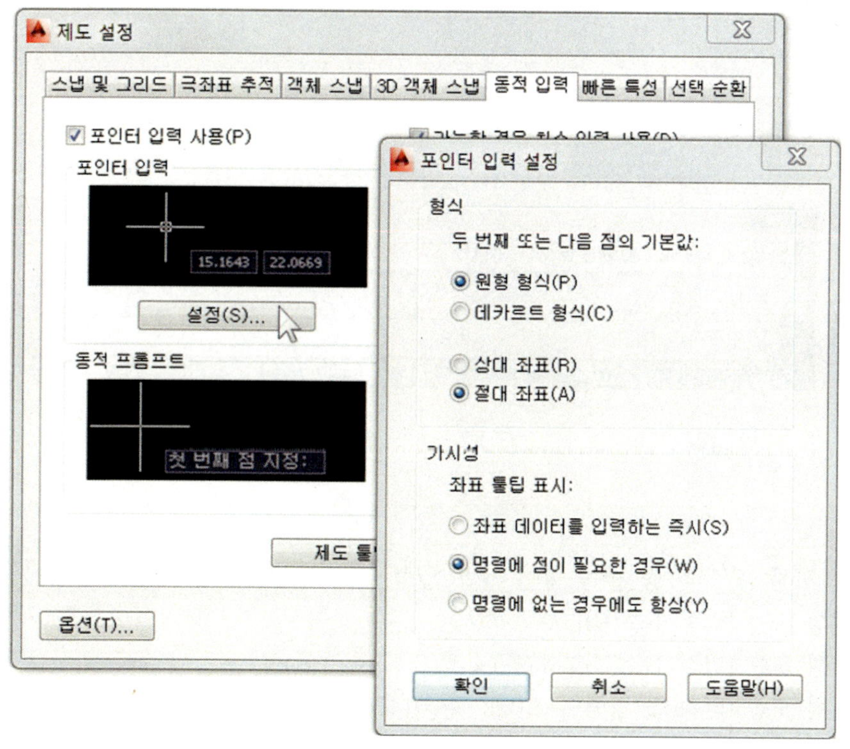

<포인터 입력 설정하기>

[4] 상대좌표(@x축 증분, y축 증분)

① 명령(Command) : L ↵

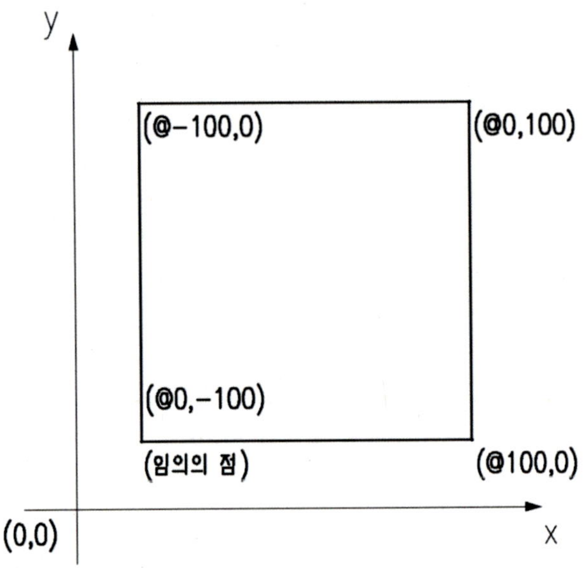

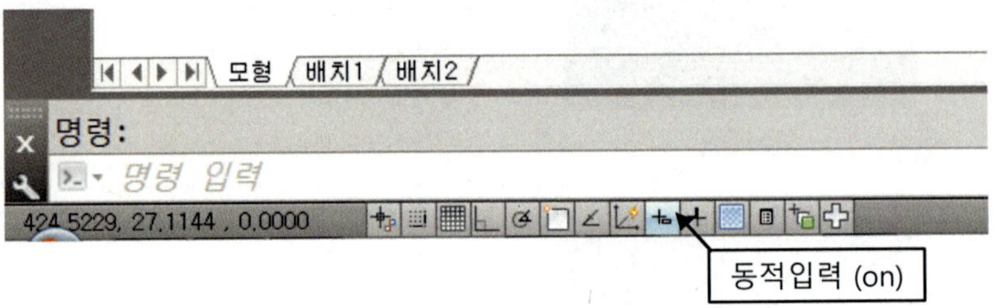

LINE
첫 번째 점 지정: *임의의 점 클릭 혹은 좌표 입력*
다음 점 지정 또는 [명령 취소(U)]: *@100,0* ↵
다음 점 지정 또는 [명령 취소(U)]: *@0,100* ↵
다음 점 지정 또는 [닫기(C)/명령 취소(U)]: *@-100,0* ↵
다음 점 지정 또는 [닫기(C)/명령 취소(U)]: *@0,-100* ↵
다음 점 지정 또는 [닫기(C)/명령 취소(U)]: ↵ (혹은 마우스 우측 버튼) (명령종료)

제도설정에서 기본입력을 상대좌표로 설정해주면 @를 생략해도 된다.

[5] 극좌표(형식: @길이<각도)

① 명령(Command) : L ↵

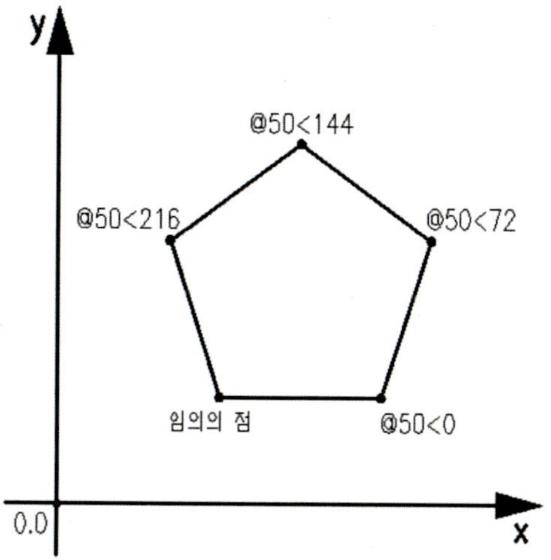

LINE 첫 번째 점 지정: 임의의 점 클릭
다음 점 지정 또는 [명령 취소(U)]: @50<0 ↵
다음 점 지정 또는 [명령 취소(U)]: @50<72 ↵
다음 점 지정 또는 [닫기(C)/명령 취소(U)]: @50<144 ↵
다음 점 지정 또는 [닫기(C)/명령 취소(U)]: @50<216 ↵
다음 점 지정 또는 [닫기(C)/명령 취소(U)]: c ↵ (혹은 마우스 우측 버튼) (명령종료)

AutoCAD에서 각도의 진행 방향은 기본적으로 **반시계 방향**으로 정의한다.

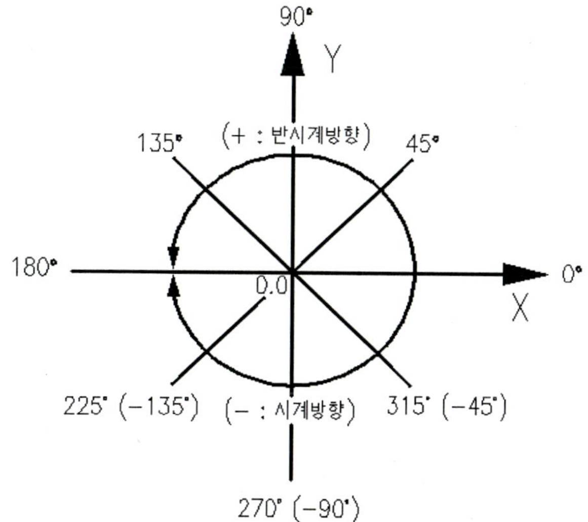

2.1.2 ZOOM(확대/축소)

도면요소들을 화면상에서 확대 또는 축소하여 보여준다.

① 명령(Command) : Z ↵

② 툴바 메뉴 :

ZOOM
윈도우 구석 지정, 축척 비율(nX 또는 nXP) 입력 또는
[전체(A)/중심(C)/동적(D)/범위(E)/이전(P)/축척(S)/윈도우(W)/객체(O)] <실시간>:

③ 기타 명령옵션 요약

명령옵션		설 명
전체(A)		도면영역(Limits)에 그려져 있는 도면요소들을 모두 보여준다.
범위(E)		파일 내에 작도된 모든 도면요소를 화면에 꽉 채워 보여준다.
이전(P)		이전의(바로 전) 화면을 보여준다.
윈도우(W)		지정하는 특정 부위만 확대시켜 준다.

※ 일반적으로 사용하는 ZOOM 명령

명령: z
ZOOM
윈도우 구석 지정, 축척 비율(nX 또는 nXP) 입력 또는
[전체(A)/중심(C)/동적(D)/범위(E)/이전(P)/축척(S)/윈도우(W)/객체(O)] <실시간>: P1 클릭 (옵션 입력 없음)
반대 구석 지정 : P2 클릭

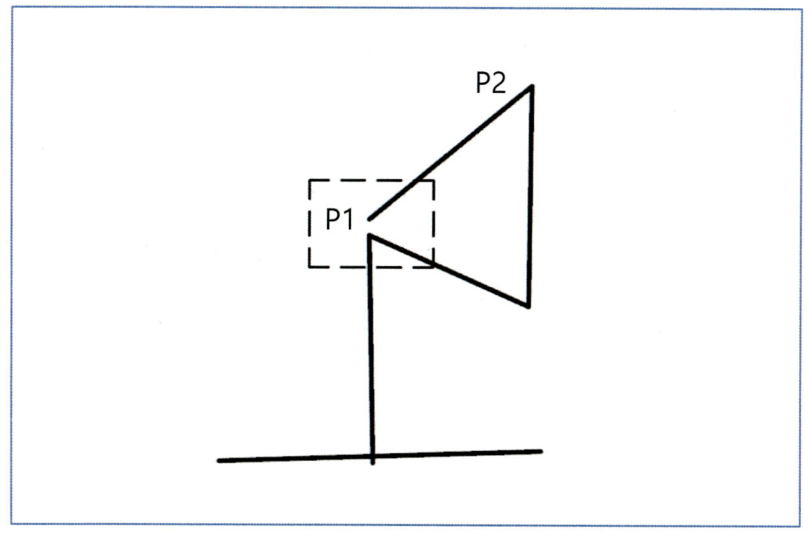

<ZOOM 실행 전>

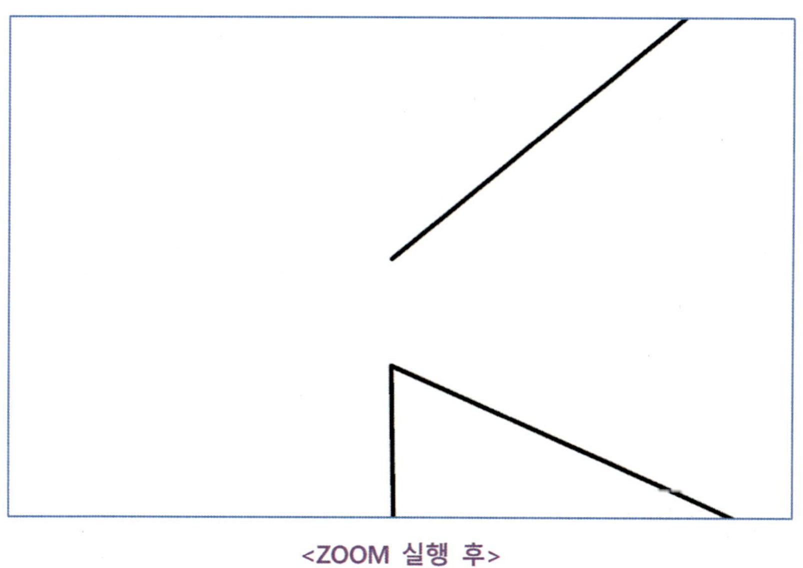

<ZOOM 실행 후>

※ 명령 입력이 없는 상태에서

- 마우스 스크롤(휠) 앞으로 스크롤(Intellizoom) : 화면확대
- 마우스 스크롤(휠) 뒤로 스크롤 : 화면축소
- 마우스 스크롤(휠) 누른 상태에서 움직이면 : 화면이동(PAN 기능)

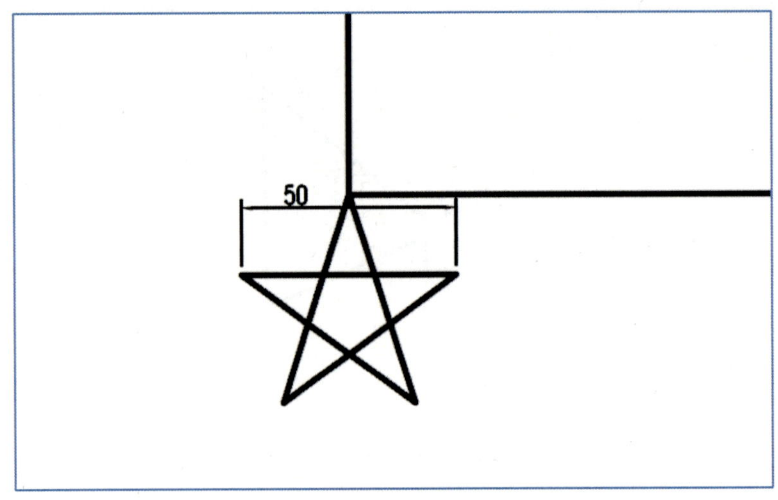

<ZOOM 실행 전 별과 정사각형(1000x1000)>

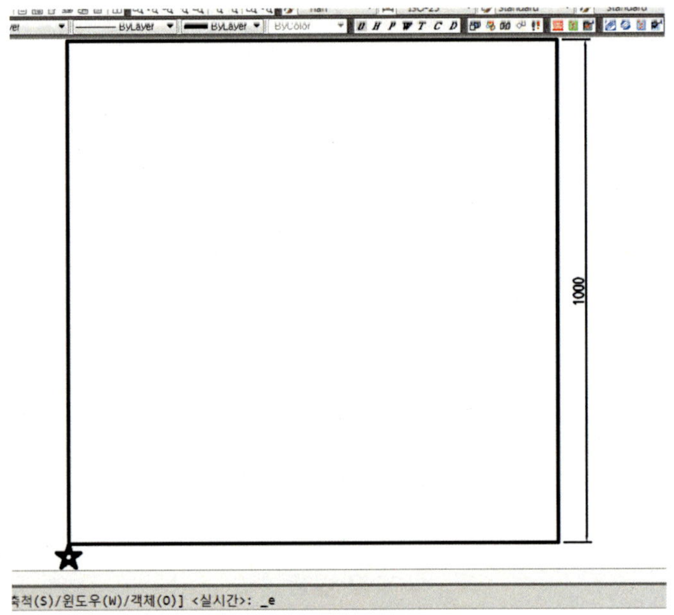

<ZOOM, 범위(extend) 실행 후>

명령: '_zoom
윈도우 구석 지정, 축척 비율(nX 또는 nXP) 입력 또는 [전체(A)/중심(C)/동적(D)/범위(E)/이전(P)/축척(S)/윈도우(W)/객체(O)] <실시간>: _e

※ 간편하게 사용하는 Intellizoom(마우스 휠 스크롤)으로써는 전체 도형을 볼 수 없는 경우가 있다. 이 때 전체(A) 혹은 범위(E) 옵션의 줌을 사용한다.

2.1.3 OSNAP(객체스냅)

도면요소 작성 시 화면상의 특정한 위치에 입력할 수 있도록 해주는 조준경 역할을 한다.

① 툴바 :

② 종류

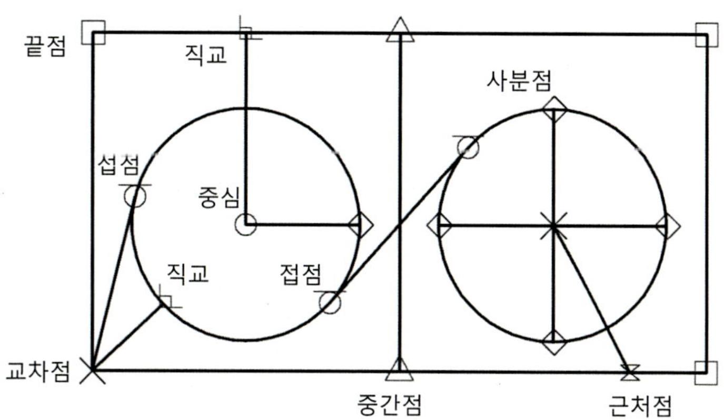

끝점(Endpoint) : 선, 호 등의 끝점을 찾는다.

중간점(Midpoint) : 선, 호 등의 이등분점(중간점)을 찾는다.

교차점(Intersection) : 객체들의 교차점을 찾는다.

가상 교차점(Apparent intersection) : 3차원 교차점을 찾는다.

연장선(Extension) : 연장점을 찾는다.

중심(Center) : 호, 원 등의 중심점을 찾는다.

사분점(Quadrant) : 호, 원 등의 사분점(0도, 90도, 180도, 270도)을 찾는다.

접점(Tangent) : 객체의 접선점을 찾는다.

직교(Perpendicular) : 한 점을 시작으로 하여 도착점에 직교되는 지점을 찾는다.

평행(Parallel) : 평행한 점을 찾는다.

삽입점(Insertion) : Block, Text 등의 삽입점을 찾는다.

노드(Node) : 점 객체, 치수 정의점 또는 치수 문자 원점을 찾는다.

근처점(Nearest) : 객체상의 커서로 클릭한 가장 가까운 지점을 찾는다.

③ 옵션

- Osnap 커서는 기능에 따라 모양이 다르며, 도면 작업 중 각 기능에 따라 선택 커서의 모양이 달라진다.
- 툴바의 버튼을 누르거나 상태막대에 커서를 올리고 우측 버튼, '설정'을 누른다.

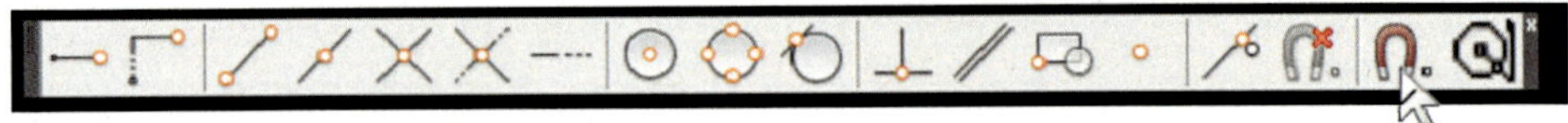

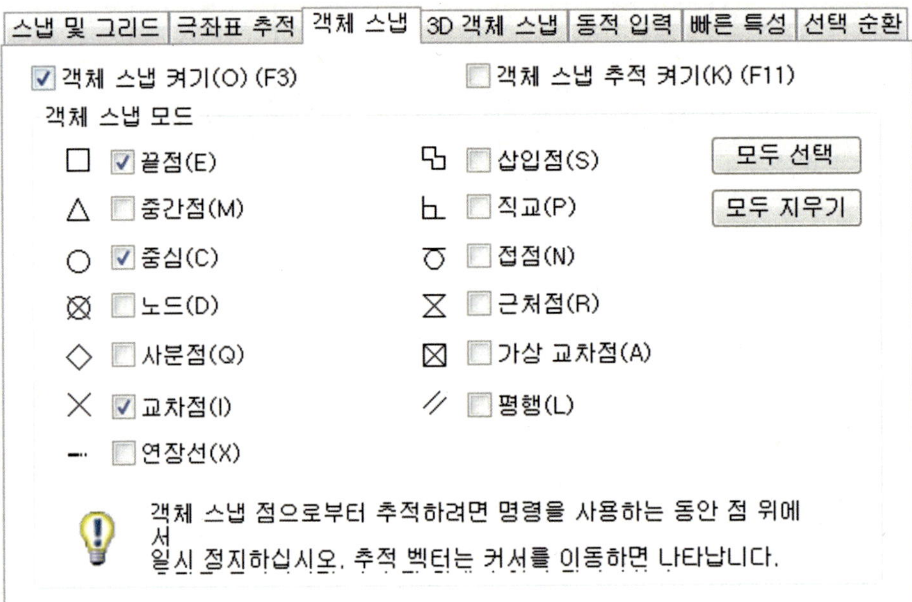

- 객체스냅 켜기(F3) : 항상(자동으로) 객체스냅 기능을 사용한다.
  이 기능을 사용하기 위해서는 끝점(E), 중심(C), 교차점(I)만 활성화시키도록 한다.
  모든 스냅점을 선택하는 경우 의도하지 않은 엉뚱한 점이 선택될 수 있으므로 주의한다.
- 화면의 좌측하단의 상태막대에 현재 적용 중인지의 여부가 버튼으로 나타난다.

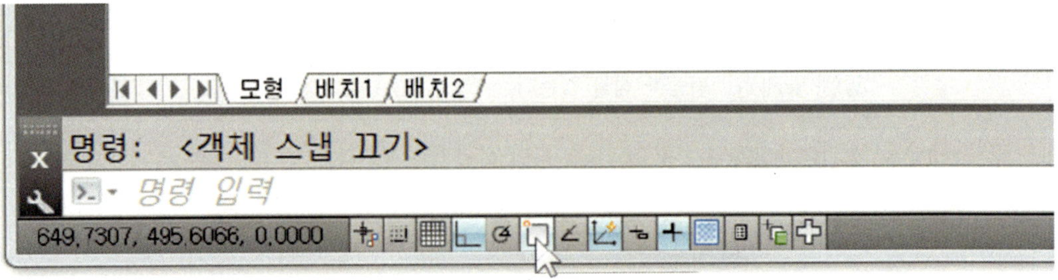

선을 이용한 도면작성 1_칠교판-0

* 다음과 같은 도형을 그려보자.

- Line
- OSnap

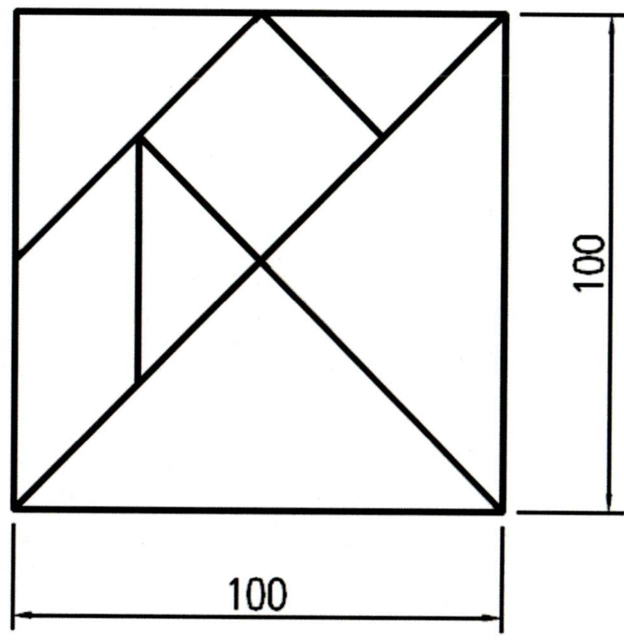

선을 이용한 도면작성 1_칠교판-1

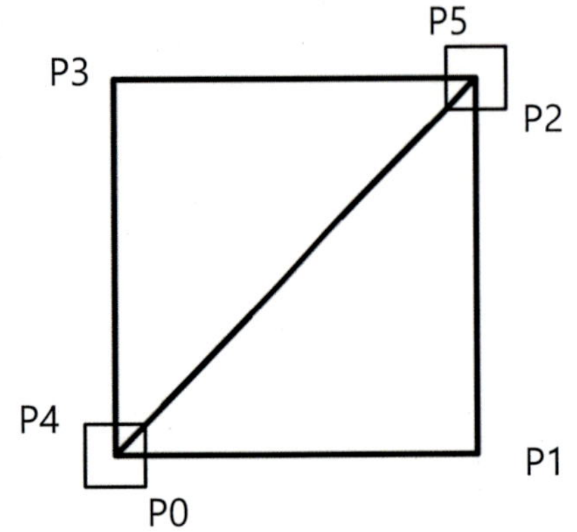

1) 정사각형 그리기

LINE
첫 번째 점 지정:
P0(*임의 점 클릭*) → P1(*@100,0*↵)
→ P2 (*@100,100* ↵) → P3(*@-100,0* ↵)
→ P4 (*@0,-100* ↵)↵

2) 대각선 그리기

LINE
첫 번째 점 지정 :

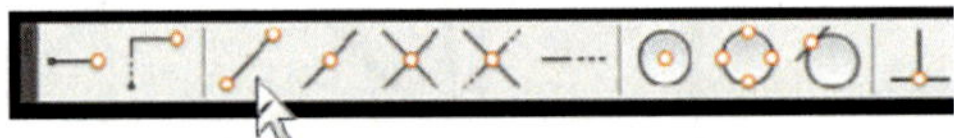

P4 클릭
다음 점 지정 또는 [명령 취소(U)] :

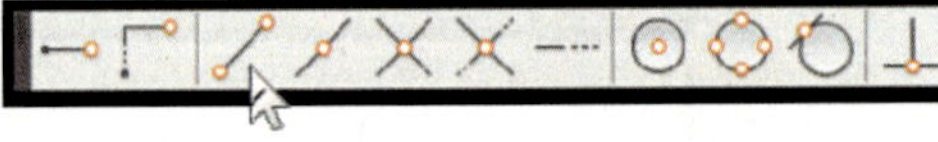

P5 클릭↵

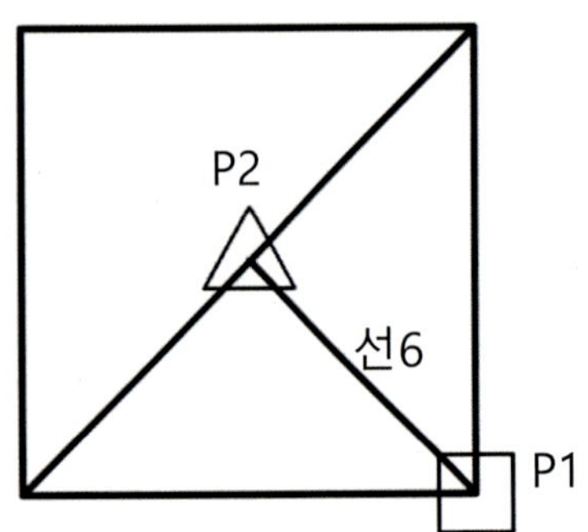

3) 대각선(선6) 그리기

LINE
첫 번째 점 지정 :

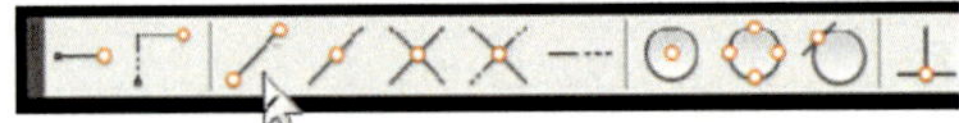

P1 클릭
다음 점 지정 또는 [명령 취소(U)] :

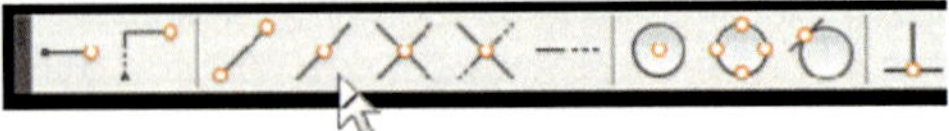

P2 클릭↵

선을 이용한 도면작성 1_칠교판-2

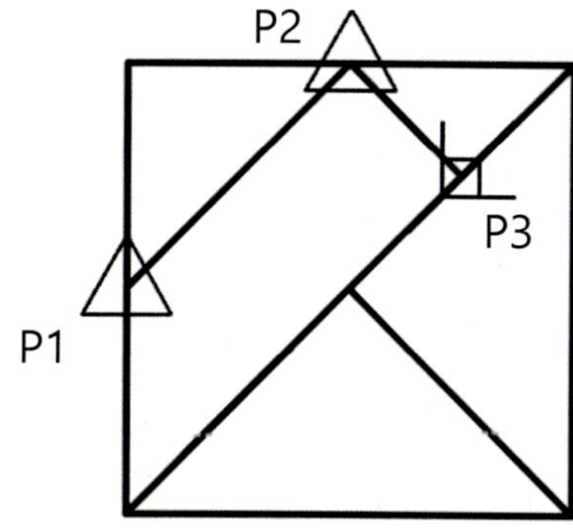

4) 대각선, 수직선 그리기

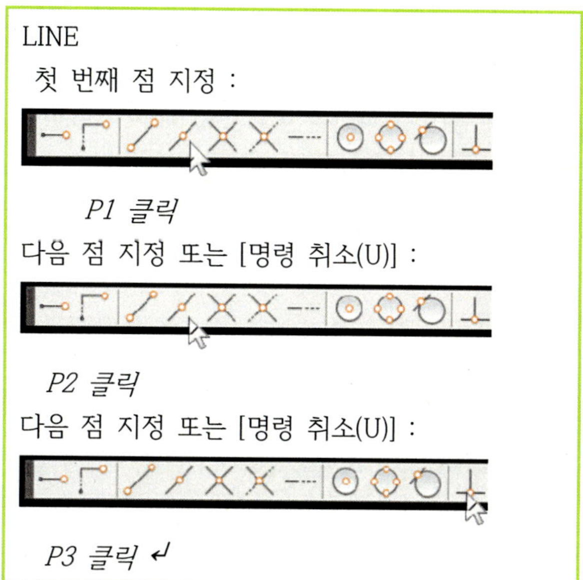

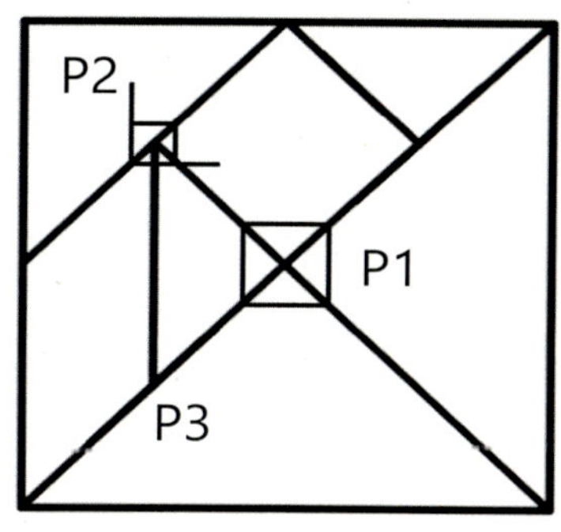

5) 수직선 그리기

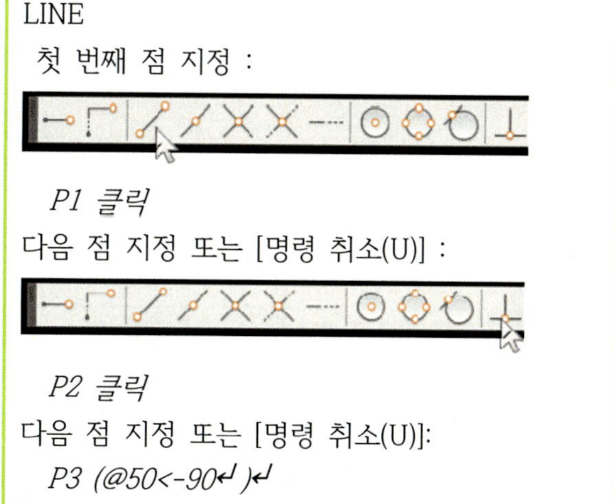

2.1.4 Ortho Mode(F8)

직선을 그릴 때 수직/수평으로만 그리거나, 자유로운 각도로 그릴 수 있는 상태로 설정할 수 있다. 기계 제도에서는 주로 수직/수평선을 많이 작성하므로 Ortho Mode를 켜고 작업하는 것이 편리하다.

① 설정 및 확인

- F8 버튼을 누를 때마다 직교모드(Ortho Mode)가 On/Off 된다.
- 혹은 화면의 좌측하단의 상태막대에서 직교모드 버튼을 누른다.

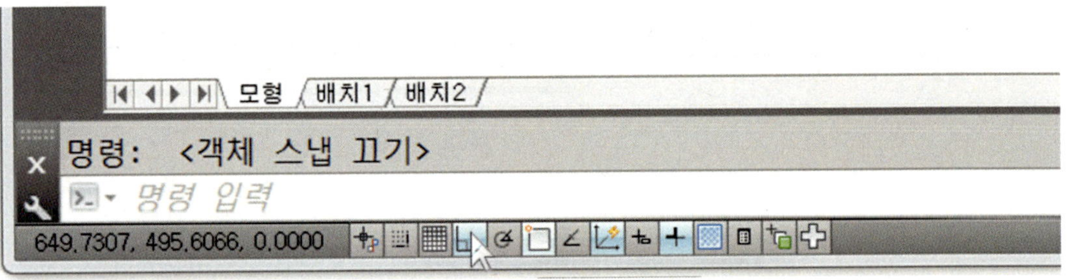

2.1.5 동적 입력 모드(F12)

도면요소를 작성할 때 목표 값을 입력하기 쉽도록 십자선 근방에 현재 십자선의 위치에 따르는 값을 보여주는 기능이다.

① 설정 및 확인

- F12 버튼 혹은 화면의 좌측하단의 상태막대에서 동적입력 버튼을 누른다.

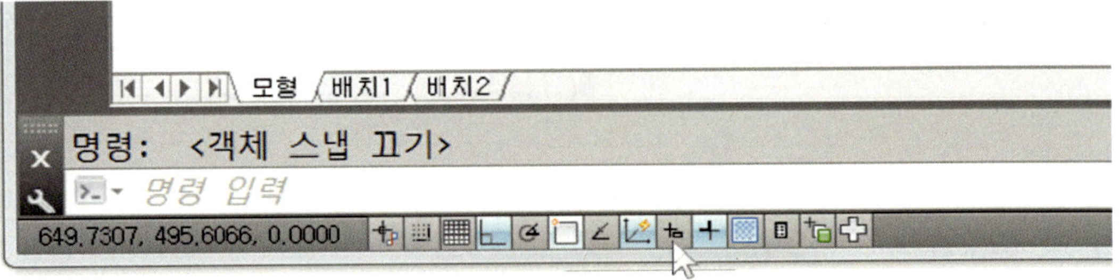

② 사용

- 직교모드인 경우 십자선을 목표로 하는 위치로 약간 이동 후 숫자를 입력하고 엔터를 치면 그리기 명령이 완료되고 컴마(,)를 입력하면 처음 입력값은 x값이 되고 y값 입력을 기다린다. 컴마(,) 대신 Tab 버튼을 누르면 처음 입력값은 극좌표계의 r값이 되고 θ값 입력을 기다린다.
- 직교모드 해제된 상태에서는 극좌표계의 r값이 표시되고 있으며 Tab 버튼이나 "<" 버튼을 누르면 θ값 입력창이 활성화된다.

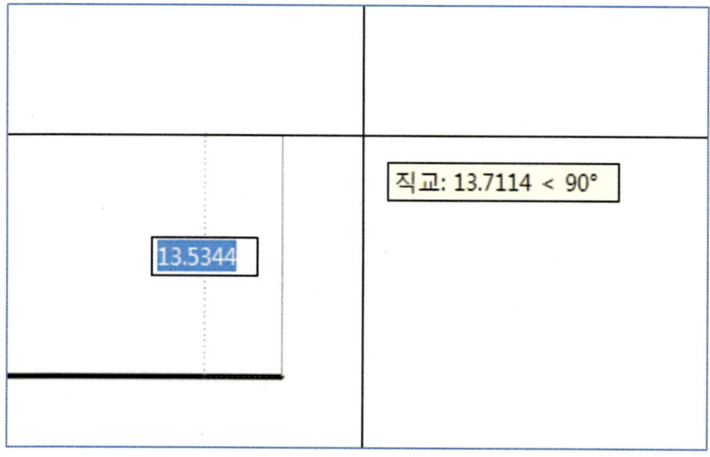

<직교모드>

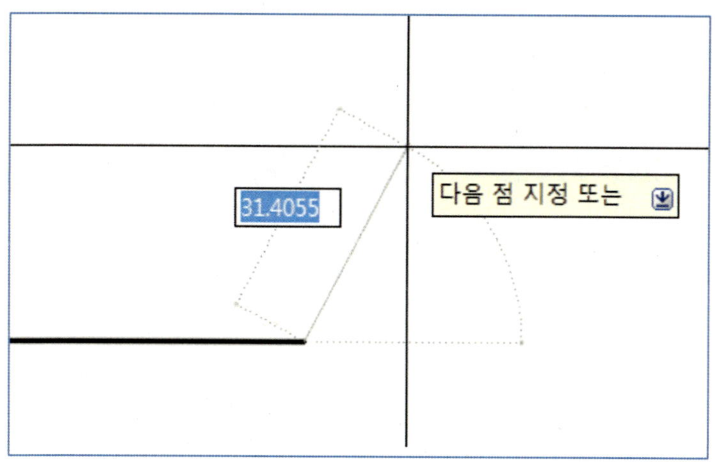

<직교모드 해제>

- **정삼각형을 그려보자.**

명령(Command): L ↵

- 수평선 그린 후 다음 점 입력하기 : 60˚ 기울기 및 일정 길이를 가진 선 그리기

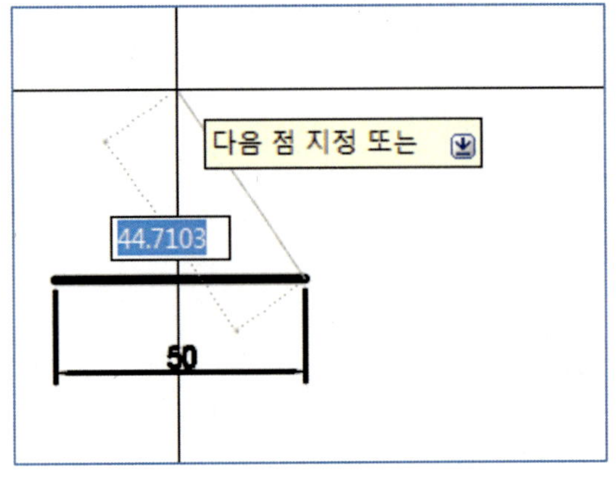

<다음 점의 거리 입력 대기 상태>

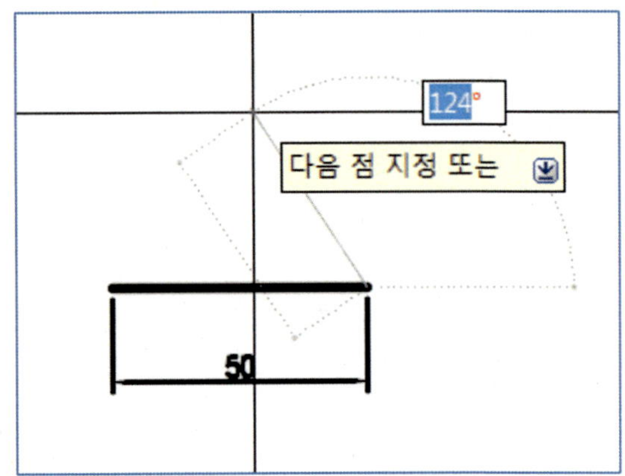

<다음 점의 각도 입력 대기 상태>

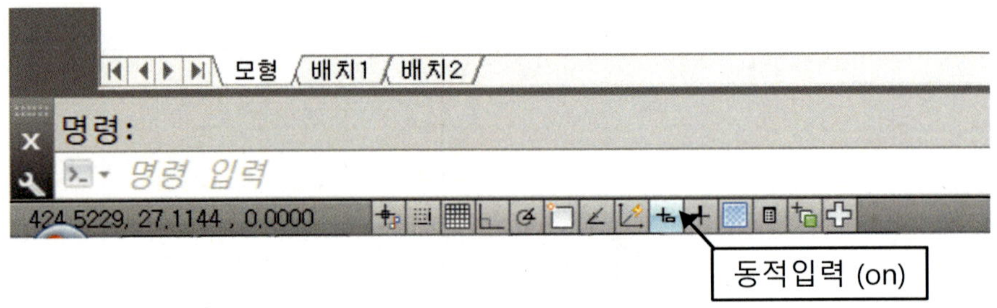

AutoCAD에서 각도의 진행 방향은 기본적으로 반시계방향으로 정의한다.

LINE 첫 번째 점 지정: 임의의 점 클릭
다음 점 지정 또는 [명령 취소(U)]: @50<0 ↵
다음 점 지정 또는 [명령 취소(U)]: @50<72 ↵
다음 점 지정 또는 [닫기(C)/명령 취소(U)]: @50<144 ↵
다음 점 지정 또는 [닫기(C)/명령 취소(U)]: @50<216 ↵
다음 점 지정 또는 [닫기(C)/명령 취소(U)]: c ↵ (혹은 마우스 우측 버튼) (명령종료)

2.1 연습 문제 1

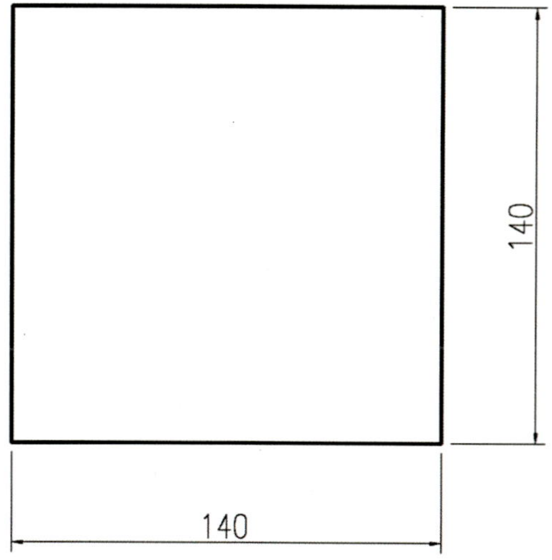

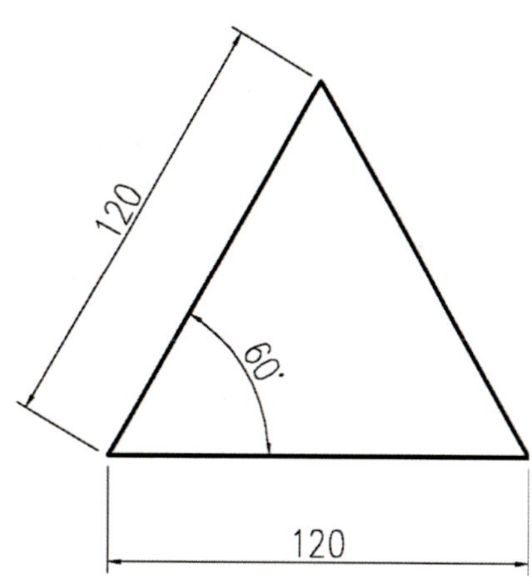

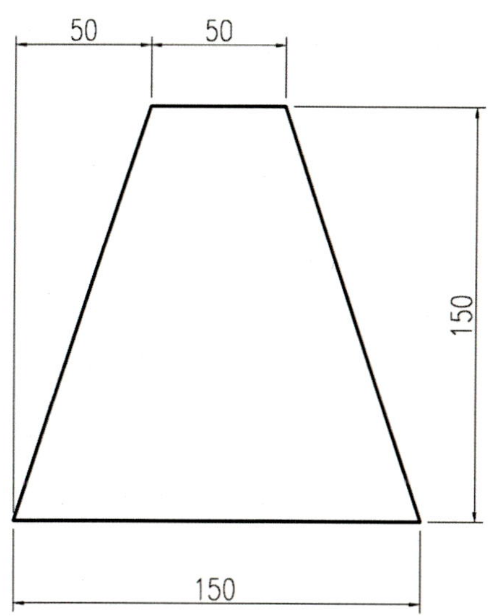

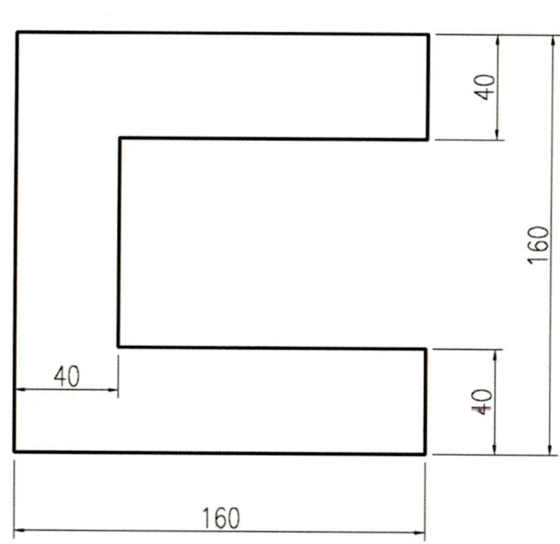

2.1 연습 문제 2

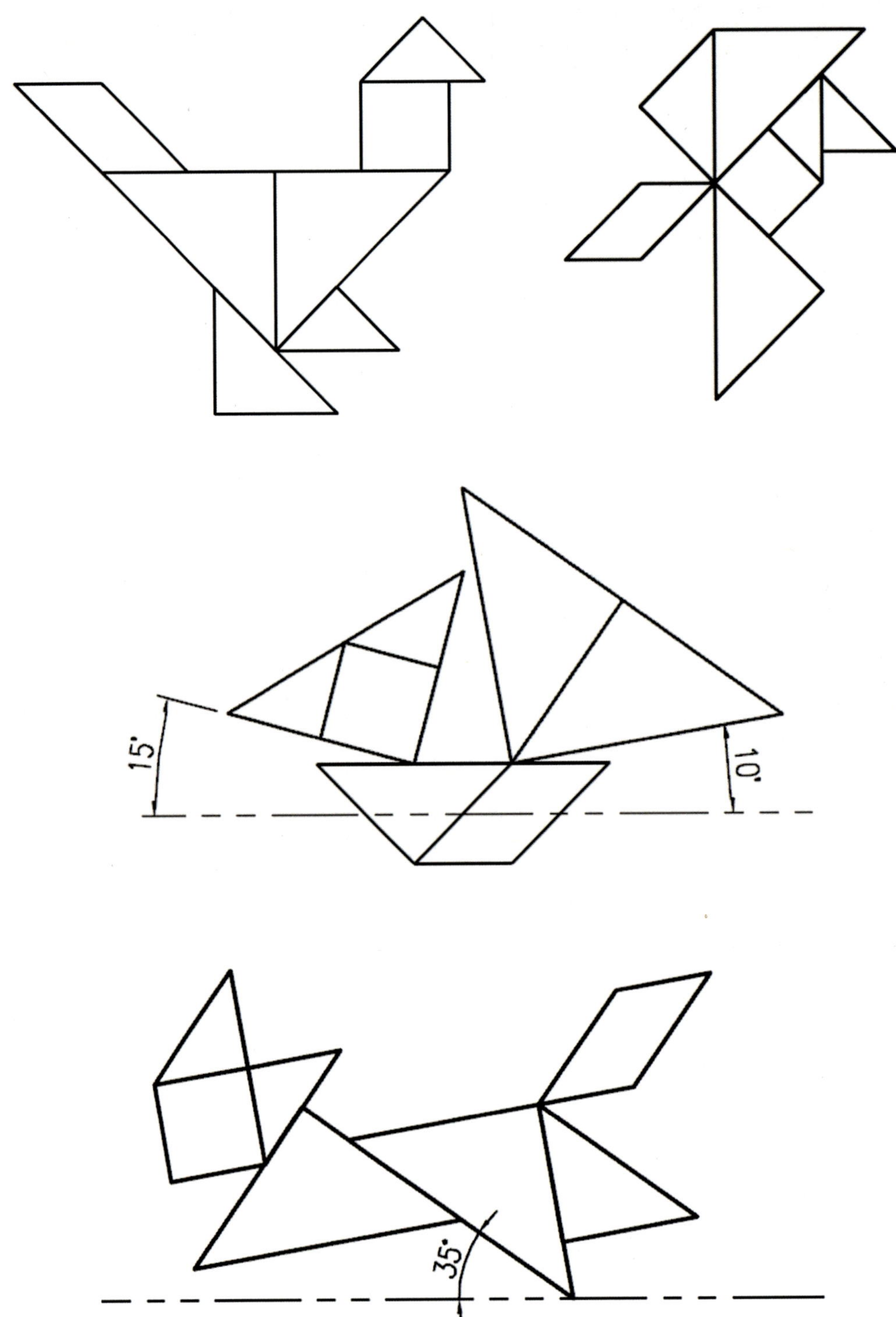

2.1 연습 문제 3

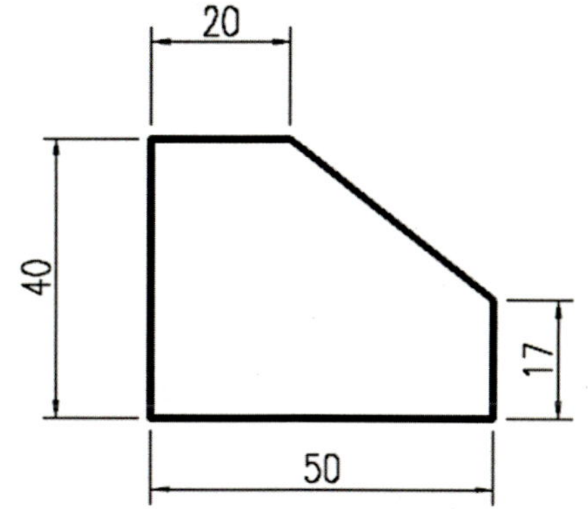

20
40
17
50

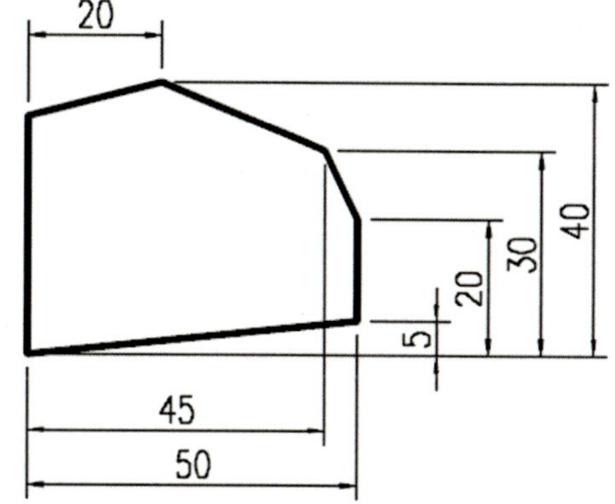

20
40
30
20
5
45
50

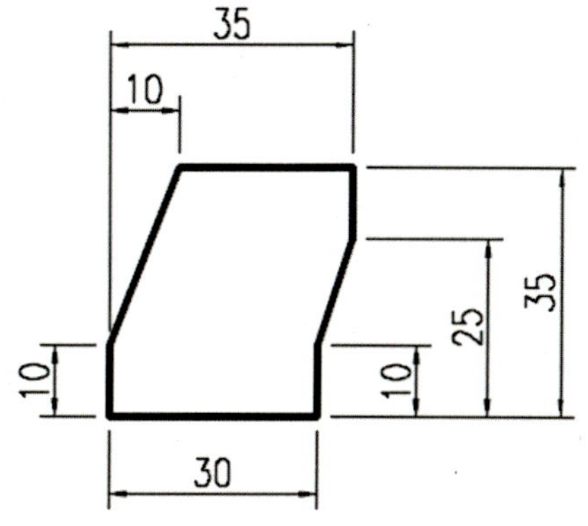

35
10
35
25
10
10
30

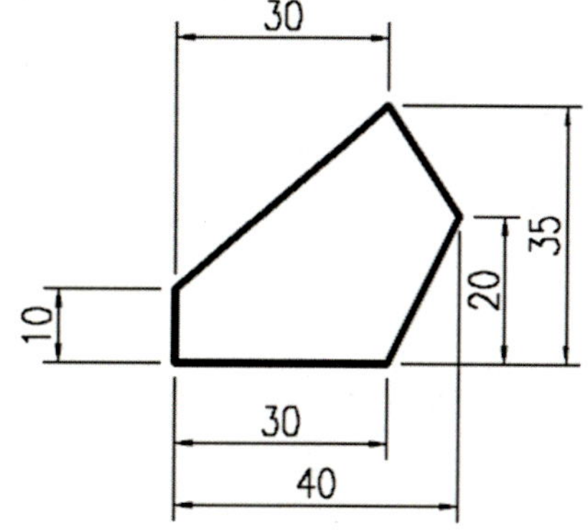

30
35
10
20
30
40

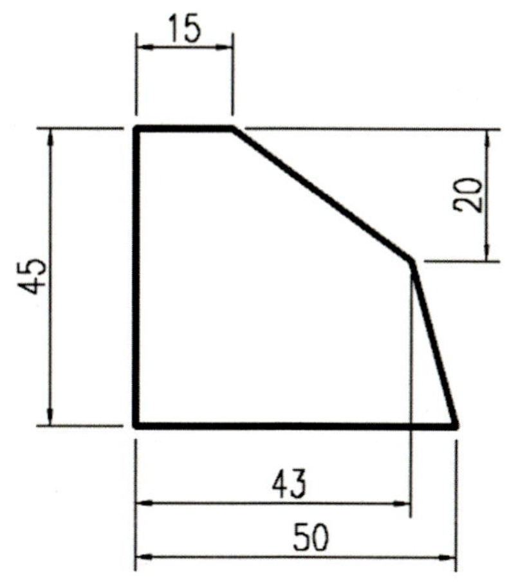

15
45
20
43
50

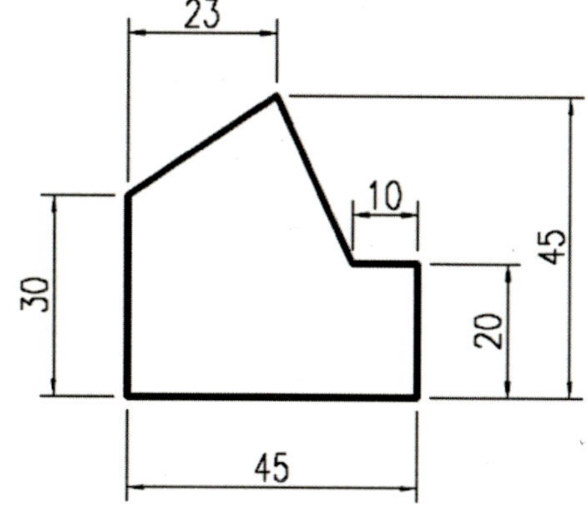

23
10
30
45
20
45

2.1 연습 문제 4

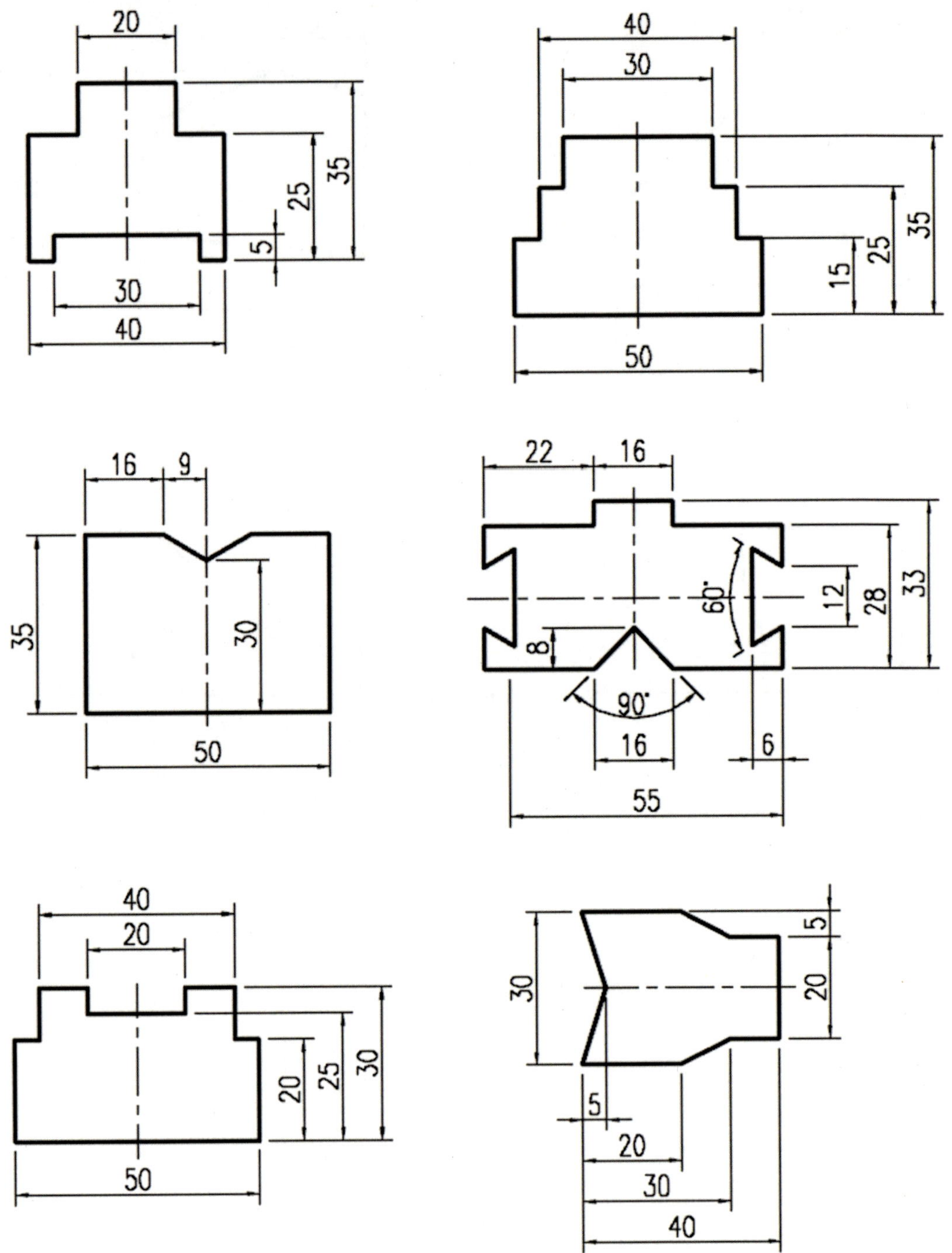

20
35
25
5
30
40
40
30
35
25
15
50
16
9
35
30
50
22
16
60°
12
28
33
8
90°
16
6
55
40
20
30
25
20
50
5
30
20
5
20
30
40

2.1 연습 문제 5

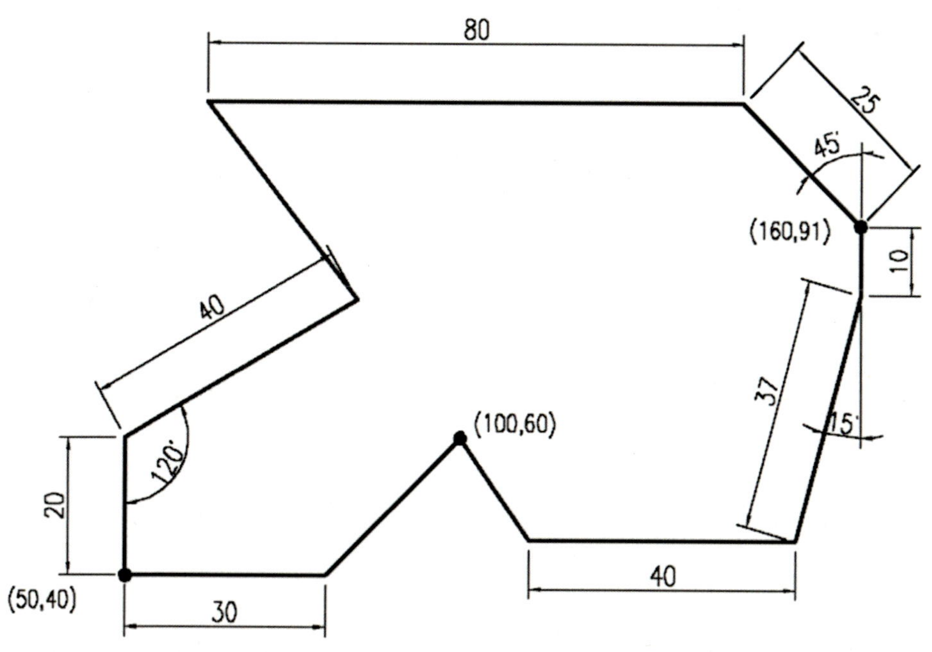

80
25
45°
(160,91)
10
40
37
15°
(100,60)
120°
20
(50,40)
30
40

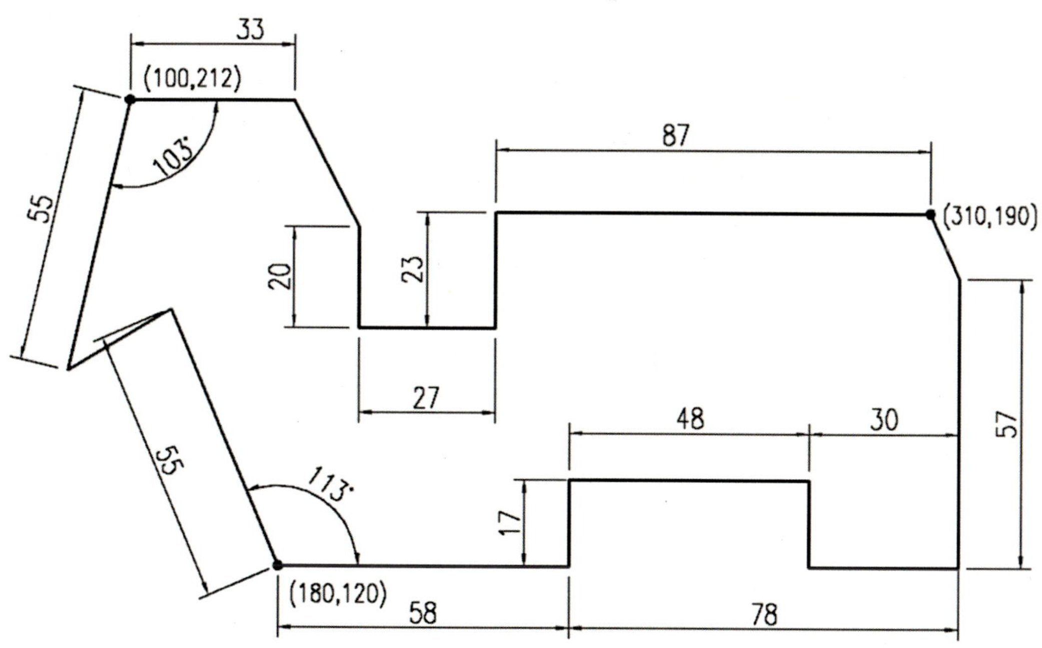

33
(100,212)
103°
55
87
(310,190)
20
23
27
48
30
57
55
113°
17
(180,120)
58
78

2.2 치수기입, 치수 스타일

2.2.1 치수기입

[1] 선형(수평, 수직) 치수기입〈OSNAP : 끝점(E), 직교 on〉

도면에 수평치수 및 수직 치수를 기입한다.

① 명령(Command) : dimlinear ↵

② 툴바 메뉴 :

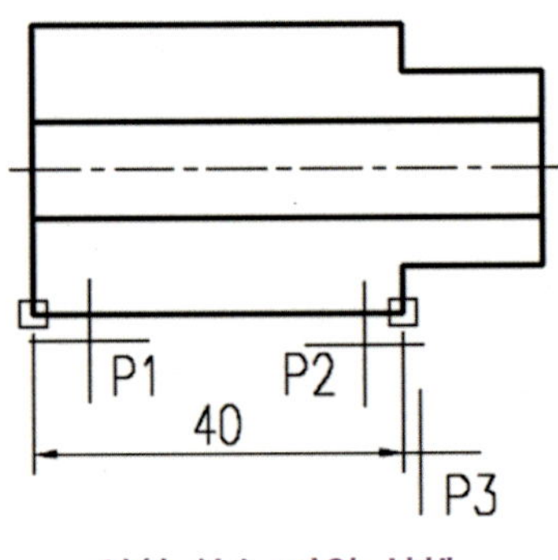

<선형 치수 기입 실행>

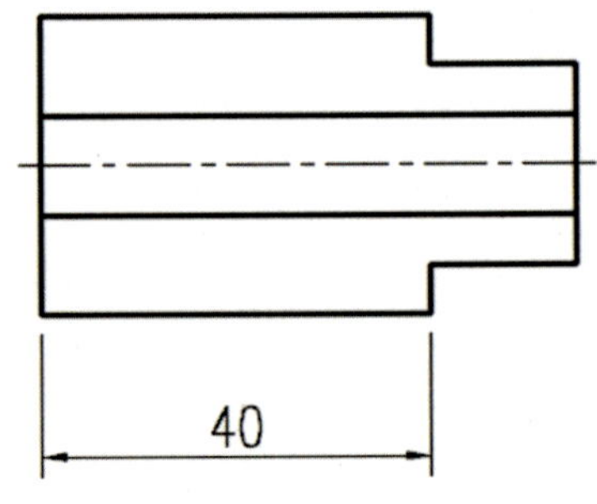

<선형 치수 기입 결과>

DIMLINEAR
첫 번째 치수보조선 원점 지정 또는 <객체 선택> : (*P1 클릭*)
두 번째 치수보조선 원점 지정 : (*P2 클릭*)
치수선의 위치 지정 또는
[여러 줄 문자(M)/문자(T)/각도(A)/수평(H)/수직(V)/회전(R)] : (*P3 클릭*)
치수 문자 = 40

※ 치수보조선 원점 지정 시 OSNAP점에 십자선을 맞추지 말고 도형의 선 근처에서 원하는 끝점(end point)에 가까운 화면의 빈 공간을 찍도록 한다. 이 때 반드시 도형의 끝점에 OSNAP 커서가 생긴 것을 확인해야 한다.

※ 최초 치수선과 도형의 간격은 약 10mm~20mm 되게 기입한다.
두 번째 치수선과 다음 치수선의 간격은 약 8mm~10mm 되게 기입한다.

[2] 정렬(경사) 치수기입〈OSNAP : 끝점(E)〉

경사진 치수를 기입한다.

① 명령(Command) : dimaligned ↵

② 툴바 메뉴 :

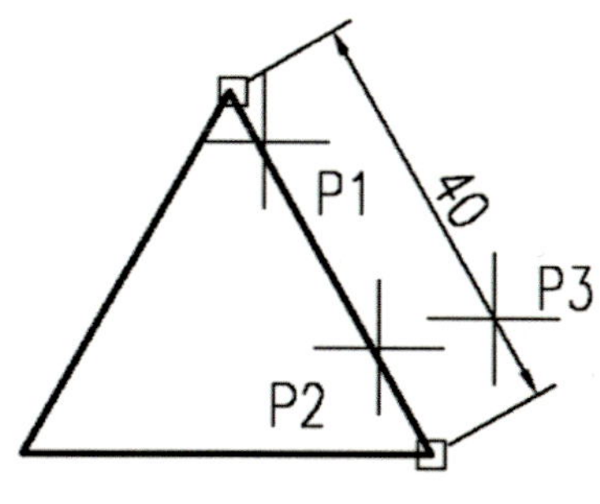

<정렬 치수 기입 실행>

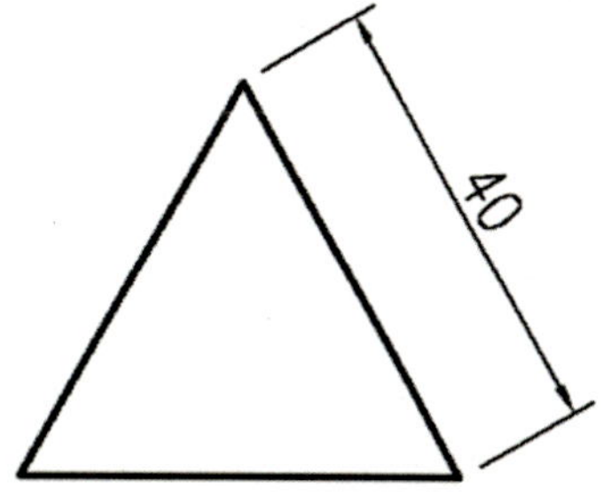

<정렬치수 기입 결과>

첫 번째 치수보조선 원점 지정 또는 <객체 선택> : (*P1 클릭*)
두 번째 치수보조선 원점 지정 : (*P2 클릭*)
치수선의 위치 지정 또는 [여러 줄 문자(M)/문자(T)/각도(A)] : (*P3 클릭*)
치수 문자 = 40

③ 치수명령옵션

명령옵션	설 명
여러 줄 문자(M)	치수문자를 여러 줄 문자로 변경한다.
문자(T)	치수문자를 변경한다.
각도(A)	치수문자 각도를 지정한다.
수평(H)	수평치수로 강제 제어한다.
수직(V)	수직치수로 강제 제어한다.
회전(R)	치수선을 각도로 주어 기입한다.

[3] 지름(∅) 치수기입

지름(∅) 치수를 기입한다.

① 명령(Command) : dimdiameter ↵

② 툴바 메뉴 : 

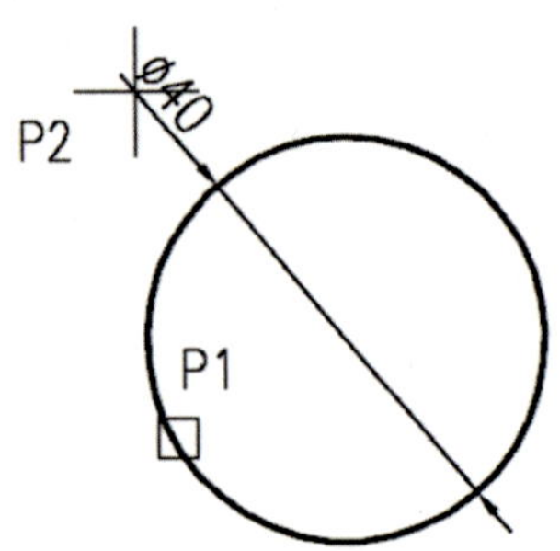

호 또는 원 선택 : ***(P1 클릭)***
치수 문자 = 40
치수선의 위치 지정 또는 [여러 줄 문자(M)/문자(T)/각도(A)] : ***(P2 클릭)*** (화면상 치수문자 위치 점)

[4] 반지름(R) 치수기입

반지름 치수(R)를 기입한다.

① 명령(Command) : dimradius ↵

② 툴바 메뉴 :

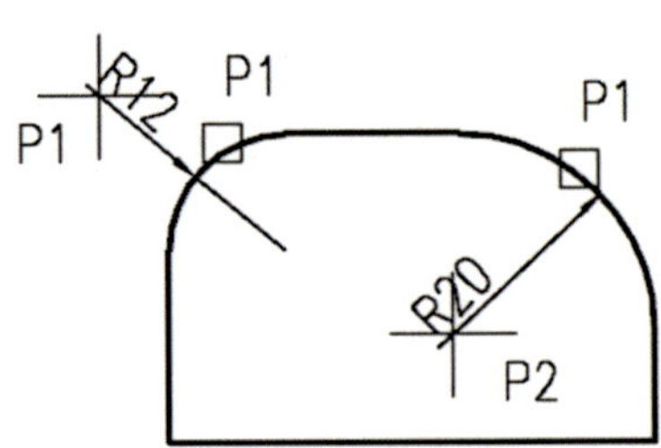

호 또는 원 선택 : ***(P1 클릭)***
치수 문자 = 12
치수선의 위치 지정 또는 [여러 줄 문자(M)/문자(T)/각도(A)] : ***(P1 클릭)*** (화면상 치수문자 위치 점)

[5] 지시선 치수기입

지시선 치수를 기입한다.

① 명령(Command) : lead ↵

② 툴바 메뉴 :

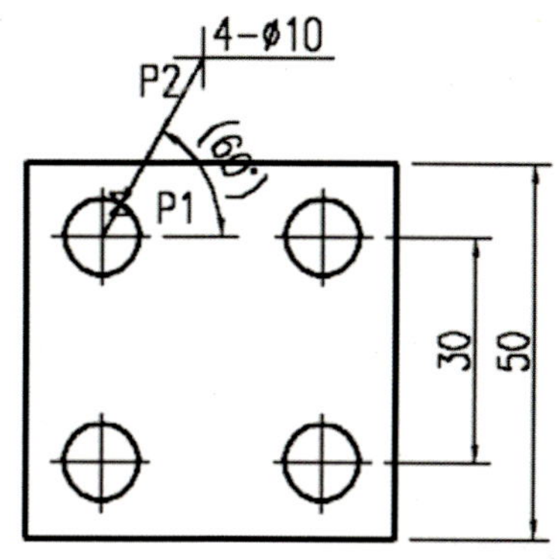

<지시선 치수 기입 실행>

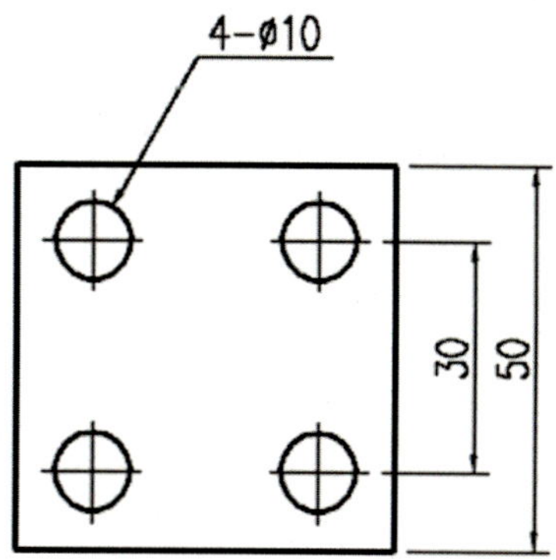

<지시선 치수 기입 결과>

LEADER
지시선 시작점 지정: _nea -> *(P1 클릭)* <OSNAP : 근처점(N)>
다음 점 지정: <직교 끄기> *(P1 클릭)*
다음 점 지정 또는 [주석(A)/형식(F)/명령 취소(U)] <주석(A)>: *(↵)* (다음 점 지정하지 않음. 지정하는 경우 주석문자 앞 빈 공간이 커짐)
주석 문자의 첫 번째 행 입력 또는 <옵션>: *(4-%%c10 ↵)*
주석 문자의 다음 행을 입력: *(↵)* (명령 완료, 여러 줄을 입력하는 경우에는 문자 입력)
명령:

※ 원주상에 지시선의 시작점을 두는 경우 X축으로부터 60° 정도인 원주상의 한 점을 선택한다.
OSNAP : 근처점(N) 사용

※ 지시선의 기울기는 X과 60° 정도 기울어지게 작성하기 위한 두 번째 점을 찍는다.
직교 끄기(F8 버튼) 해서 지시선 기울기가 약 되도록 P2 점을 찍는다.

2.3 Circle, Arc, Erase, Undo, Redo

2.3.1 Circle(원)

원을 그린다.

① 명령(Command) : C ↵

② 툴바 메뉴 :

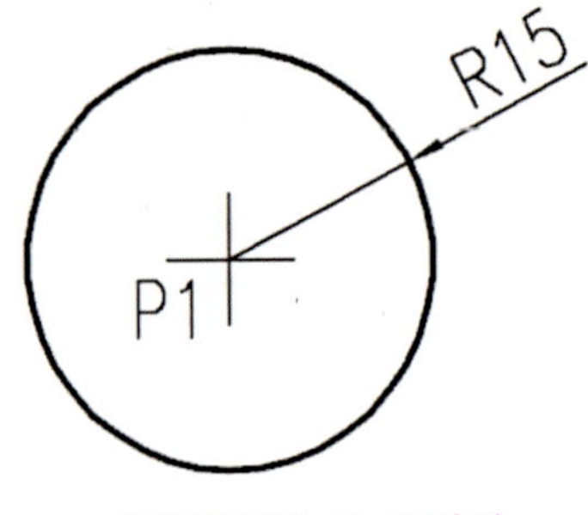

<반지름지정 원 그리기>

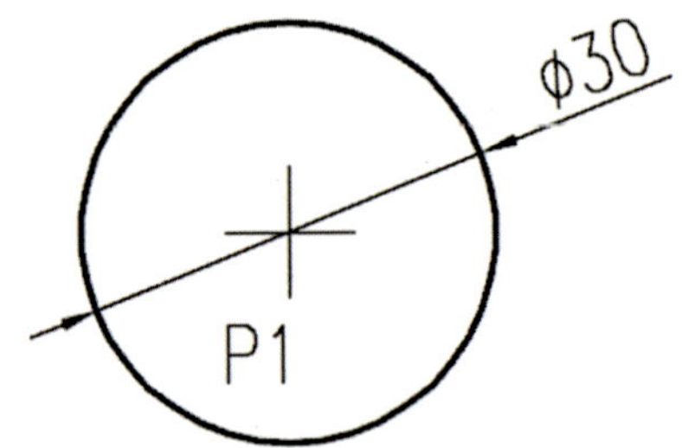

<지름지정 원 그리기>

명령: CIRCLE
원에 대한 중심점 지정 또는 [3점(3P)/2점(2P)/Ttr - 접선 접선 반지름(T)] : *(P1 클릭)*
 (원 중심 위치 지정)
원의 반지름 지정 또는 [지름(D)] <10> : *(15↵)*

명령: CIRCLE
원에 대한 중심점 지정 또는 [3점(3P)/2점(2P)/Ttr - 접선 접선 반지름(T)]:
원의 반지름 지정 또는 [지름(D)] <15>: *(d ↵)*
원의 지름을 지정함 <30>: *(↵)*

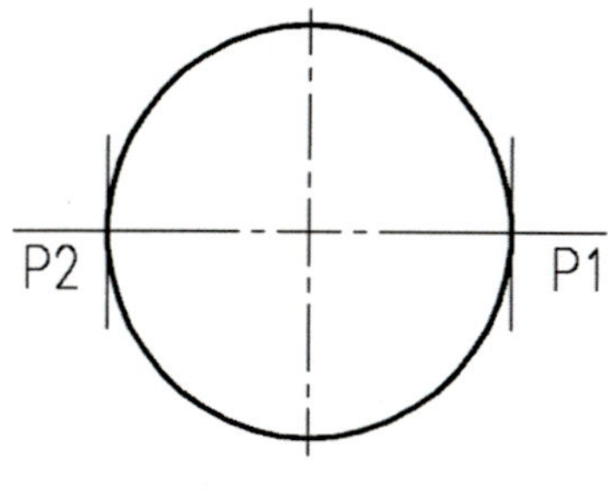

<두 점 지정 원 그리기>

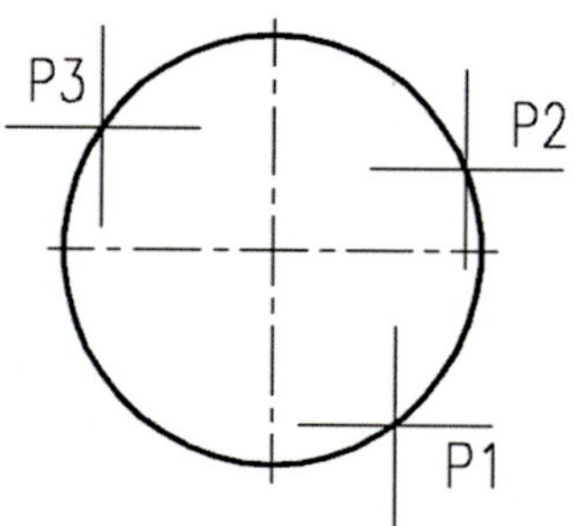

<3점 지정 원 그리기>

CIRCLE (두 점 지정 원 그리기)
원에 대한 중심점 지정 또는 [3점(3P)/2점(2P)/Ttr – 접선 접선 반지름(T)] : *(2P ↵)*
원 지름의 첫 번째 끝점을 지정 : *(P1 클릭)*
원 지름의 두 번째 끝점을 지정 : *(P2 클릭)*

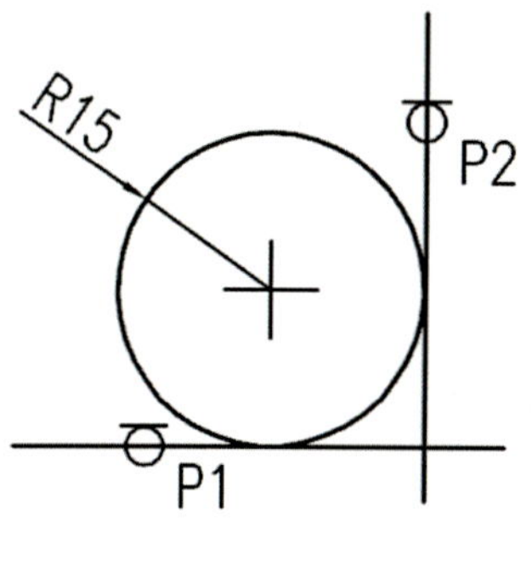

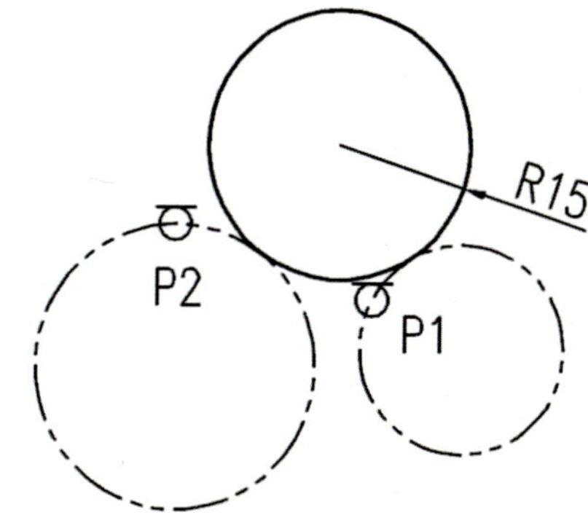

<접선 접선 반지름 지정 원 그리기>

CIRCLE
원에 대한 중심점 지정 또는 [3점(3P)/2점(2P)/Ttr – 접선 접선 반지름(T)] : *(t ↵)*
원의 첫 번째 접점에 대한 객체 위의 점 지정 : *(P1 클릭)*
원의 두 번째 접점에 대한 객체 위의 점 지정 : *(P2 클릭)*
원의 반지름 지정 <20> : *(15 ↵)*

※ 원에 접하는 원을 그리는 경우 찍는 위치에 따라 그려지는 원의 위치가 달라짐을 유념해야 한다.

2.3.2 Arc(원)

호(반 시계 방향으로)를 그린다.

① 명령(Command) : A ↵

② 툴바 메뉴 :

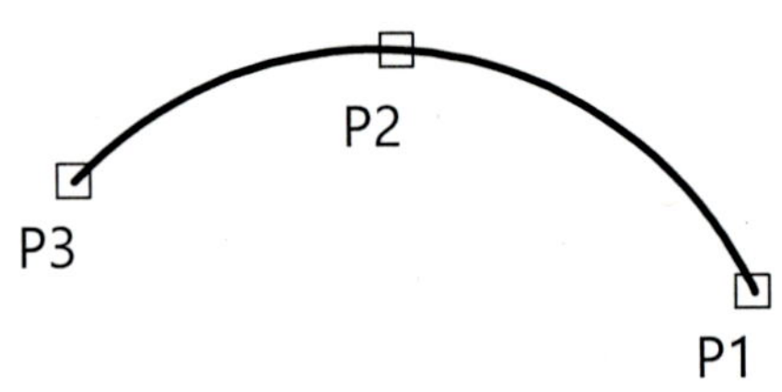

> ARC 호의 **시작점** 또는 [중심(C)] 지정 : *P1 클릭*
> 호의 **두 번째 점** 또는 [중심(C)/끝(E)] 지정 : *P2 클릭*
> **호의 끝점** 지정 : *P3 클릭*

※ 호는 항상 반시계 방향으로 그려지므로 클릭 순서를 유의하도록 한다.

③ 명령옵션

명령옵션	설 명
시작(S)	호의 시작점(Start Point)
중심(C)	호의 중심점(centerPoint)
끝(E)	호의 끝점(End Point)
각도(A)	호의 사이 각도(Angle)
반지름(R)	호의 반지름(Radius)
현의 길이(L)	현의 길이(Length)
방향(D)	호의 방향(Direction)

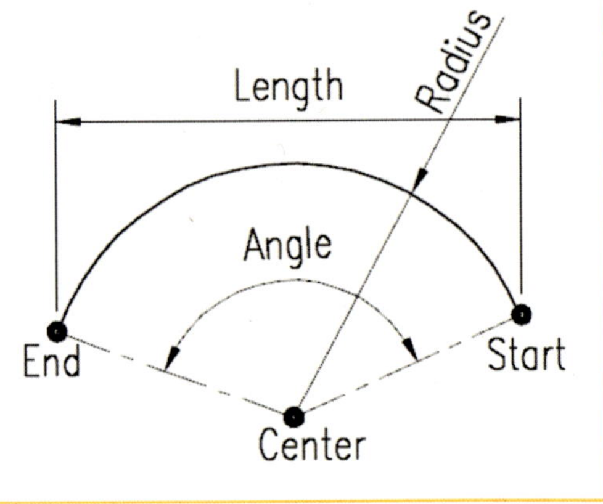

④ set 명령

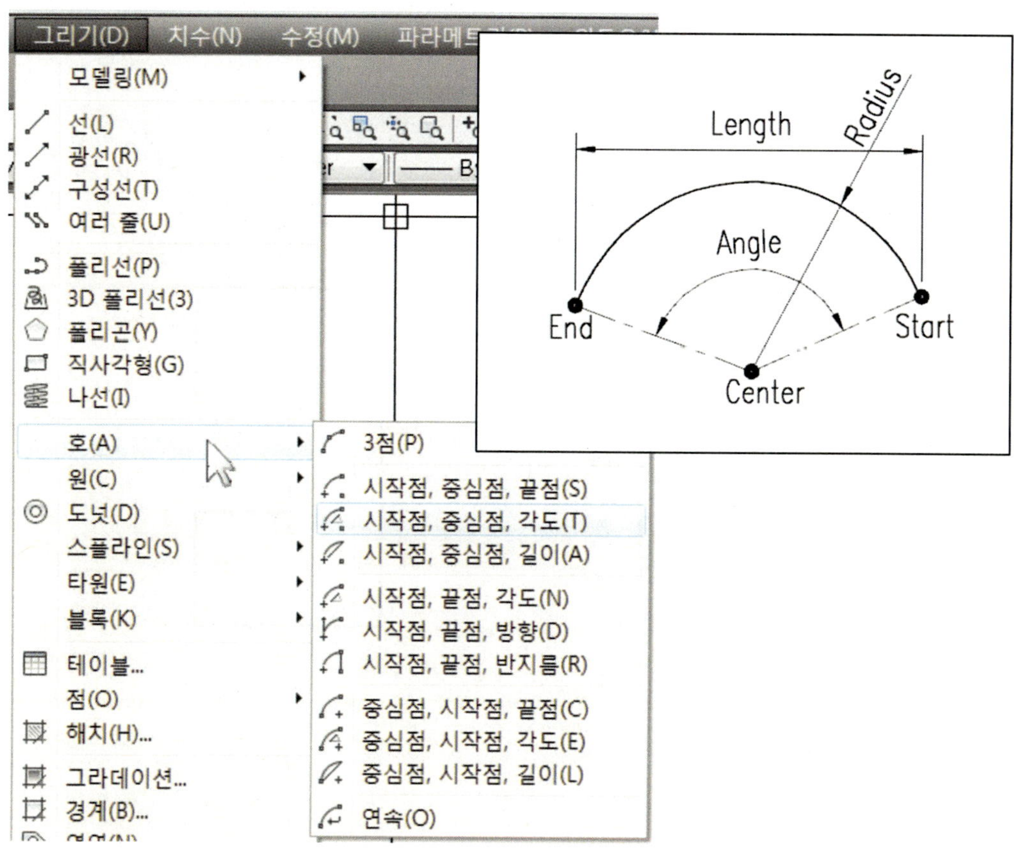

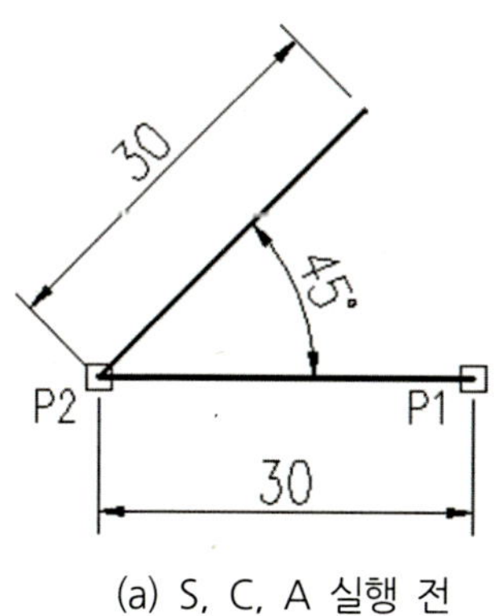

(a) S, C, A 실행 전

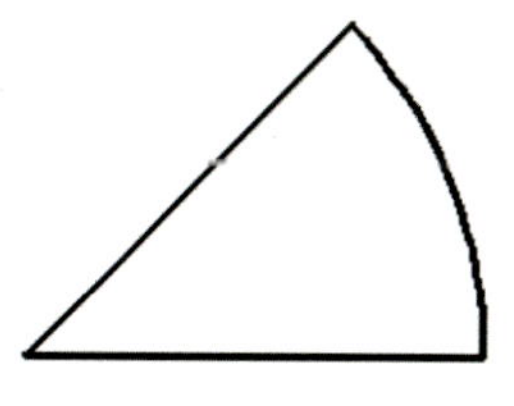

(b) S, C, A 실행 후

```
호의 시작점 지정 또는 [중심(C)]:
호의 두 번째 점 또는 [중심(C)/끝(E)] 지정: _c 호의 중심점 지정:
호의 끝점 지정 또는 [각도(A)/현의 길이(L)]: _a 사이각 지정: 45 ↵
```

2.3.3 Erase(지우기)

도면 요소(객체)를 지운다.

① **명령(Command) : E ↵**

② **툴바 메뉴 :** 

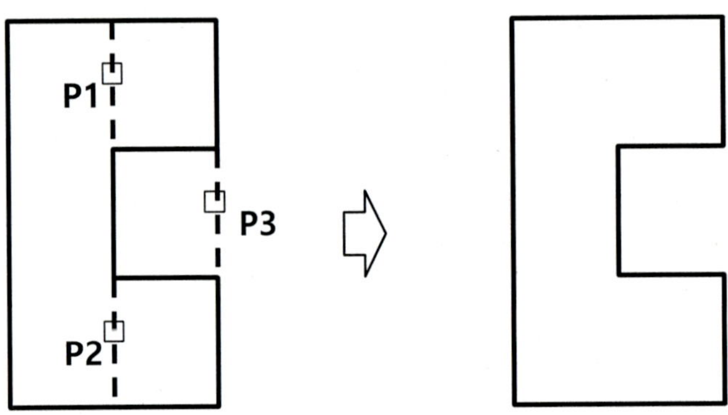

명령: e
ERASE
객체 선택: *(P1 클릭)* 1개를 찾음
객체 선택: *(P2 클릭)* 1개를 찾음, 총 2개
객체 선택: *(P3 클릭)* 1개를 찾음, 총 3개
객체 선택: (↵)
명령:

여기서 선택커서 (Pick Box)로 삭제하고자 하는 요소를 선택하면 점선으로 바뀐다.

요소 선택 완료 후 ↵ 를 치면 요소가 화면에서 사라진다.

③ 요소(객체) 여러 개를 삭제하는 법(일반적인 사용법)

```
Erase
객체 선택: 반대 구석 지정: (P1 클릭 → P2 클릭) 1개를 찾음
객체 선택: ↲ (명령완료 )
명령:
```

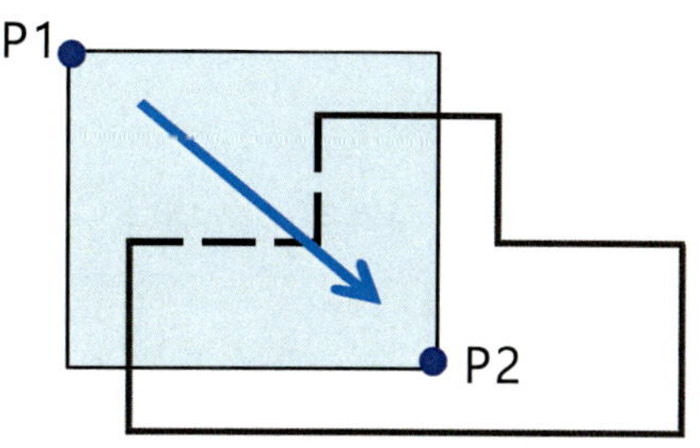

<윈도우(Window Box) 선택>

* P1 클릭 → P2 클릭
* 영역 내에 있는 모든 객체가 선택됨

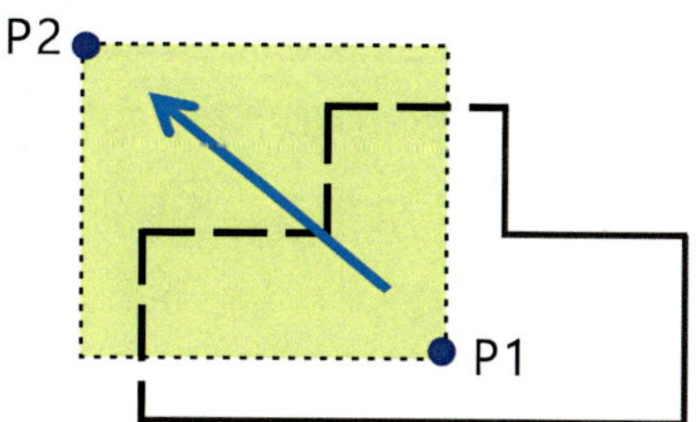

<걸치기(Crossing Box) 선택>

* P1 클릭 → P2 클릭
* 영역 내에 있거나 접하는 모든 객체가 선택됨

※ 요소(객체) 선택 시 걸치기 선택 윈도우 선택

* 객체 없는 빈 공간에 첫째 점 클릭 후 2번째 점을 우측에 클릭하면 Window Box
* 첫째 점 클릭 후 2번째 점을 좌측에 클릭하면 Crossing Box

※ 한 개의 요소(객체) 삭제할 때는 '명령: 삭제할 객체선택 후 E ↲ '해도 된다.

④ 기타 명령옵션

명령옵션	설 명
전체(ALL)	파일 내에 작도된 모든 도면요소를 선택한다.
최종(L)	마지막에 작도된 요소를 선택한다.
이전(P)	이전의 선택한 요소를 선택한다.
선택취소(R)	잘못 선택한 요소를 선택 취소한다.
선택(A)	R(선택취소) 모드에서 다시 선택 모드로 전환한다.

2.3.4 Undo(명령 취소)

바로 직전 명령을 차례로 취소한다.

① 명령(Command) : U ↲

② 툴바 메뉴 :

기능 1 ; U 명령은 물음 없이 바로 실행된다.

기능 2 ; 한번 ↲ 를 할 때마다 명령이 차례로 취소된다.

기능 3 ; 툴바에서 명령 취소 버튼을 한 번씩 클릭할 때마다 명령이 차례로 취소된다.

기능 4 ; 어떤 명령에서든 esc 버튼을 누르면 실행되는 도중 취소된다.

2.3.5 MREDO(명령 복구)

U(명령 취소)한 명령을 차례로 복구한다.

① 명령(Command) : MREDO ↵

② 툴바 메뉴 :

```
명령: mredo
작업의 수 입력 또는 [전체(A)/최종(L)]: 1 GROUP 줌 범위
```

③ 명령 옵션

명령옵션	설 명
전체(A)	U(명령 취소)한 명령 전체를 복구시킨다.
최종(L)	마지막에 U(명령 취소)한 명령을 복구시킨다.

※ 툴바에서 명령 취소 복구를 한 번씩 클릭할 때마다 차례로 복구된다.
명령복구는 중간에 다른 명령을 실행하면 명령복구 기능이 종료된다.

2.3 연습 문제 1

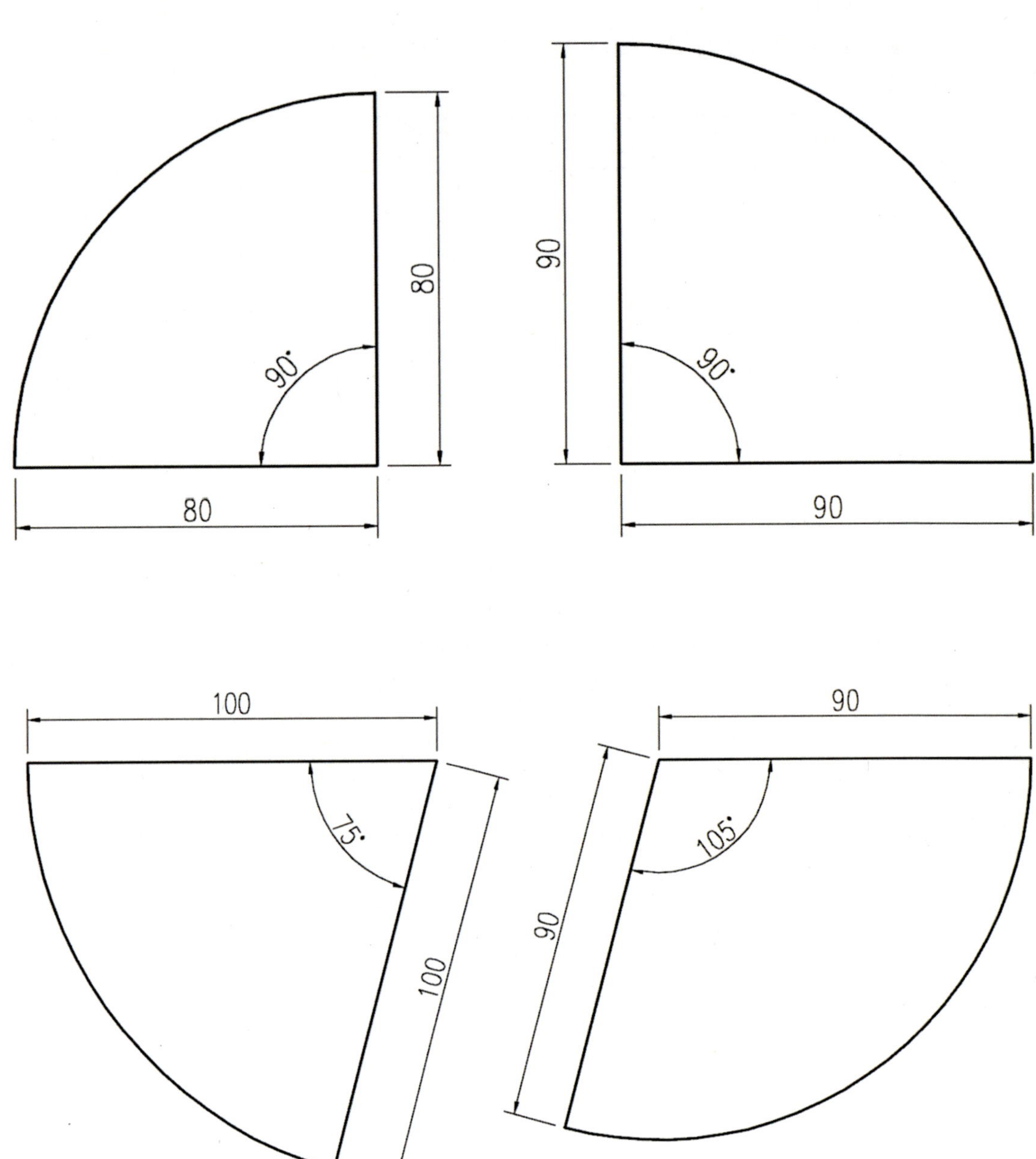

2.3 연습 문제 2

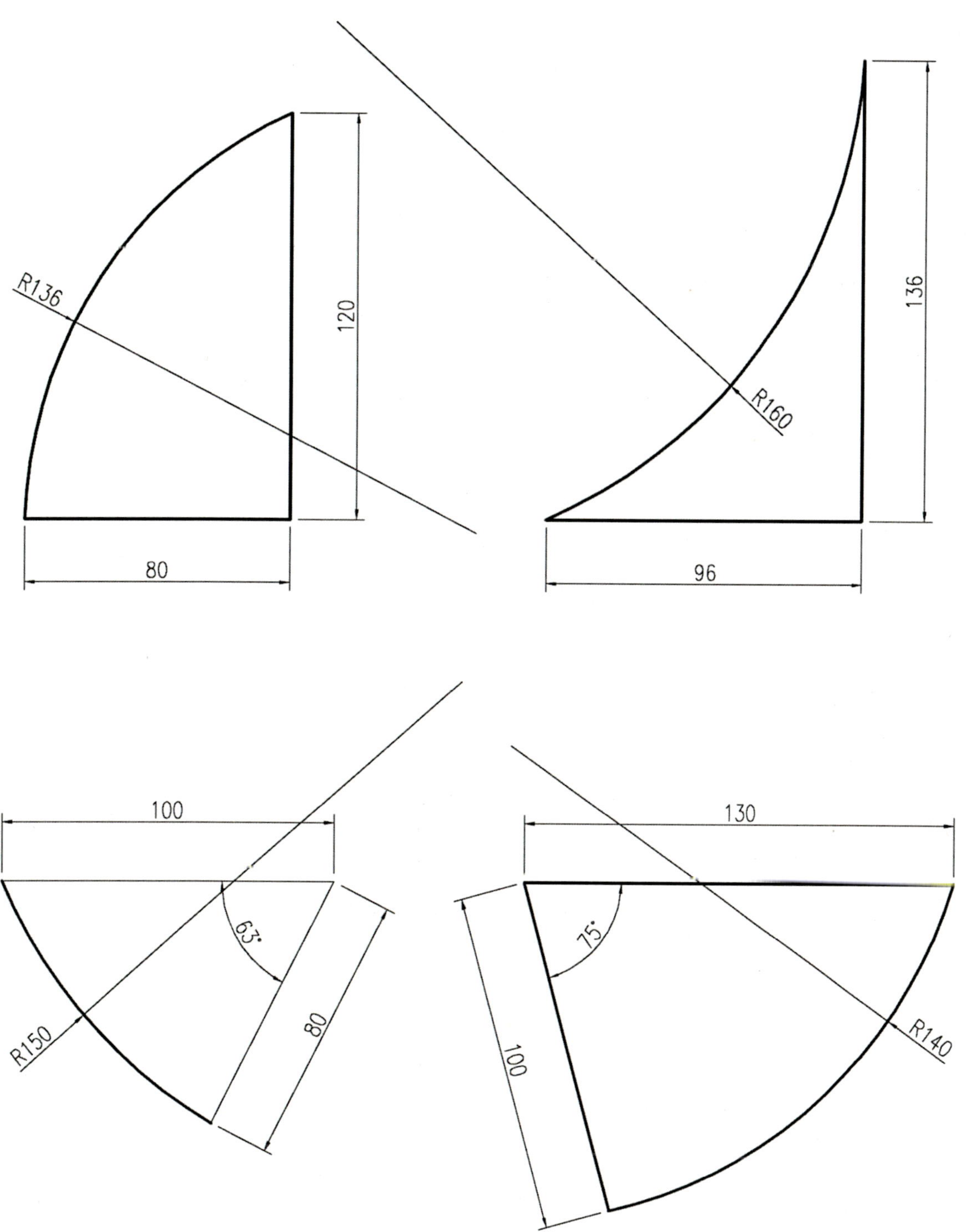

2.4 Offset, Trim, Extend, Change

2.4.1 Offset(간격띄우기)

도면 요소를 지정된 간격 또는 점을 통과하는 평행한 도면 객체를 생성한다.

① 명령(Command) : O ↵

② 툴바 메뉴 :

[1] 거리를 지정하는 OFFSET - 상자 전개도 1

Offset 거리를 지정한 다음 객체 선택 → Offset 방향에 클릭한다.

1) Offset명령을 실행하여 직사각형의 한 변으로부터 일정 간격의 선을 만든다.

2) 연속 Offset명령을 실행하여 3개의 선을 만든다.

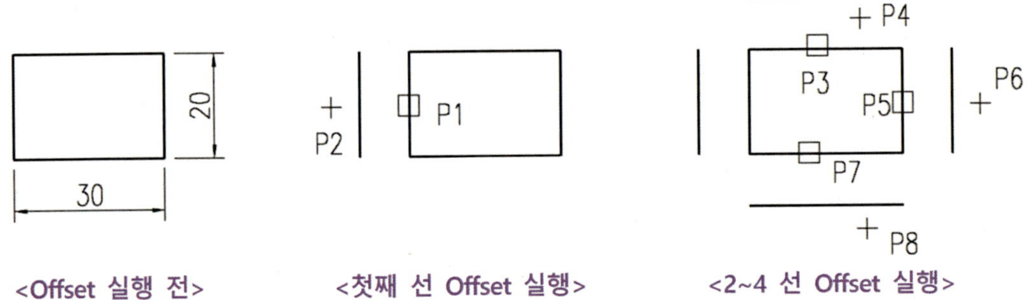

<Offset 실행 전> <첫째 선 Offset 실행> <2~4 선 Offset 실행>

```
OFFSET
현재 설정: 원본 지우기=아니오 도면층=원본 OFFSETGAPTYPE=0
간격띄우기 거리 지정 또는 [통과점(T)/지우기(E)/도면층(L)] <0.0000>: 10 ↵

간격띄우기할 객체 선택 또는 [종료(E)/명령 취소(U)] <종료>: (P1 클릭)
간격띄우기할 면의 점 지정 또는 [종료(E)/다중(M)/명령 취소(U)] <종료>:(P2 클릭)
간격띄우기할 객체 선택 또는 [종료(E)/명령 취소(U)] <종료>: (P3 클릭)
간격띄우기할 면의 점 지정 또는 [종료(E)/다중(M)/명령 취소(U)] <종료>: (P4 클릭)
간격띄우기할 객체 선택 또는 [종료(E)/명령 취소(U)] <종료>: (P5 클릭)
간격띄우기할 면의 점 지정 또는 [종료(E)/다중(M)/명령 취소(U)] <종료>: (P6 클릭)
간격띄우기할 객체 선택 또는 [종료(E)/명령 취소(U)] <종료>: (P7 클릭)
간격띄우기할 면의 점 지정 또는 [종료(E)/다중(M)/명령 취소(U)] <종료>: (P8 클릭)
간격띄우기할 객체 선택 또는 [종료(E)/명령 취소(U)] <종료>: ↵ (명령 완료)
```

[2] 거리를 지정하는 OFFSET 방법 - 상자 전개도 2

3) Offset으로 작성한 선을 연결하는 선을 그려서(Line)하여 상자 옆면 작성한다.

4) 상자 상면을 그리기 위해 Offset과 선그리기 명령을 실행하여 전개도를 완성한다.

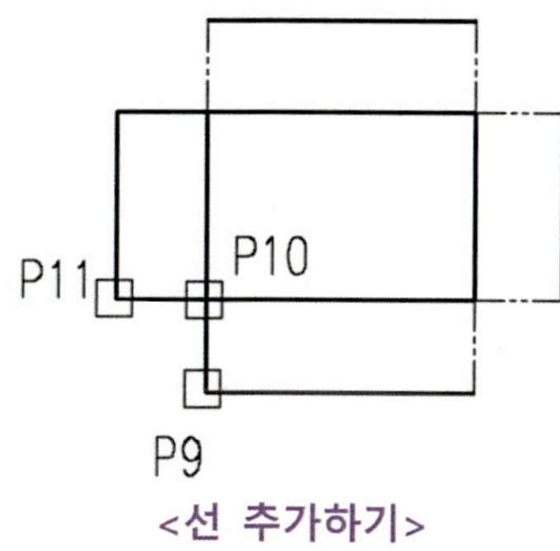

<선 추가하기>

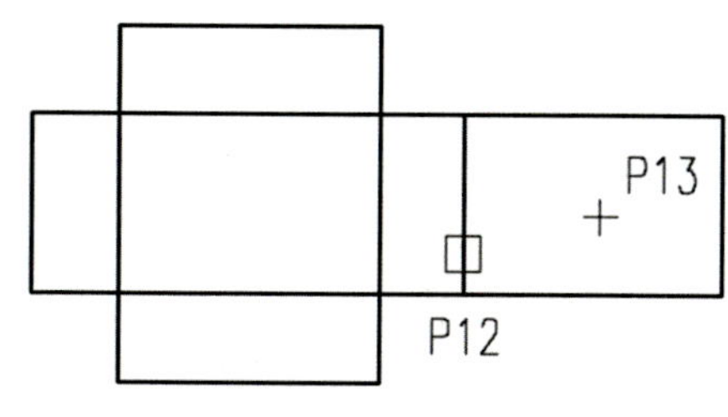

<마지막 선 Offset 및 선 추가>

LINE
첫 번째 점 지정:
다음 점 지정 또는 [명령 취소(U)]: *P9 클릭*
다음 점 지정 또는 [명령 취소(U)]: *P10클릭*
다음 점 지정 또는 [명령 취소(U)]: *P11클릭,* ↵

(선그리기 반복)

OFFSET
현재 설정: 원본 지우기=아니오 도면층=원본 OFFSETGAPTYPE=0
간격띄우기 거리 지정 또는 [통과점(T)/지우기(E)/도면층(L)] <10.0000>: *30* ↵

간격띄우기할 객체 선택 또는 [종료(E)/명령 취소(U)] <종료>: *(P12 클릭)*
간격띄우기할 면의 점 지정 또는 [종료(E)/다중(M)/명령 취소(U)] <종료>: *(P13 클릭)*
간격띄우기할 객체 선택 또는 [종료(E)/명령 취소(U)] <종료>: ↵

명령: *L*↵
LINE
첫 번째 점 지정:
다음 점 지정 또는 [명령 취소(U)]:*클릭*
다음 점 지정 또는 [명령 취소(U)]:*클릭,* ↵

명령: ↵ *(Line 명령 반복)*
LINE

첫 번째 점 지정:
다음 점 지정 또는 [명령 취소(U)]:*클릭*
다음 점 지정 또는 [명령 취소(U)]:*클릭,* ↵

[3] 거리를 지정하는 OFFSET 방법 - 1

Offset 거리를 지정한 다음 객체 선택 → Offset 방향에 클릭한다.

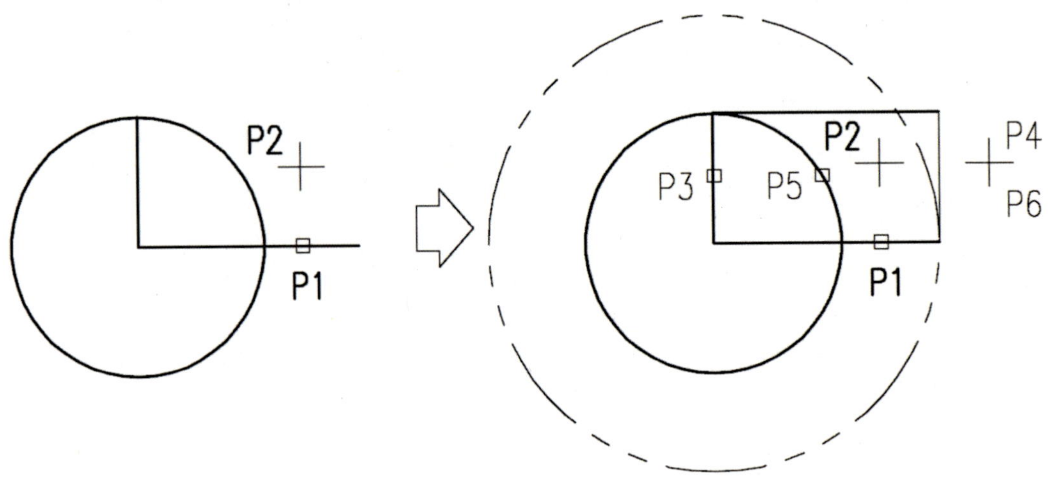

OFFSET
현재 설정: 원본 지우기=아니오 도면층=원본 OFFSETGAPTYPE=0
간격띄우기 거리 지정 또는 [통과점(T)/지우기(E)/도면층(L)] <1.0000>: 20 ↵ *(지정 거리 20)*
(P1 클릭: 객체 선택)
간격띄우기할 객체 선택 또는 [종료(E)/명령 취소(U)] <종료>: *(P2 클릭: 생성할 객체 위치 지정)*
간격띄우기할 면의 점 지정 또는 [종료(E)/다중(M)/명령 취소(U)] <종료>:
간격띄우기할 객체 선택 또는 [종료(E)/명령 취소(U)] <종료>: ↵ *(명령 완료)*

[4] 거리를 지정한 OFFSET 방법 - 2

Offset 거리를 지정 : 객체의 길이, 거리 등을 사용하여 Offset 거리로 지정하기

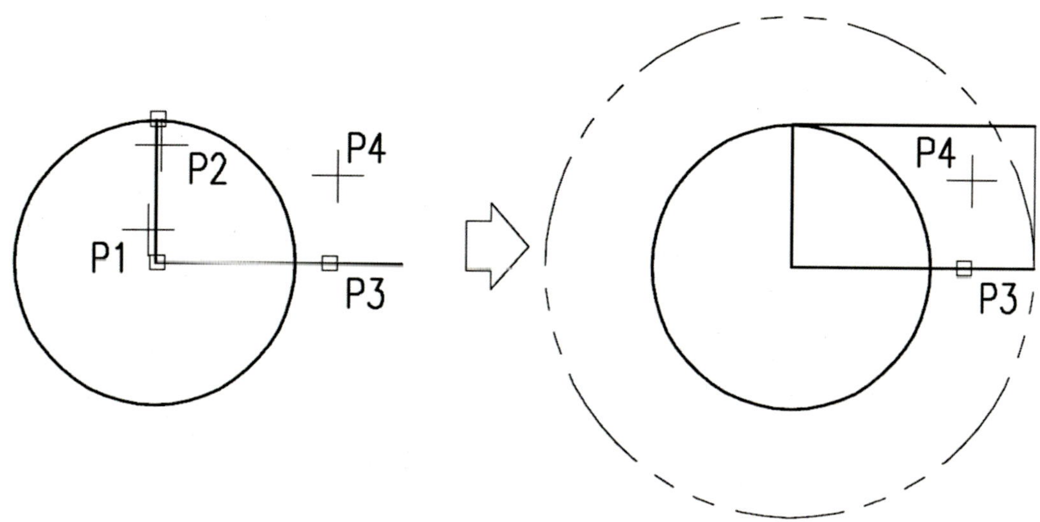

OFFSET
현재 설정: 원본 지우기=아니오 도면층=원본 OFFSETGAPTYPE=0
(P1 클릭: 거리의 첫번째 점 지정)
간격띄우기 거리 지정 또는 [통과점(T)/지우기(E)/도면층(L)] <15.0000>: 두 번째 점을 지정:
(P2클릭: 거리의 첫번째 점 지정)
간격띄우기할 객체 선택 또는 [종료(E)/명령 취소(U)] <종료>: *(P3 클릭: 객체 선택)*
간격띄우기할 면의 점 지정 또는 [종료(E)/다중(M)/명령 취소(U)] <종료>:
(P4클릭: 생성할 객체 위치 지정)
간격띄우기할 객체 선택 또는 [종료(E)/명령 취소(U)] <종료>: ↵ *(명령 완료)*

[5] 통과점(T)에 의한 OFFSET 방법<OSNAP : 끝점(E)>

객체의 Snap Point를 이용하여 간격띄우기 거리를 지정하는 방법

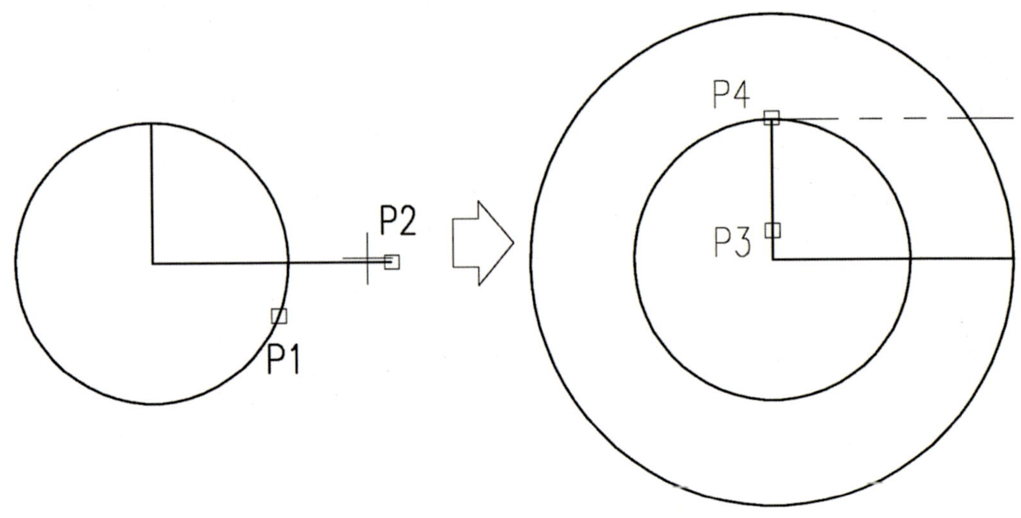

OFFSET
현재 설정: 원본 지우기=아니오 도면층=원본 OFFSETGAPTYPE=0
간격띄우기 거리 지정 또는 [통과점(T)/지우기(E)/도면층(L)] <통과점>: T ↵
간격띄우기할 객체 선택 또는 [종료(E)/명령 취소(U)] <종료>: *(P1 클릭; 객체 선택)*
통과점 지정 또는 [종료(E)/다중(M)/명령 취소(U)] <종료>: *(P2클릭; 통과점 지정)*
간격띄우기할 객체 선택 또는 [종료(E)/명령 취소(U)] <종료>: ↵ *(명령 완료)*

2.4.2 Trim(자르기)

불필요한 요소(객체)의 일부분을 경계를 선택해 잘라낸다.

① 명령(Command) : TR ↵

② 툴바 메뉴 : 

[1] 자르기 명령 1

자르기 위한 기준이 되는 객체(절단 모서리) 선택 → 잘라져야 하는 객체를 클릭한다.

객체의 선택 순서가 바뀌면 원하는 작업이 이루어지지 않으므로 순서를 반드시 지켜야 한다.

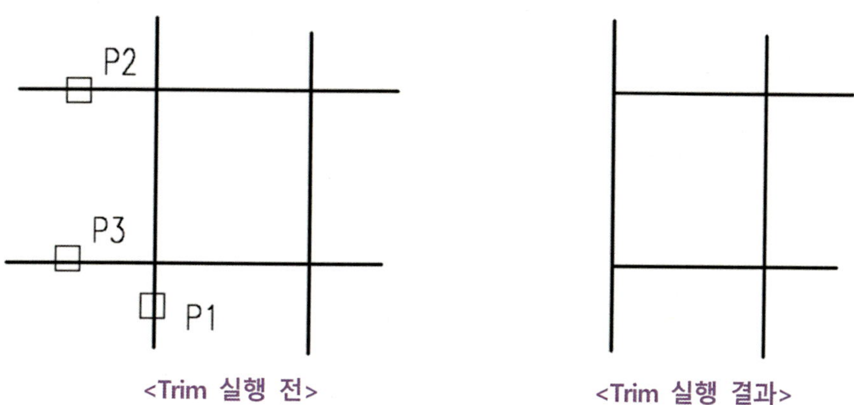

<Trim 실행 전> <Trim 실행 결과>

TRIM
현재 설정: 투영=UCS 모서리=없음
절단 모서리 선택 ...
객체 선택 또는 <모두 선택>:(*P1 클릭*) 1개를 찾음
객체 선택: ↵

자를 객체 선택 또는 Shift 키를 누른 채 선택하여 연장 또는
[울타리(F)/걸치기(C)/프로젝트(P)/모서리(E)/지우기(R)/명령 취소(U)]:(*P2 클릭*)

자를 객체 선택 또는 Shift 키를 누른 채 선택하여 연장 또는
[울타리(F)/걸치기(C)/프로젝트(P)/모서리(E)/지우기(R)/명령 취소(U)]:(*P3 클릭*)

자를 객체 선택 또는 Shift 키를 누른 채 선택하여 연장 또는
[울타리(F)/걸치기(C)/프로젝트(P)/모서리(E)/지우기(R)/명령 취소(U)]: ↵

[2] 자르기 명령 2

절단 모서리 및 자를 객체가 여러 개인 경우에 Crossing Box를 이용한 선택을 할 수 있다.

자를 객체 선택 시에는 항상 Crossing Box로 작동이 되므로 편리하다.

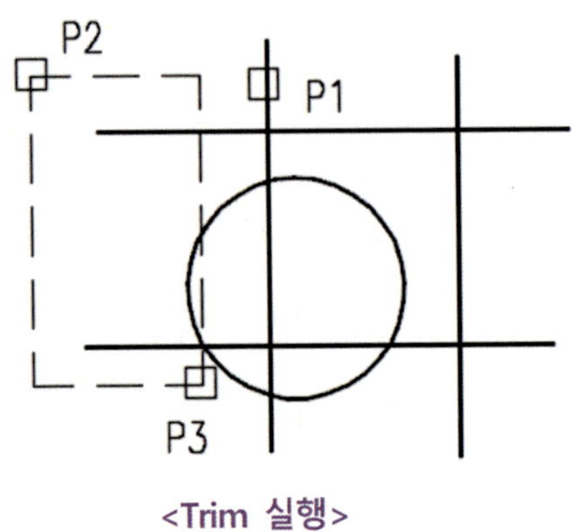

<Trim 실행>

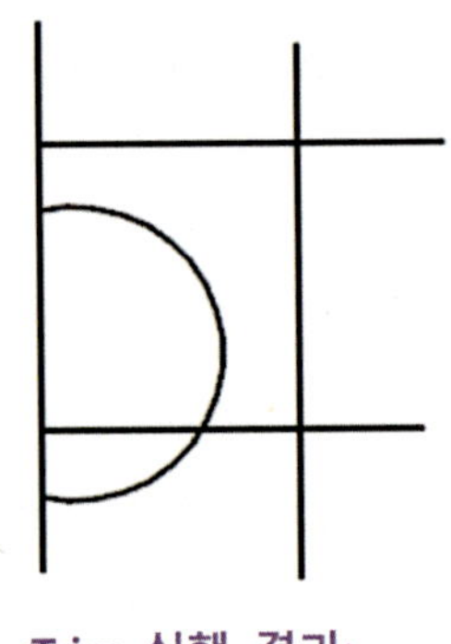

<Trim 실행 결과>

TRIM
현재 설정: 투영=UCS 모서리=없음
절단 모서리 선택 ...
객체 선택 또는 <모두 선택>:(*P1 클릭*) 1개를 찾음
객체 선택 : ↵
자를 객체 선택 또는 Shift 키를 누른 채 선택하여 연장 또는
[울타리(F)/**걸치기(C)**/프로젝트(P)/모서리(E)/지우기(R)/명령취소(U)] : *P2 클릭*
→ *P3 클릭*
자를 객체 선택 또는 Shift 키를 누른 채 선택하여 연장 또는
[울타리(F)/걸치기(C)/프로젝트(P)/모서리(E)/지우기(R)/명령취소(U)] : ↵

※ 절단 모서리 선택 옵션 중 <모두 선택>이 있는데 가능한 한 사용하지 않도록 한다.

* <모두 선택>은 아무 것도 선택하지 않고 ↵ 키를 치면 되는데 2가지의 문제가 있다.
* 위의 그림에서 자르기 명령을 절단 모서리 선택 옵션 중 <모두 선택>으로 실행해서 문제를 파악해보기 바란다.
* 다른 하나의 문제는 파일 용량이 큰 복잡한 조립도에서 이 옵션 사용 시 시간이 많이 걸린다는 것이다.

2.4.3 Extend(연장)

객체(요소)의 끝점을 선택한 객체까지 연장 또는 확장시켜 준다.

① 명령(Command) : EX ↵

② 툴바 메뉴 :

[1] 연장 명령 1

연장되는 목표지점이 되는 객체(경계 모서리) 선택 → 연장할 객체를 클릭한다.

객체의 선택 순서가 바뀌면 원하는 작업이 이루어지지 않으므로 순서를 반드시 지켜야 한다.

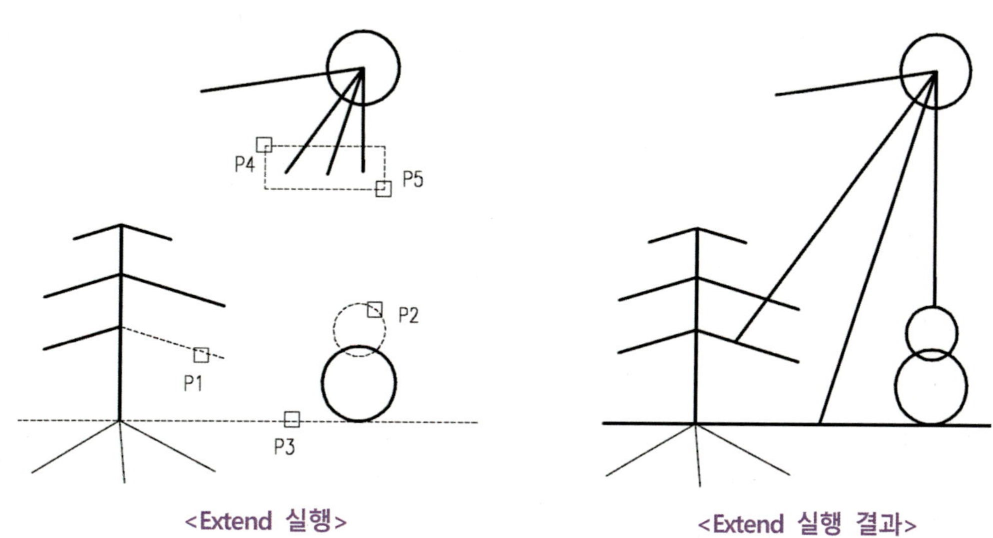

<Extend 실행> <Extend 실행 결과>

EXTEND
현재 설정: 투영= UCS 모서리=없음
경계 모서리 선택 ...
객체 선택 또는 <모두 선택>: (*P1 클릭*) 1개를 찾음
객체 선택: (*P2 클릭*) 1개를 찾음, 총 2개
객체 선택: (*P3 클릭*) 1개를 찾음, 총 3개
객체 선택: ↵

연장할 객체 선택 또는 Shift 키를 누른 채 선택하여 자르기 또는
[울타리(F)/걸치기(C)/프로젝트(P)/모서리(E)/명령 취소(U)]:(*P4, P5 클릭*)
객체 선택 : ↵

[2] 연장 명령 2

경계 모서리 및 연장할 객체가 여러 개인 경우에 Crossing Box를 이용한 선택을 할 수 있다. 연장할 객체 선택 시에는 항상 Crossing Box로 작동이 되므로 편리하다.

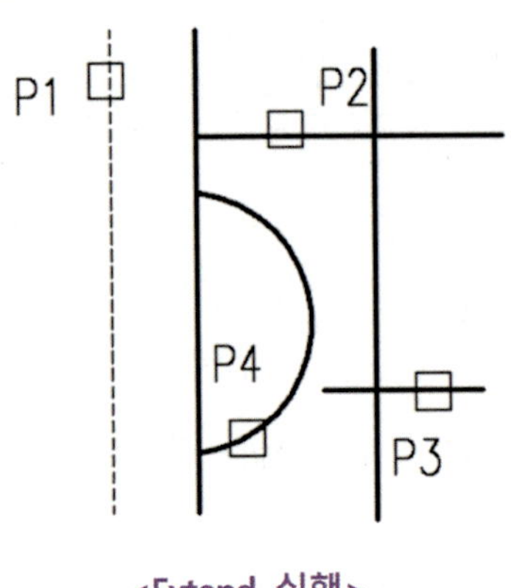

<Extend 실행>

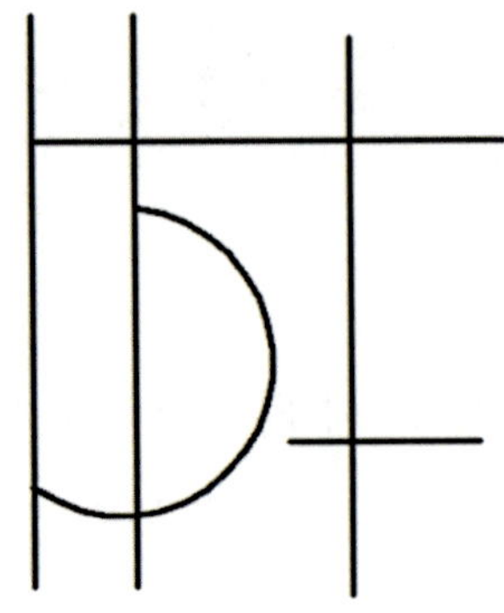

<Extend 실행 결과>

EXTEND
현재 설정: 투영= UCS 모서리=없음
경계 모서리 선택 ...
객체 선택 또는 <모두 선택>: (***P1 클릭***)1개를 찾음
객체 선택:↵

연장할 객체 선택 또는 Shift 키를 누른 채 선택하여 자르기 또는
[울타리(F)/걸치기(C)/프로젝트(P)/모서리(E)/명령 취소(U)]: (***P2 클릭***)
연장할 객체 선택 또는 Shift 키를 누른 채 선택하여 자르기 또는
[울타리(F)/걸치기(C)/프로젝트(P)/모서리(E)/명령 취소(U)]: (***P3 클릭***)
그 방향에 모서리가 없습니다.
연장할 객체 선택 또는 Shift 키를 누른 채 선택하여 자르기 또는
[울타리(F)/걸치기(C)/프로젝트(P)/모서리(E)/명령 취소(U)]: (***P4 클릭***)
연장할 객체 선택 또는 Shift 키를 누른 채 선택하여 자르기 또는
[울타리(F)/걸치기(C)/프로젝트(P)/모서리(E)/명령 취소(U)]:↵

※ ***P3 클릭***에서는 아무런 변화가 생기지 않고 '그 방향에 모서리가 없습니다.' 메시지만 나타나는데 이유는 경계모서리에서의 연장할 선의 중간점보다 먼 지점(P3)을 클릭했기 때문이다.

* 이와 유사하게 호의 연장은 경계모서리에서 가까운 쪽(클릭한 쪽; P4)이 늘어나고 다른 쪽은 변동이 없는 것을 볼 수 있다.

※ 경계 모서리 선택 옵션 중 <모두 선택>이 있는데 가능한 한 사용하지 않도록 한다.

* <모두 선택>은 아무 것도 선택하지 않고 ↵ 키를 치면 되는데 Trim명령에서와 같은 2가지 문제가 있다.

2.4.4 Change

요소(객체)의 여러가지 특성이나 크기, 위치 등을 변경한다.

① 명령(Command) : Change ↵

[1] 선의 모양 변경

직선의 기울기를 변경하여 수직/수평선으로 바꾸는 동시에 길이를 변경한다.

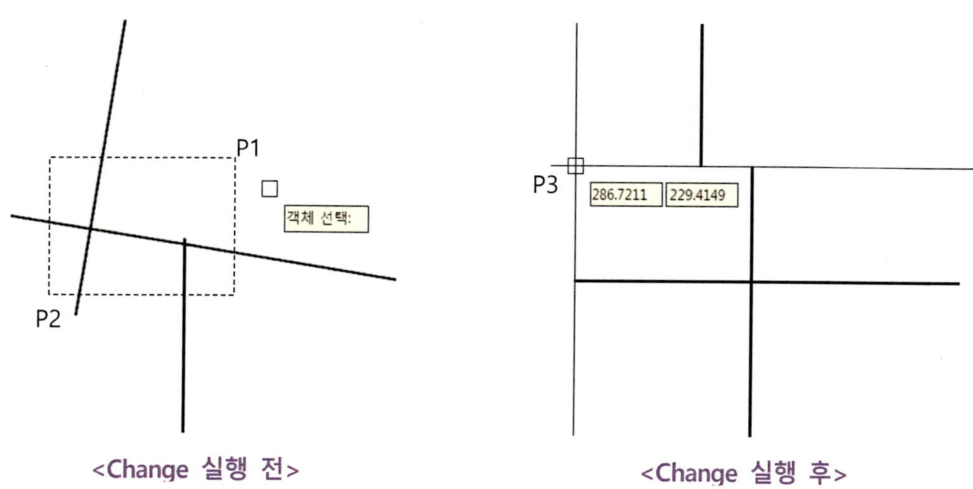

<Change 실행 전> <Change 실행 후>

CHANGE
객체 선택: *P1 클릭* 반대 구석 지정: *P2 클릭* 3개를 찾음
객체 선택: ↵
변경점 지정 또는 [특성(P)]: *P3 클릭* ↵

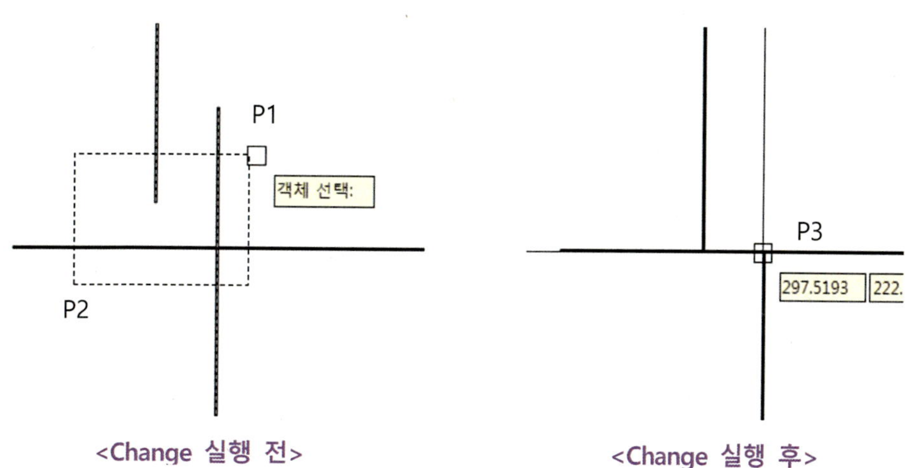

<Change 실행 전> <Change 실행 후>

Change 명령으로 객체의 여러 가지 특성을 바꿀 수 있다.

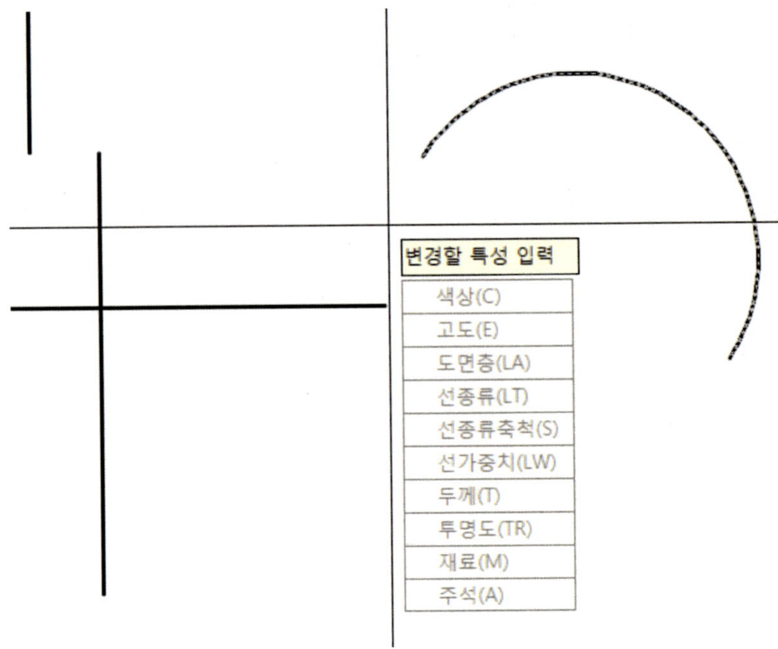

명령: CHANGE
객체 선택: 1개를 찾음
객체 선택: ↵
변경점 지정 또는 [특성(P)]: p
변경할 특성 입력 [색상(C)/고도(E)/도면층(LA)/선종류(LT)/선종류축척(S)/선가중치(LW)/두께(T)/투명도(TR)/재료(M)/주석(A)]: e
새 고도를 지정 <0.0000>:
변경할 특성 입력 [색상(C)/고도(E)/도면층(LA)/선종류(LT)/선종류축척(S)/선가중치(LW)/두께(T)/투명도(TR)/재료(M)/주석(A)]: la
새 도면층 이름 입력 <0>:
변경할 특성 입력 [색상(C)/고도(E)/도면층(LA)/선종류(LT)/선종류축척(S)/선가중치(LW)/두께(T)/투명도(TR)/재료(M)/주석(A)]: ↵

2.4 연습 문제 1

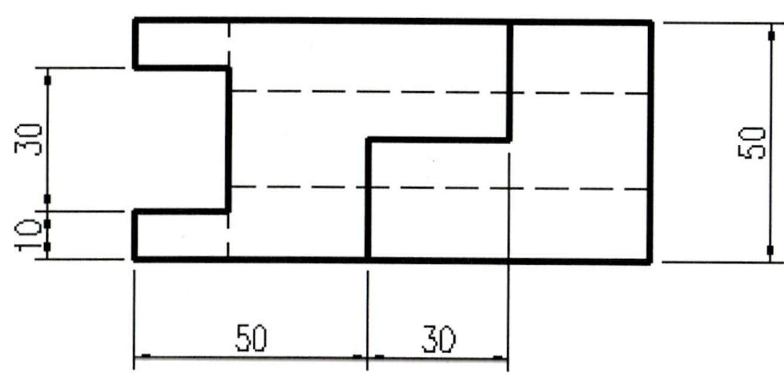

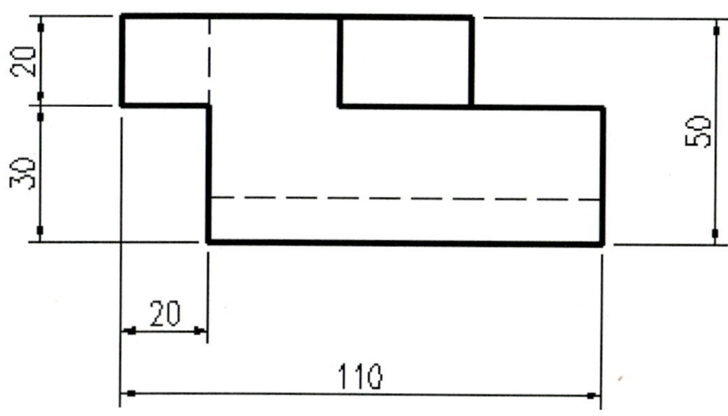

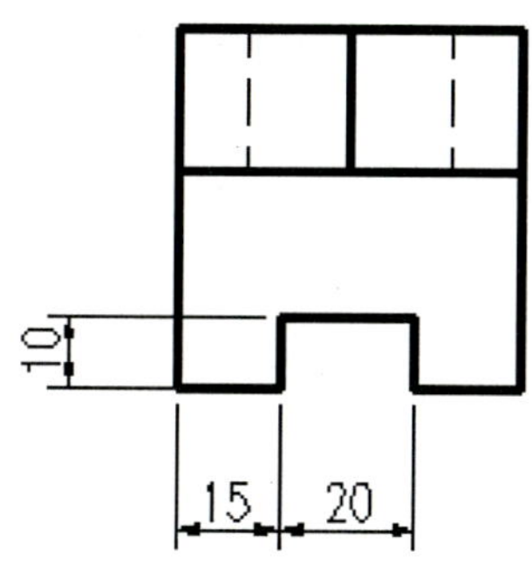

2.4 연습 문제 2

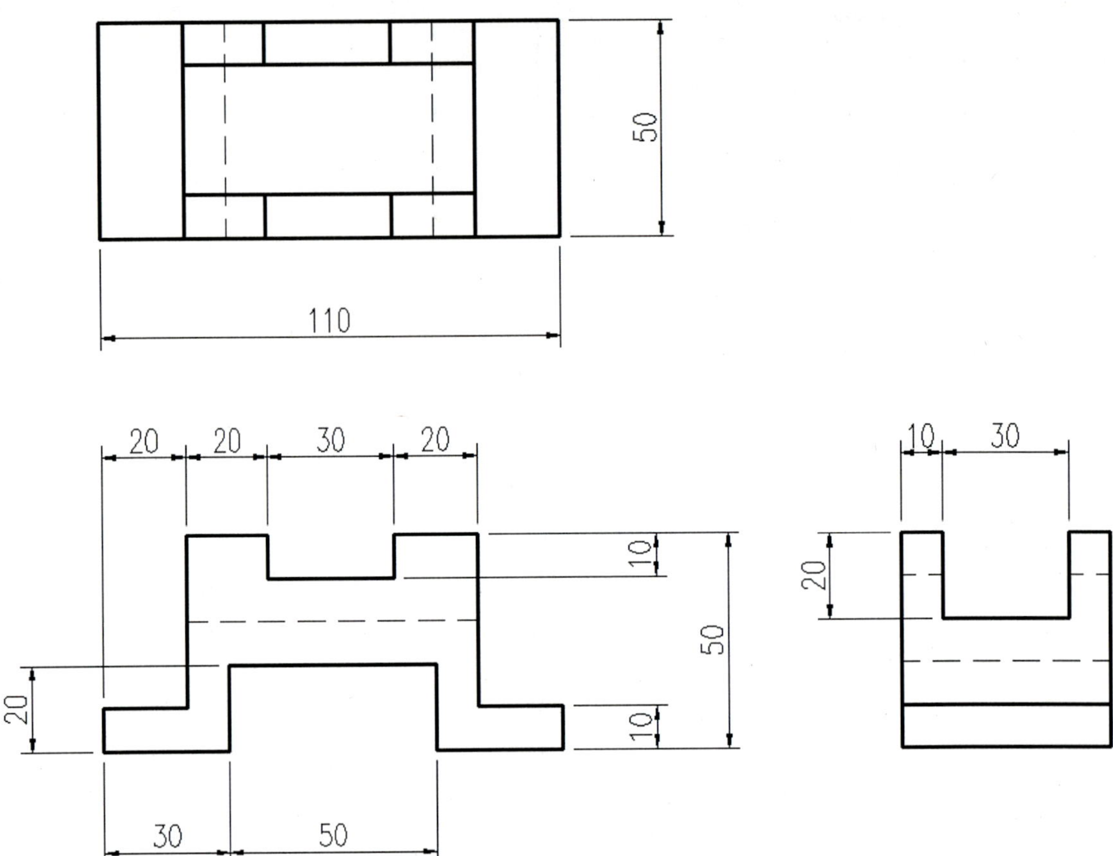

2.4 연습 문제 3

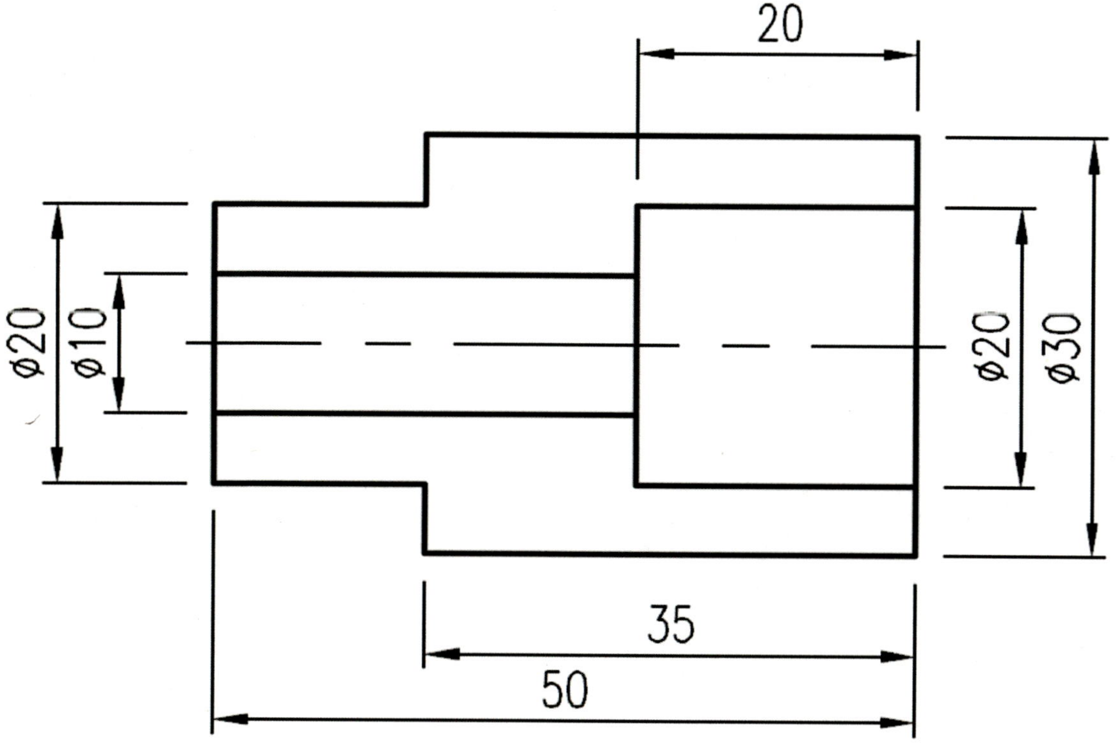

2.4 연습 문제 4

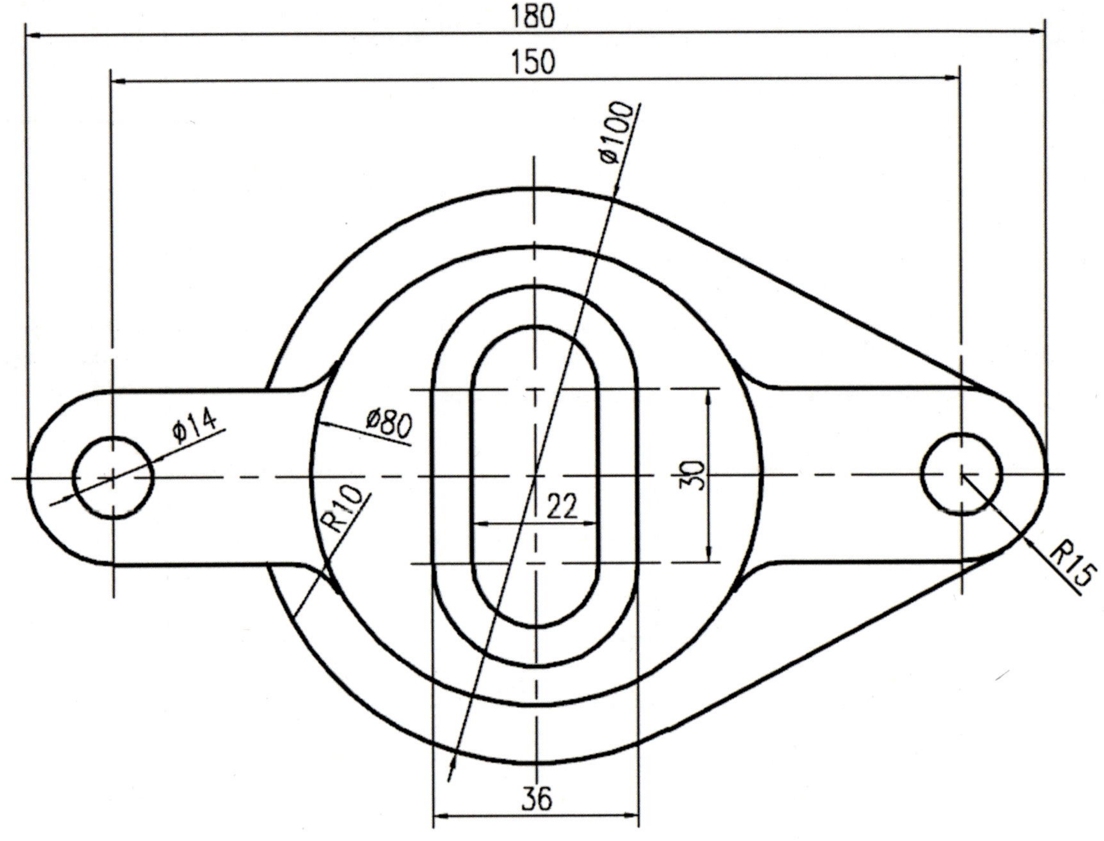

2.4 연습 문제 5

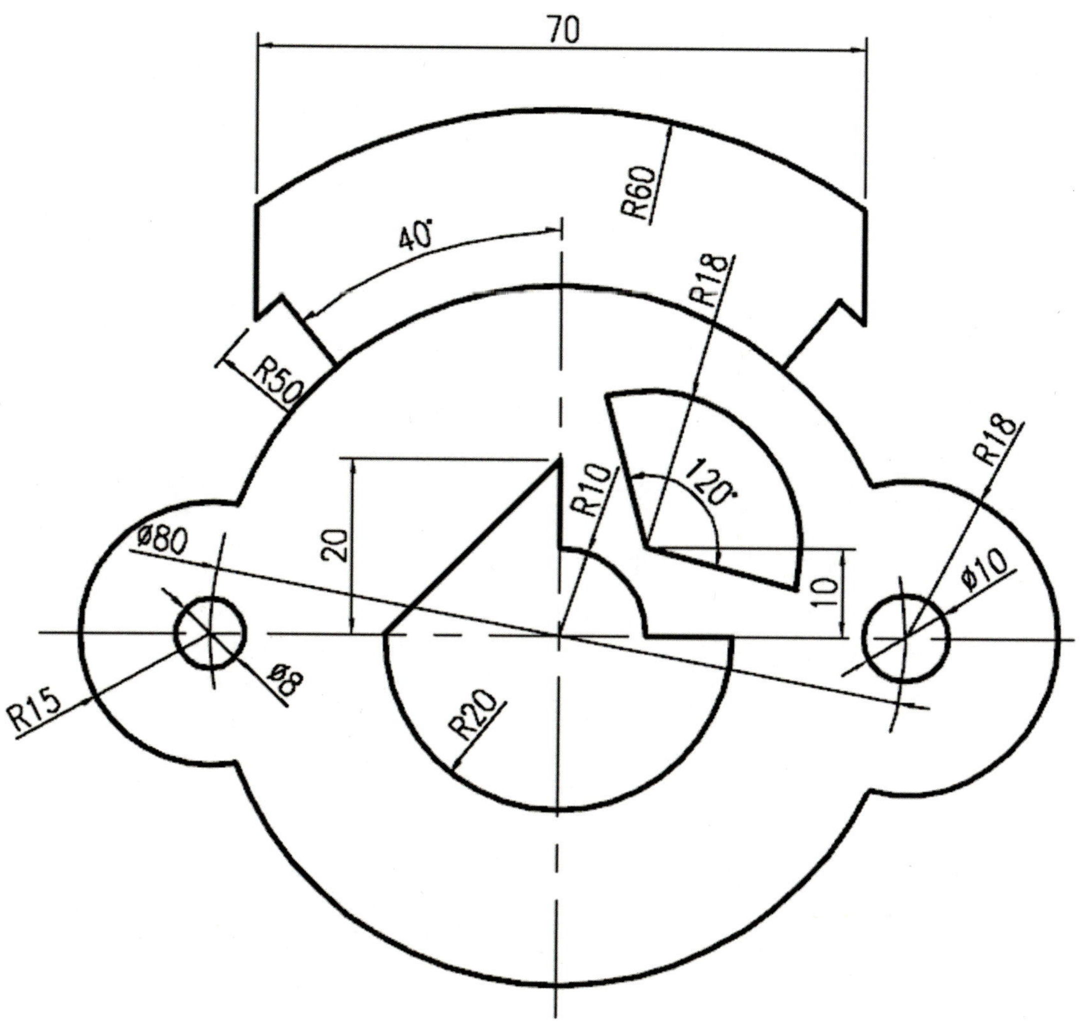

2.4 연습 문제 6

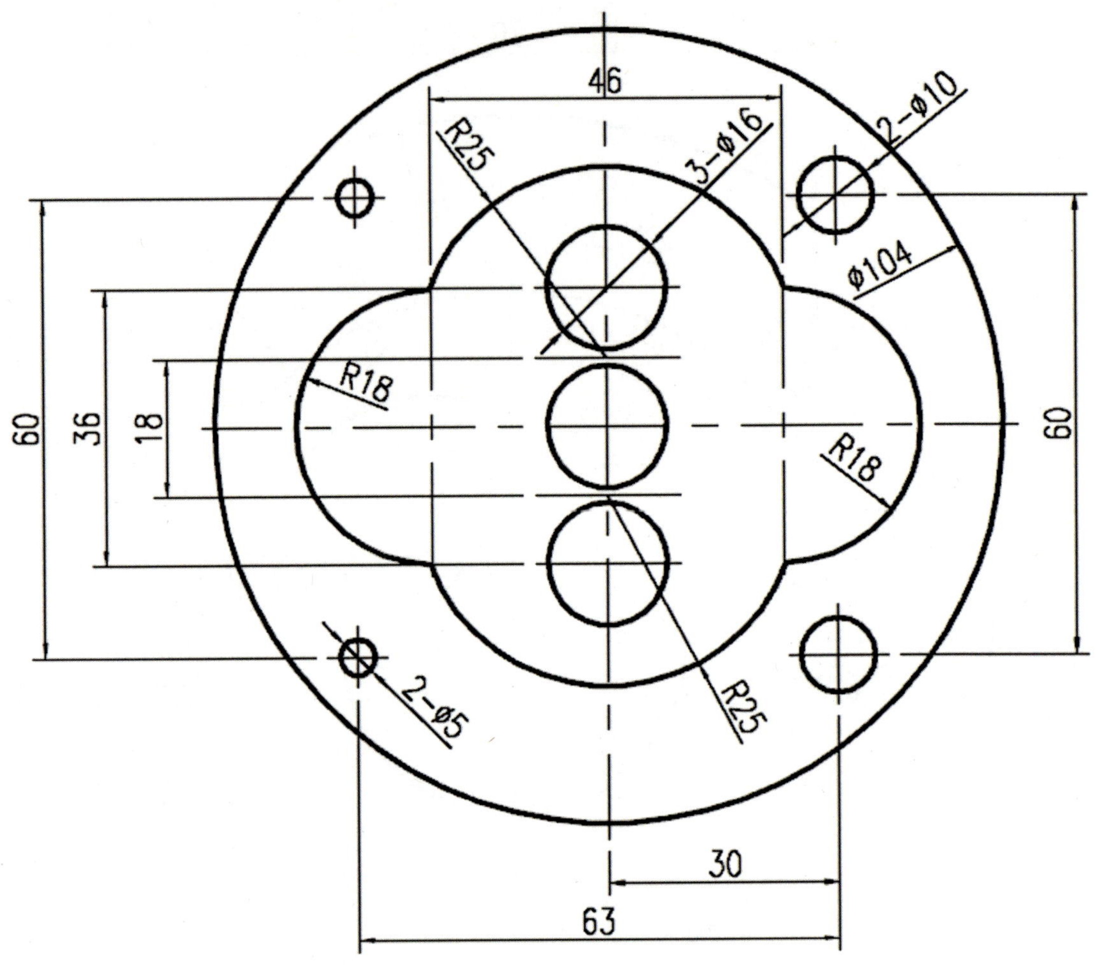

2.5 출력(Plot) 및 저장(Save)

2.5.1 Plot(인쇄)

작성한 도면을 종이에 인쇄하거나 파일로 출력한다.

① 명령(Command) : PLOT ↵

② 툴바 메뉴 :

③ 다음과 같이 설정한다. <플롯 기본>

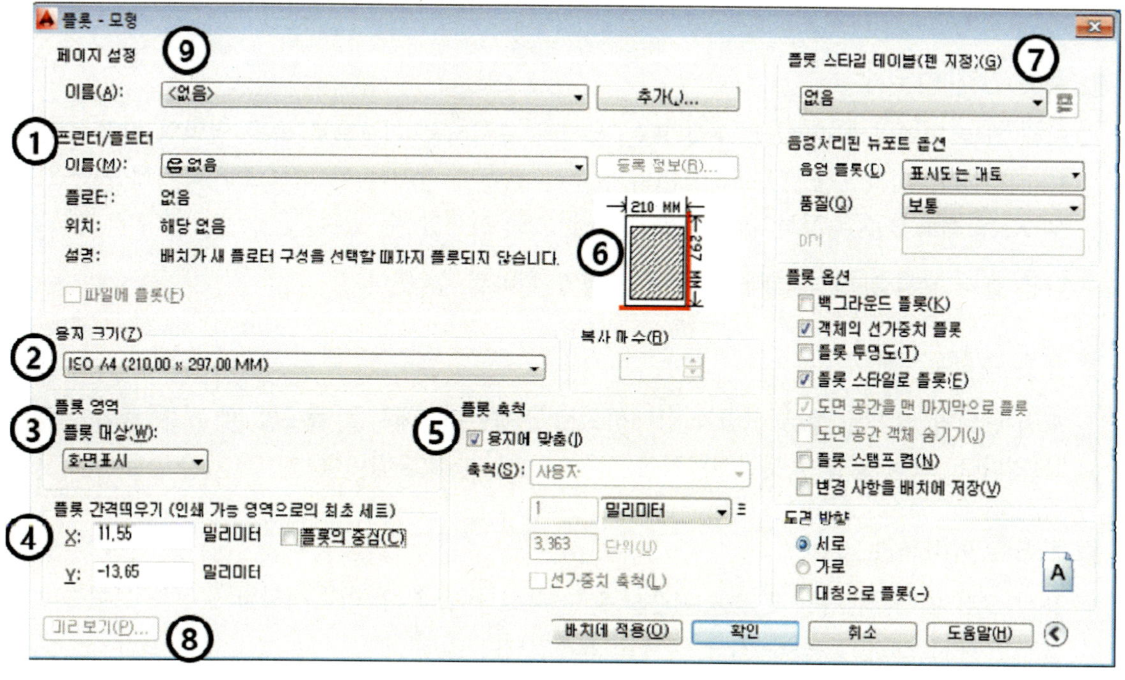

<인쇄 설정 창>

[1] 인쇄 설정

① 프린터/플로터

플롯할 때 사용하도록 구성된 플로팅 장치(프린터)를 지정한다.

프린터 지정 및 출력 포트를 적절하게 설정하지 않으면 인쇄되지 않습니다.

② 용지 크기

선택된 플로팅 장치에 사용할 수 있는 표준 용지 크기를 표시한다. 플로터 선택을 하지 않으면 전체 표준 용지 크기 리스트가 표시되어 선택할 수 있다.

③ 플롯 영역

도면에서 플롯할 부분을 지정합니다. 플롯 대상에서 플롯될 도면의 영역을 선택할 수 있습니다.

- 한계 : 한계로 정의되는 전체 도면 영역을 플롯한다.
- 화면표시 : 배치의 현재 도면 공간 뷰 또는 선택된 모형 탭의 현재 뷰포트에 있는 뷰를 플롯한다.
- 윈도우 : 사용자가 지정하는 모든 도면 부분을 플롯한다. 윈도우를 선택하면 윈도우 버튼을 사용할 수 있게 된다. 윈도우 버튼을 클릭하여 플롯할 영역의 두 개 구석을 지정하거나 좌표값을 입력합니다.

④ 플롯 간격 띄우기

인쇄 가능 영역의 왼쪽 아래 구석 또는 용지의 모서리를 기준으로 플롯 영역의 간격 띄우기를 지정한다. 미리보기 했을 때 도면의 일부가 보이지 않거나 한 쪽으로 지나치게 쏠렸을 경우 X, Y 좌표값을 수정하거나 [플롯의 중심]으로 지정할 수 있다.

다른 출력 장치로 변경할 때 인쇄 가능 영역이 바뀔 수 있다.

⑤ 플롯 축척

도면 단위의 크기를 플롯 단위와 상대적으로 조정한다. 배치를 플롯할 때 기본 축척 설정은 1:1입니다. 모형 탭을 플롯할 때 기본 설정은 용지에 맞춤입니다.

⑥ 부분적 미리보기

용지 크기 및 인쇄 가능 영역을 기준으로 한 유효한 플롯 영역의 정확한 표현을 보여줍니다. 툴팁은 용지 크기 및 인쇄 가능 영역을 표시합니다.

빨강색 선이 보이면 인쇄되지 않는 부분이 있다는 표시이므로 [플롯 영역]이나 [플롯 간격 띄우기]를 조정해서 빨강색 선이 보이지 않도록 해야 한다.

⑦ 플롯 스타일 테이블(펜 지정)

플롯 스타일 테이블을 설정하거나 플롯 스타일 테이블을 편집하거나 또는 새 플롯 스타일 테이블을 작성합니다.

※ 편집 <출력색상 및 굵기/펜 지정>

1) “플롯 스타일(P)”는 화면상에 도면요소들 색상이고, “특성 → 색상(C), 선가중치(W)는 플롯 용지에 출력할 색상과 선 굵기이다.

2) 출력 시 선가중치는 다소 차이가 있을 수 있다.

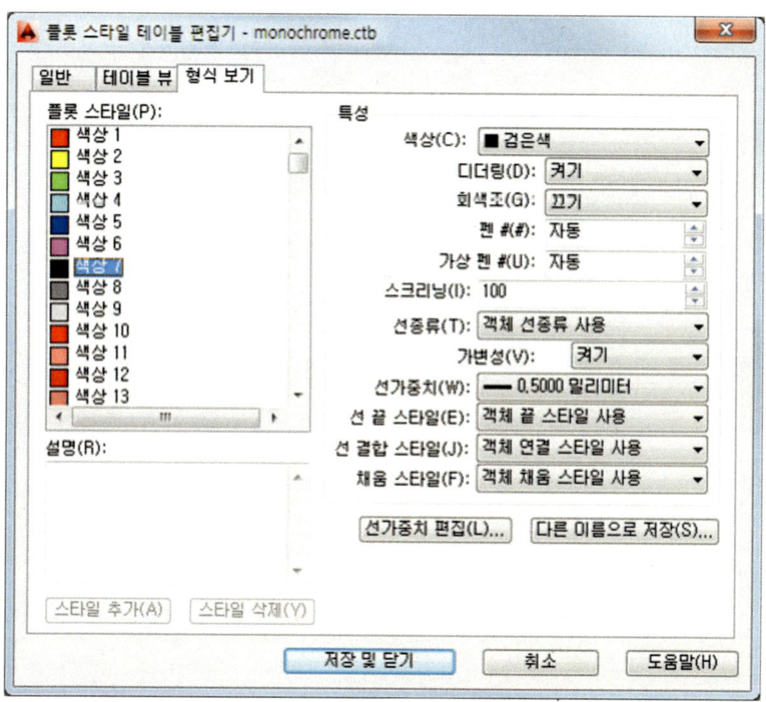

플롯 스타일(P)	색상(C)	선가중치(W)
색상 1~6, 8~255	검은색	0.2000㎜
색상 7	검은색	0.5000㎜

⑧ 미리보기

도면을 플롯된 상태를 화면에 표시한다. 미리보기를 종료하고 플롯 대화상자로 복귀하려면 Esc 키 또는 Enter 키를 누르거나, 마우스 오른쪽 버튼을 클릭하고 바로 가기 메뉴에서 종료를 클릭한다. 미리보기 버튼을 누르기 전에 ‘배치에 적용’ 버튼을 누르면 현재까지 설정된 값이 저장되어 인쇄취소를 해도 다시 설정하지 않아도 된다.

인쇄하기([확인] 버튼 누르기) 전 반드시 미리보기로 확인하여 시간 및 종이 낭비가 되지 않도록 한다.

⑨ 페이지 설정

도면에서 명명되어 저장된 페이지 설정 리스트를 표시한다. [이전플롯]을 클릭하면 이전에 플롯할 때 설정했던 값을 그대로 사용할 수 있어 편리하다.

[2] 파일에 인쇄

① **명령(Command) : PLOT** ↵

② 인쇄 방법

1) 인쇄 설정 창에서 '프린터/플로터'에서 pdf 파일로 인쇄할 수 있는 프린터를 선택한다.

2) 나머지 항목의 설정은 종이에 인쇄하는 것과 같이 하면 된다.

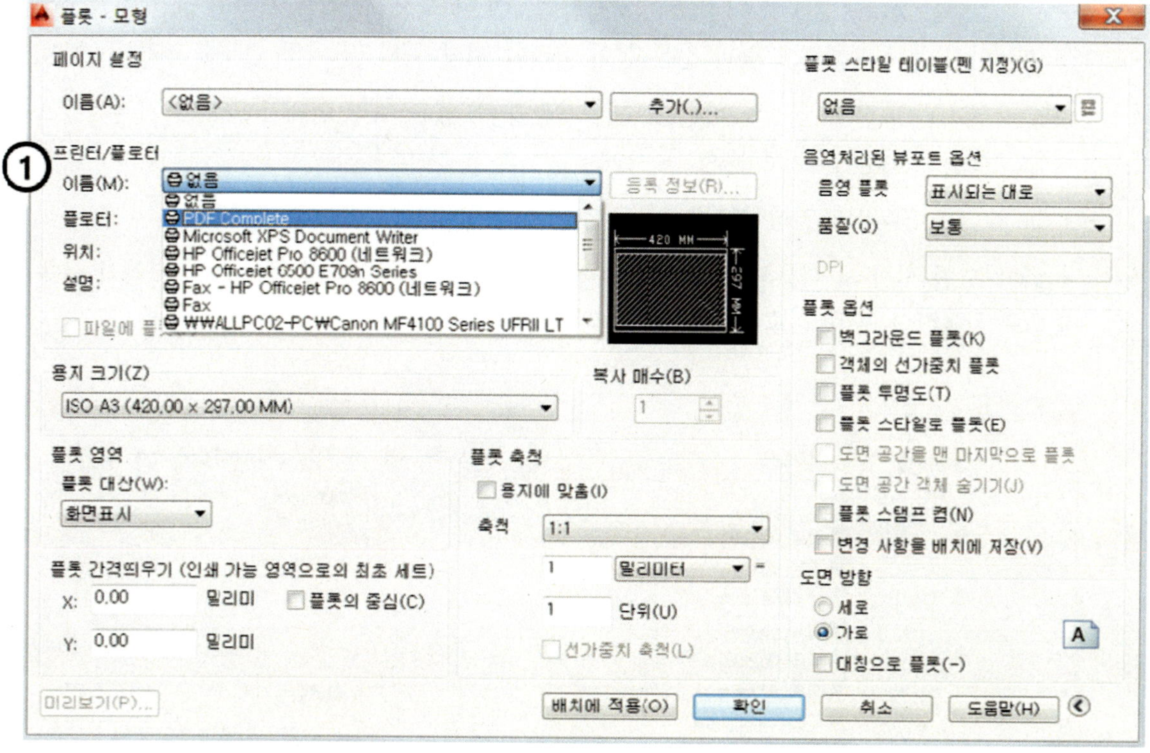

<인쇄 설정 창>

2.5.2 Save(저장)

① 명령(Command) : save ↵

② 툴바 메뉴 : 

[1] 도면파일 저장

- 작성한 도면을 AutoCAD 기본 형태로 저장하기 : 도면 작성 후 처음 저장하거나 '다른 이름으로 저장하기'를 실행하면 그림과 같은 창이 나타나 저장 위치 및 파일 형태를 지정할 수 있다.
- 파일 유형 : 파일 유형 및 SW 버전에 맞춰 저장할 수 있는 여러 형태가 있으며 기본적인 도면 저장 형태는 *.dwg이다.
- *.dxf : 다른 SW와의 안정적인 Data 교환을 위한 형태
- *.dwt : 도면 작성 시 사용하는 여러 가지 설정(도면층, 치수 스타일 등) 및 도면 양식 등을 표준으로 지정하여 불러다 쓸 수 있도록 한 Template 파일

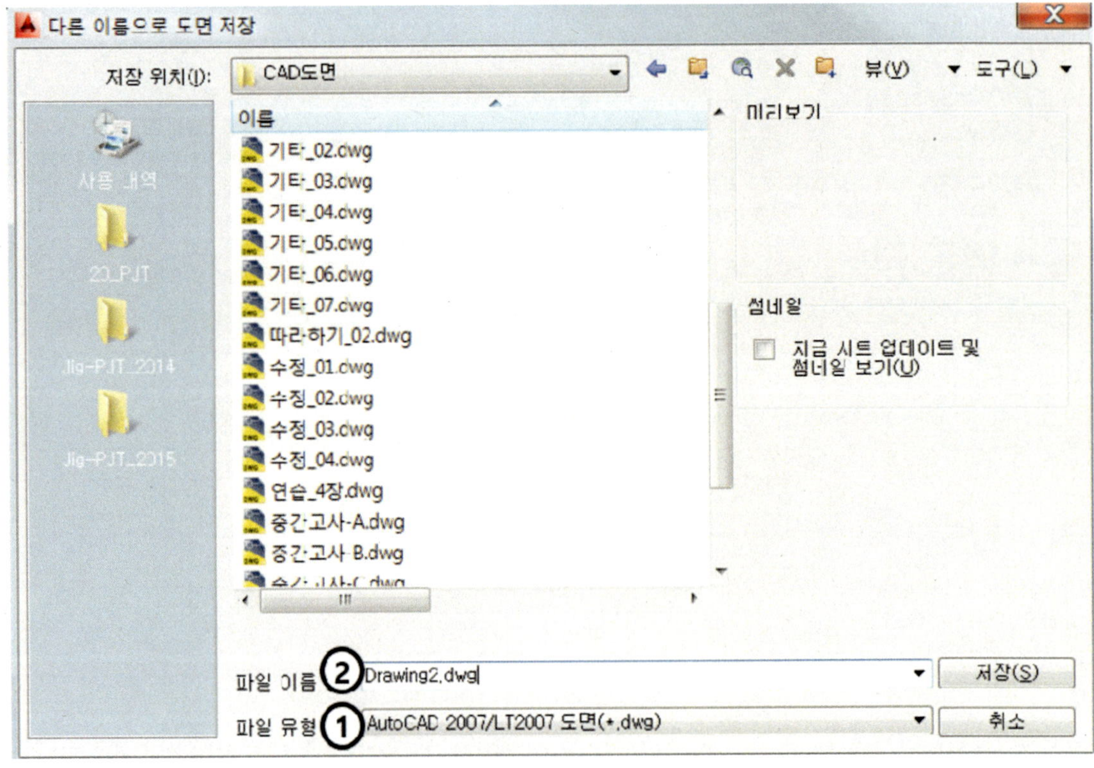

[2] 도면 Template 저장

신규로 도면 작성 시 사용할 Template을 만들어 저장하면 여러 가지 설정 및 도면 양식을 작성하는 시간을 줄이고 표준화에 의한 이점을 얻을 수 있다.

1) Template 만들기

새파일 작성 후 필요한 설정 및 도면 양식을 작성한 후 저장을 한다(툴바 버튼을 누르거나 'Ctrl + S'를 누른다.).

- 저장할 설정 내용 : 도면층, 치수 스타일, 문자 스타일, 객체스냅, 도면양식 등 '파일 유형'에서 [AutoCAD 도면 템플릿(*.dwt)]를 선택하고 원하는 위치(폴더)에 구분이 되는 이름을 작성하여 저장한다.

2) Template 사용하기

'새도면' 툴바를 눌러 시작하면 Template을 선택하는 창이 열린다. 저장해 둔 위치에서 파일을 선택하고 열기 버튼을 누른다.

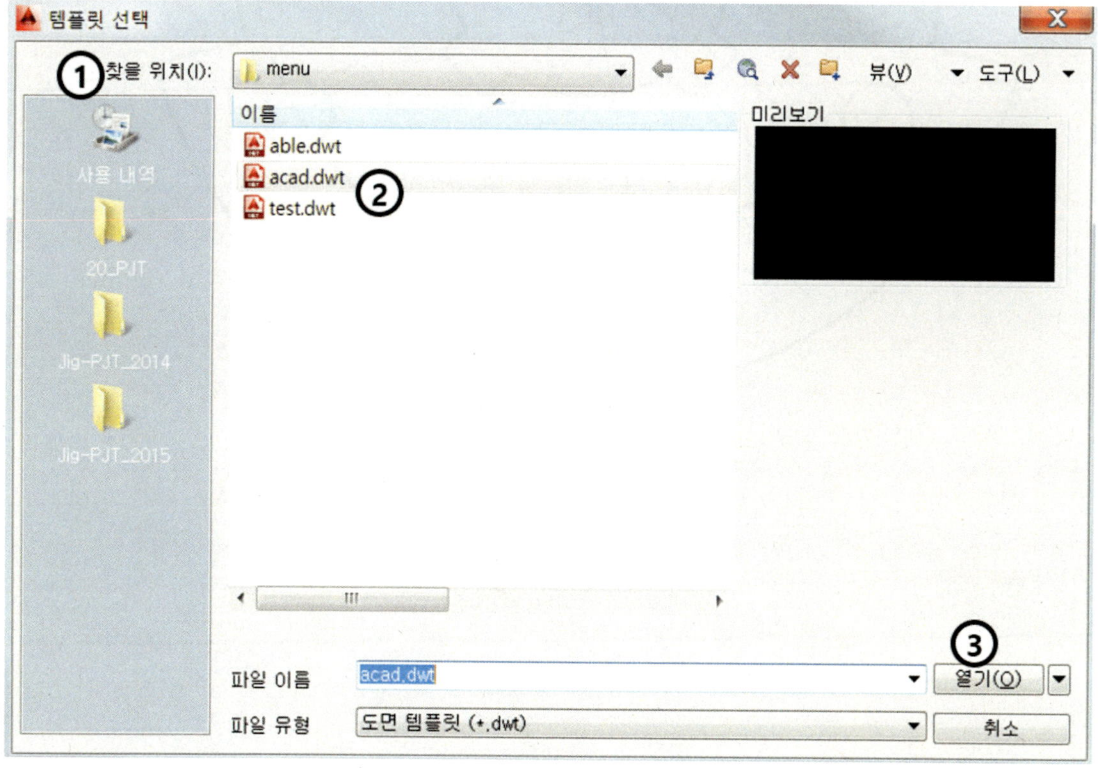

2.5 연습 문제 1

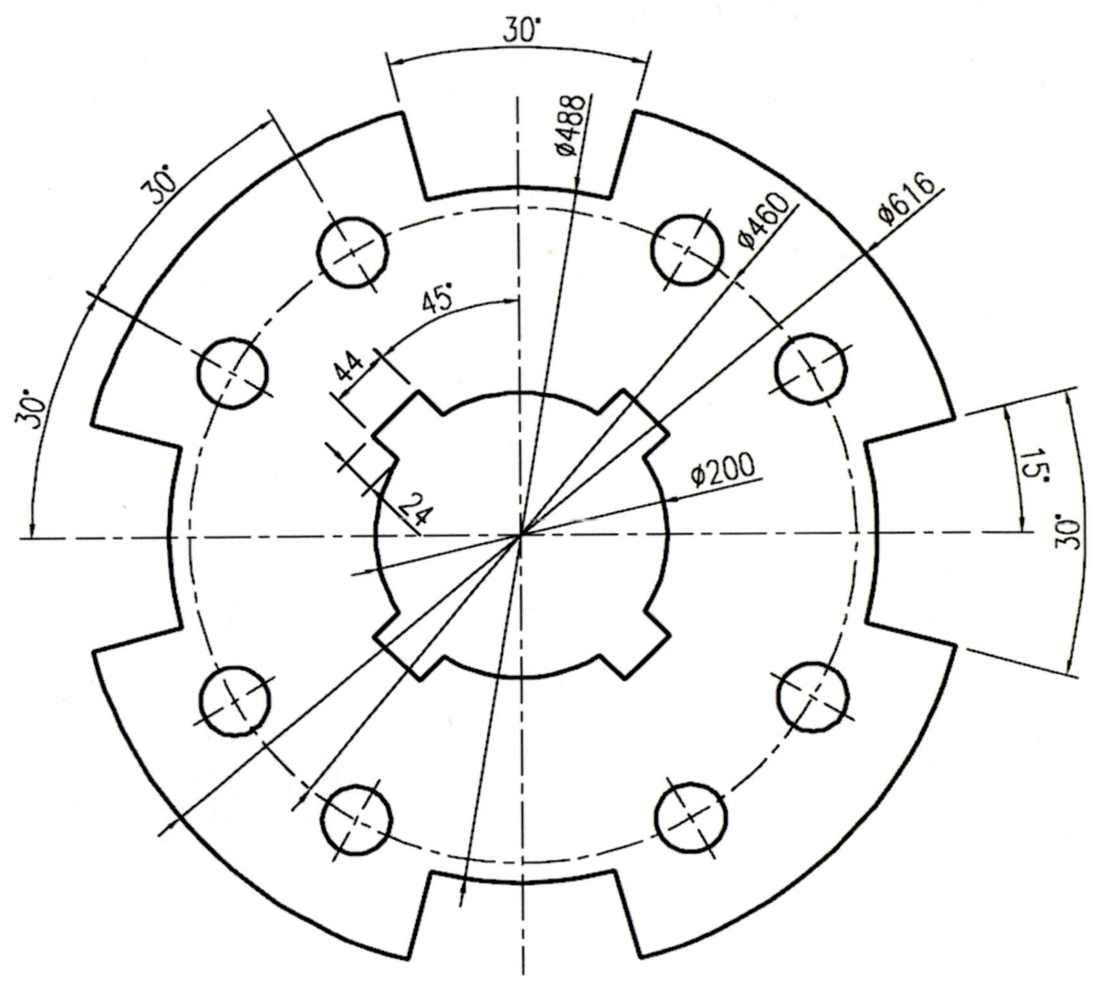

2.5 연습 문제 2

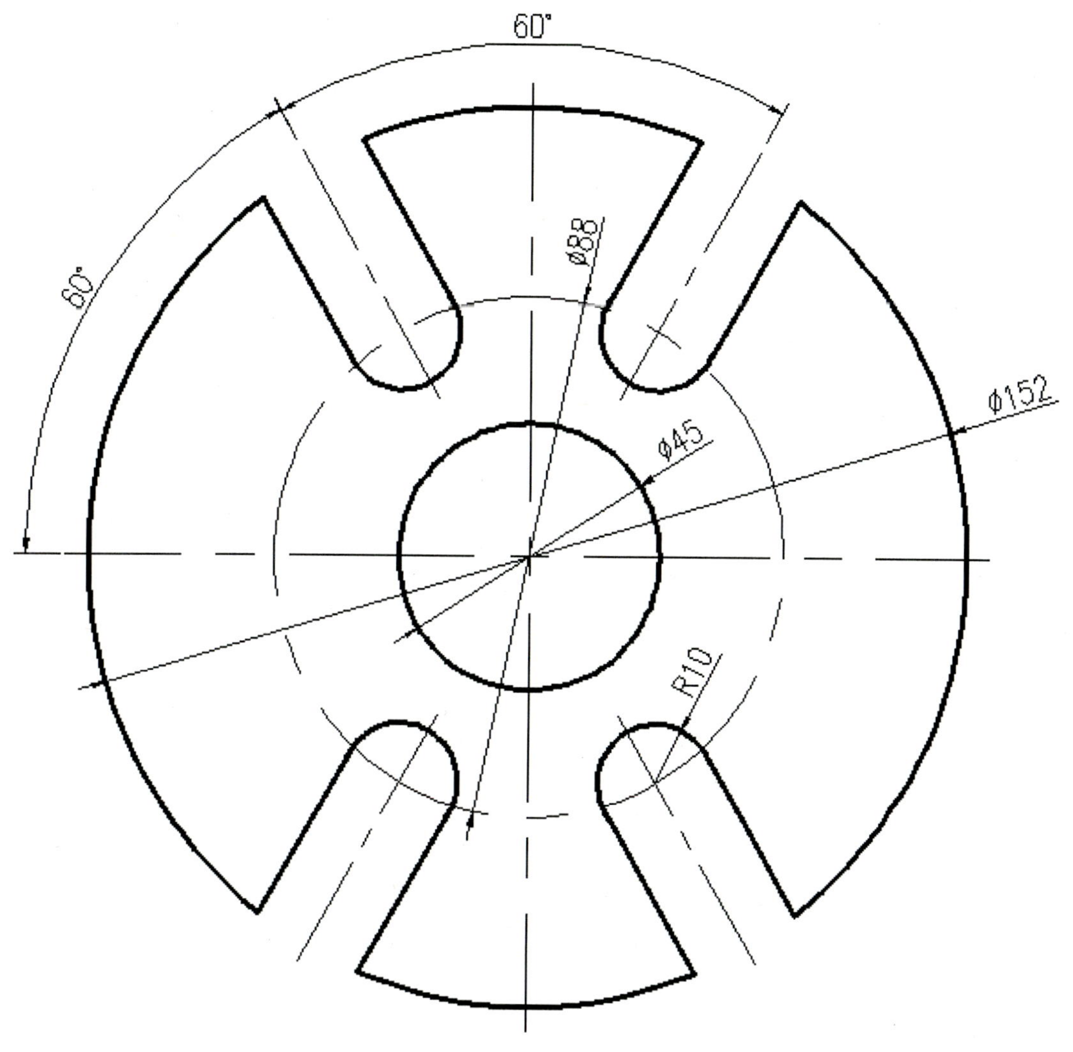

2.5 연습 문제 3

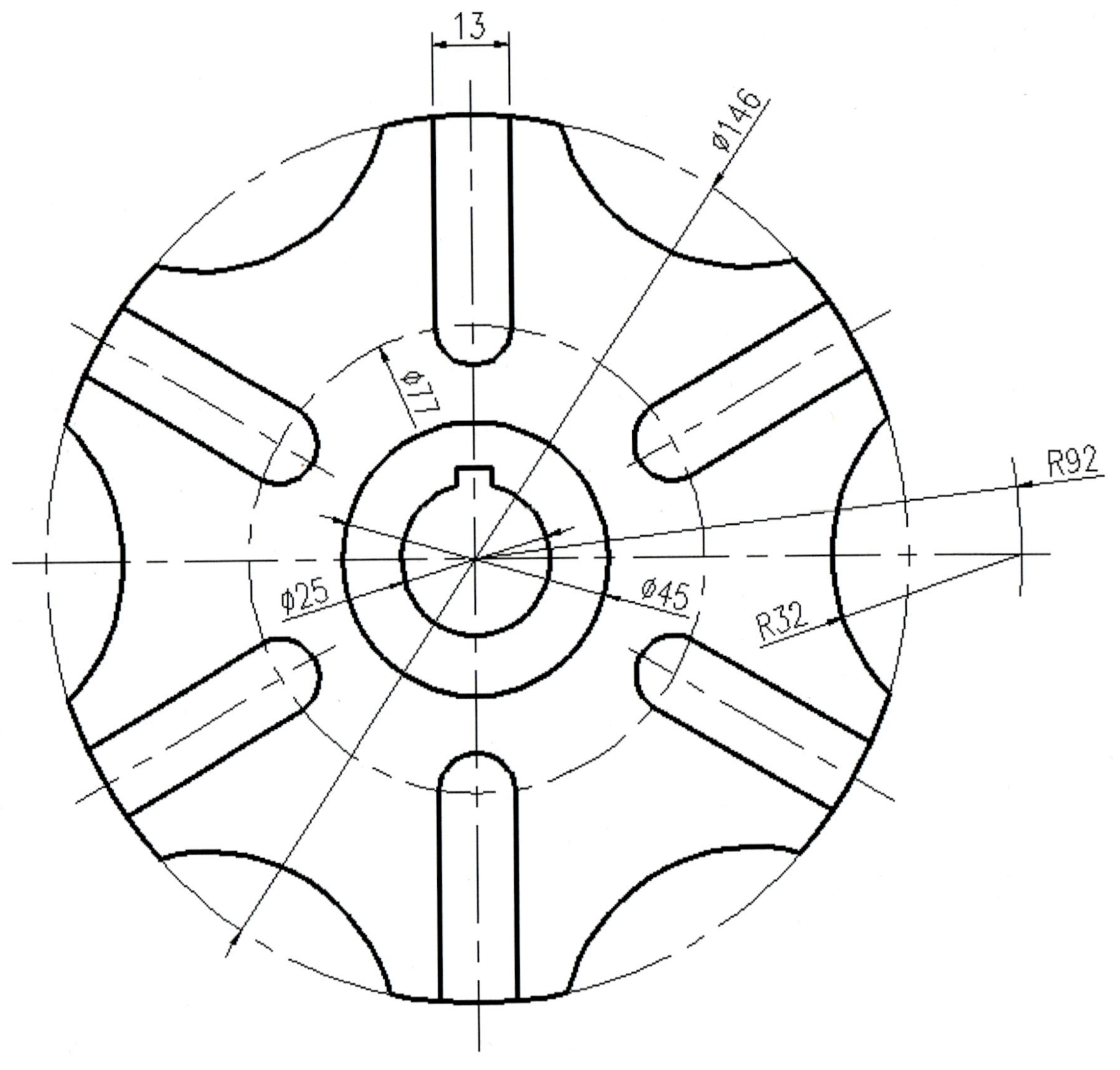

2.5 연습 문제 4

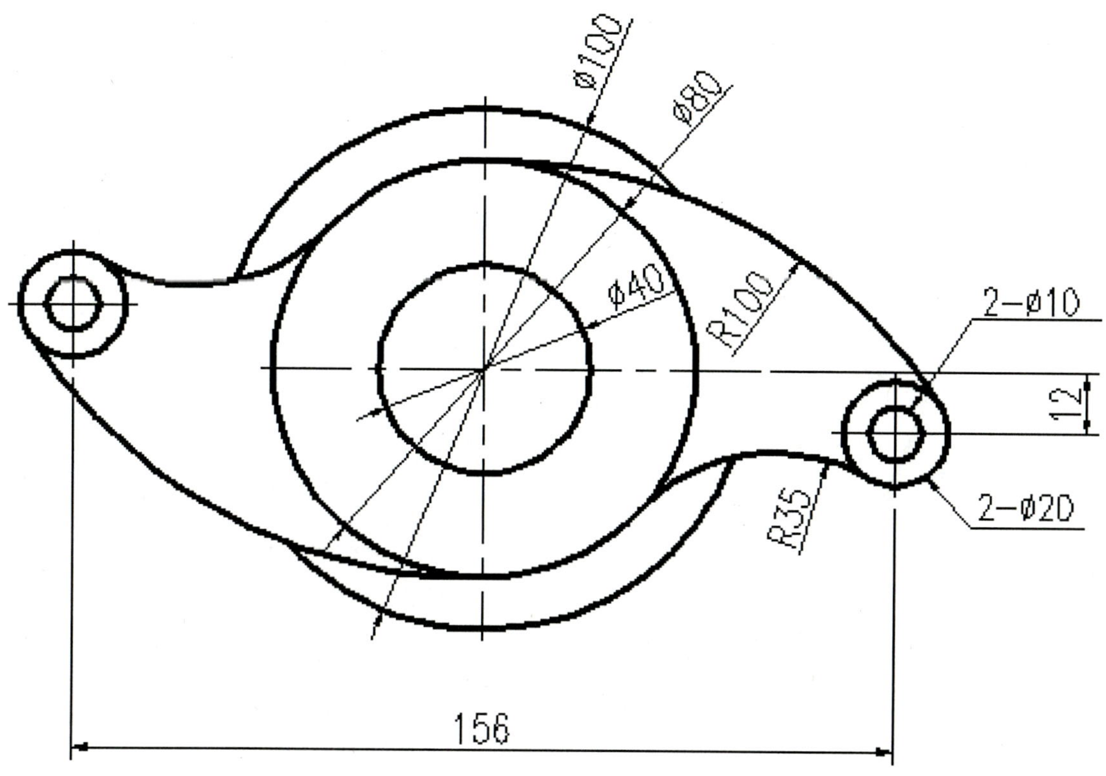

2.5 연습 문제 5

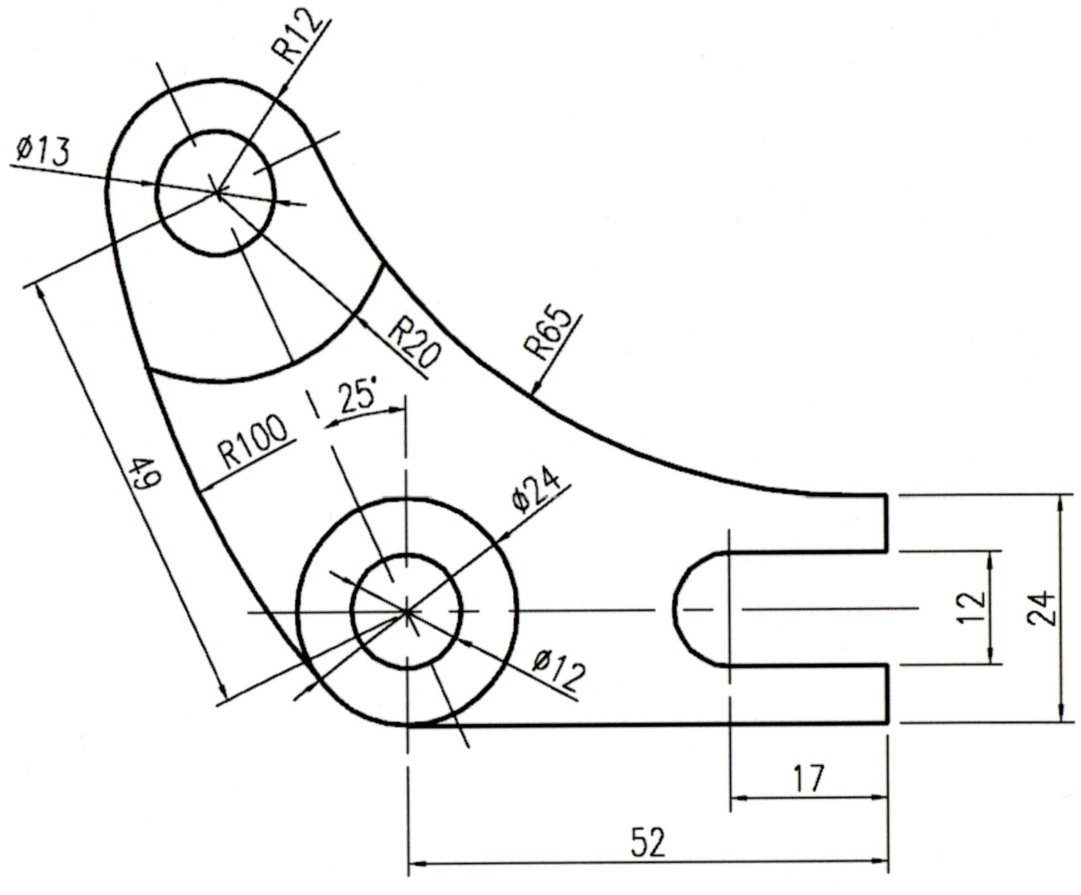

2.6 Fillet, Chamfer

2.6.1 Fillet(모깎기)

요소를 선택해 지정한 반지름(R)만큼 라운딩(모깎기)한다.

① 명령(Command) : F ↵

② 툴바 메뉴 : 

[1] 직선이 교차하거나 떨어져 있는 경우 Fillet 방법

Fillet 반경을 먼저 지정하고 모깎기 할 객체를 선택한다.

객체 클릭 시 (가상)교차점 근처를 찍도록 한다. 먼 쪽을 찍는 경우 예상치 않은 형상이 나올 수 있다.

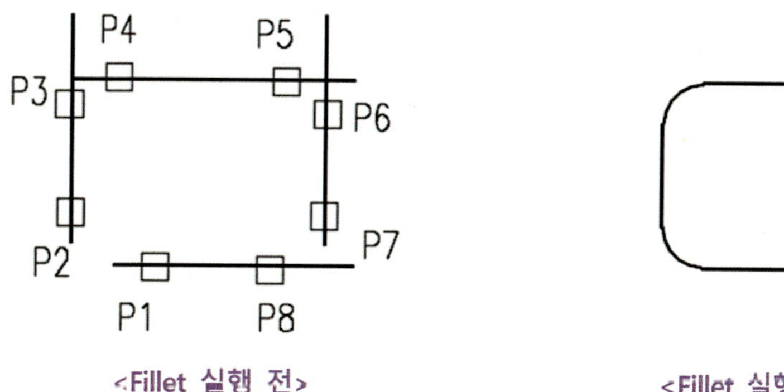

<Fillet 실행 전>   <Fillet 실행 결과>

FILLET
첫 번째 객체 선택 또는 [명령취소(U)/폴리선(P)/**반지름(R)**/자르기(T)/다중(M)] : R ↵
모깎기 반지름 지정 <0.0000> : 6 ↵
첫 번째 객체 선택 또는 [명령취소(U)/폴리선(P)/반지름(R)/자르기(T)/다중(M)] : *P1 클릭*
두 번째 객체 선택 또는 Shift 키를 누른 채 선택하여 구석 적용 : *P2 클릭*
첫 번째 객체 선택 또는 [명령취소(U)/폴리선(P)/반지름(R)/자르기(T)/다중(M)] :

FILLET 반복 *(P3~P8 반복)*

[2] 직선일 때 Fillet 값 = 0인 경우의 Fillet

Fillet 반경을 R=0으로 지정하거나, R값 지정하지 않고 두 번째 객체 선택 시 Shift 키를 누른 상태에서 클릭한다.

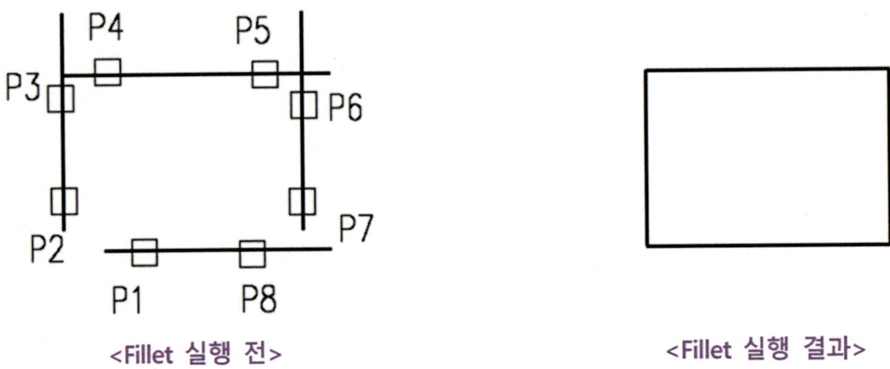

<Fillet 실행 전>　　　　<Fillet 실행 결과>

FILLET
현재 설정: 모드 = 자르기, 반지름 = 6.0000
첫 번째 객체 선택 또는 [명령 취소(U)/폴리선(P)/반지름(R)/자르기(T)/다중(M)]: ***(P1 클릭)***
두 번째 객체 선택 또는 Shift 키를 누른 채 선택하여 구석 적용 또는 [반지름(R)]:*(Shift + **P2** 클릭)*

명령:

FILLET 반복 *(P3~P8 반복)*

[3] 호의 경우 Fillet

호와 호, 직선과 호, 원과 원 사이의 Fillet도 가능하며 클릭 지점에 따라 형상이 달라질 수 있으므로 필요한 형상에 맞춰 반지름 지정 및 클릭 점을 선택해야 한다.

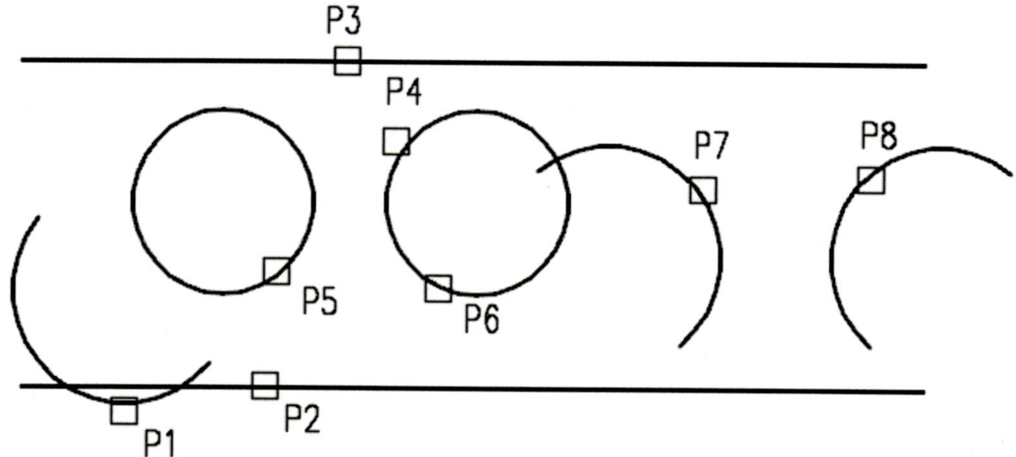

<Fillet 실행 전>

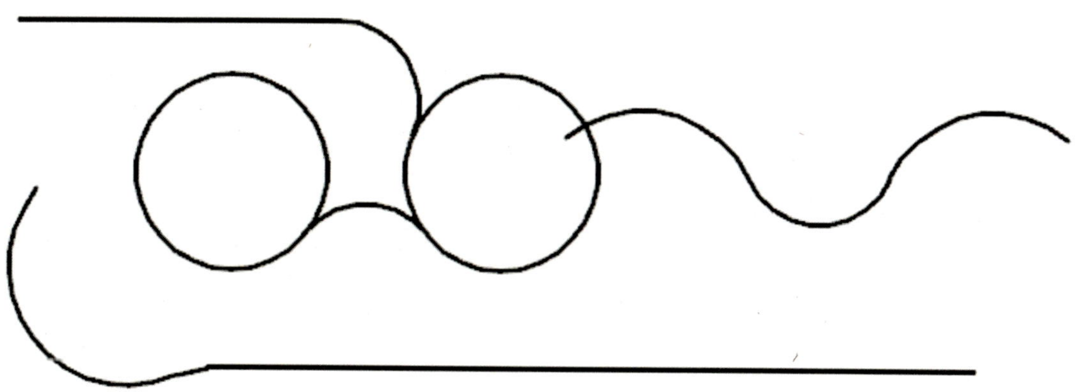

<Fillet 실행 결과>

[4] Polyline의 Fillet 방법

Polyline 요소(객체)인 직사각형, 다각형의 경우는 모든 모서리를 한번에 Fillet 가능하다.

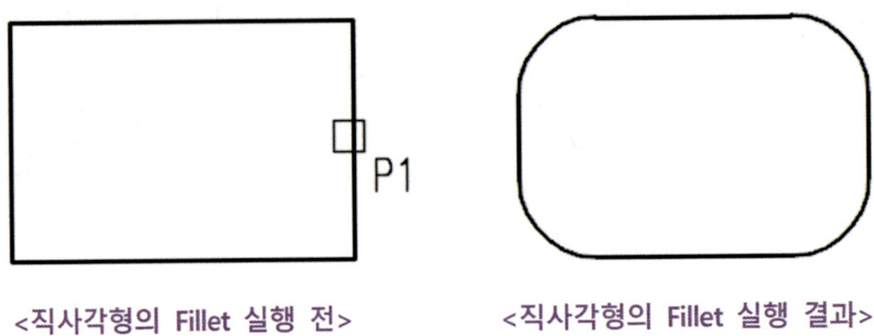

<직사각형의 Fillet 실행 전> <직사각형의 Fillet 실행 결과>

Fillet
현재 설정: 모드 = 자르기, 반지름 = 6.0000
첫 번째 객체 선택 또는 [명령 취소(U)/폴리선(P)/반지름(R)/자르기(T)/다중(M)]: *p* ↵
2D 폴리선 선택 또는 [반지름(R)]:
4선은 모깎기됨

[5] 평행한 두 직선의 Fillet 방법

평행한 두 직선의 경우는 설정된 반지름 값과 상관없이 두 직선 사이의 거리를 지름으로 하는 원호로 두 직선을 연결한다.

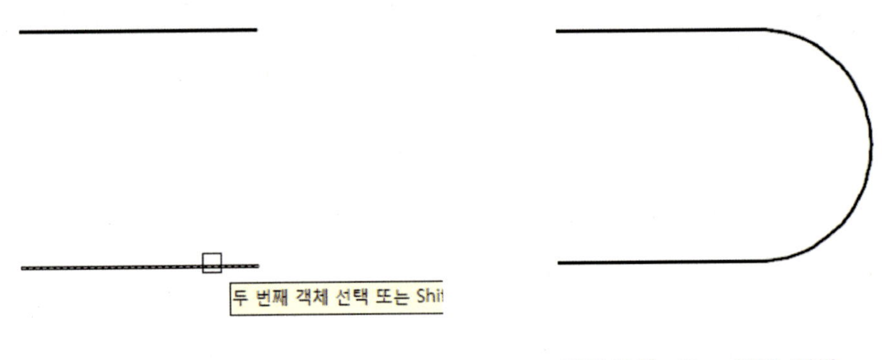

<평행선의 Fillet 실행 전> <평행선의 Fillet 실행 결과>

현재 설정: 모드 = 자르기, 반지름 = 0.0000
첫 번째 객체 선택 또는 [명령 취소(U)/폴리선(P)/반지름(R)/자르기(T)/다중(M)]:***P1*** *클릭*
두 번째 객체 선택 또는 Shift 키를 누른 채 선택하여 구석 적용 또는 [반지름(R)]: ***P2*** *클릭*

2.6.2 Chamfer(모따기)

요소를 선택해 지정한 크기만큼 모따기(C)한다.

① 명령(Command) : Cha ↵

② 툴바 메뉴 :

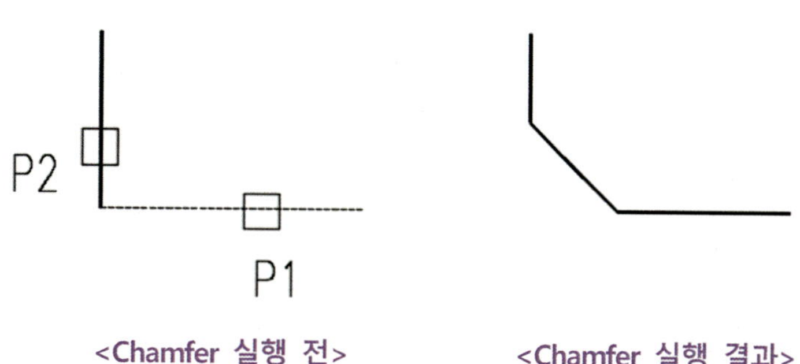

<Chamfer 실행 전> <Chamfer 실행 결과>

첫 번째 선 선택 또는 [명령취소(U)/폴리선(P)/**거리(D)**/각도(A)/자르기(T)/메서드(E)/다중(M)] : *D* ↵
첫 번째 모따기 거리 지정 <0.0000> : *10* ↵
두 번째 모따기 거리 지정 <10.0000> : ↵ (첫 번째와 다를 경우 다른 값을 입력한다.)
첫 번째 선 선택 또는 [명령취소(U)/폴리선(P)/거리(D)/각도(A)/자르기(T)/메서드(E)/다중(M)] : *P1 클릭*
두 번째 선 선택 또는 Shift 키를 누른 채 선택하여 구석 적용 : *P2 클릭*

※ 기계제도에서 모따기 치수를 C 기호를 이용하여 표기하는 경우가 많은데 두 개의 모따기 거리가 같다는 의미로 사용된다.
 * C10 : 첫 번째 모따기 거리 =10, 두 번째 모따기 거리 =10

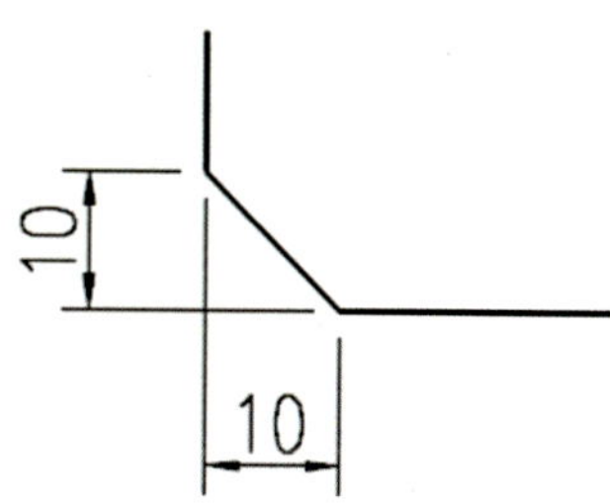

2.6 연습 문제 1

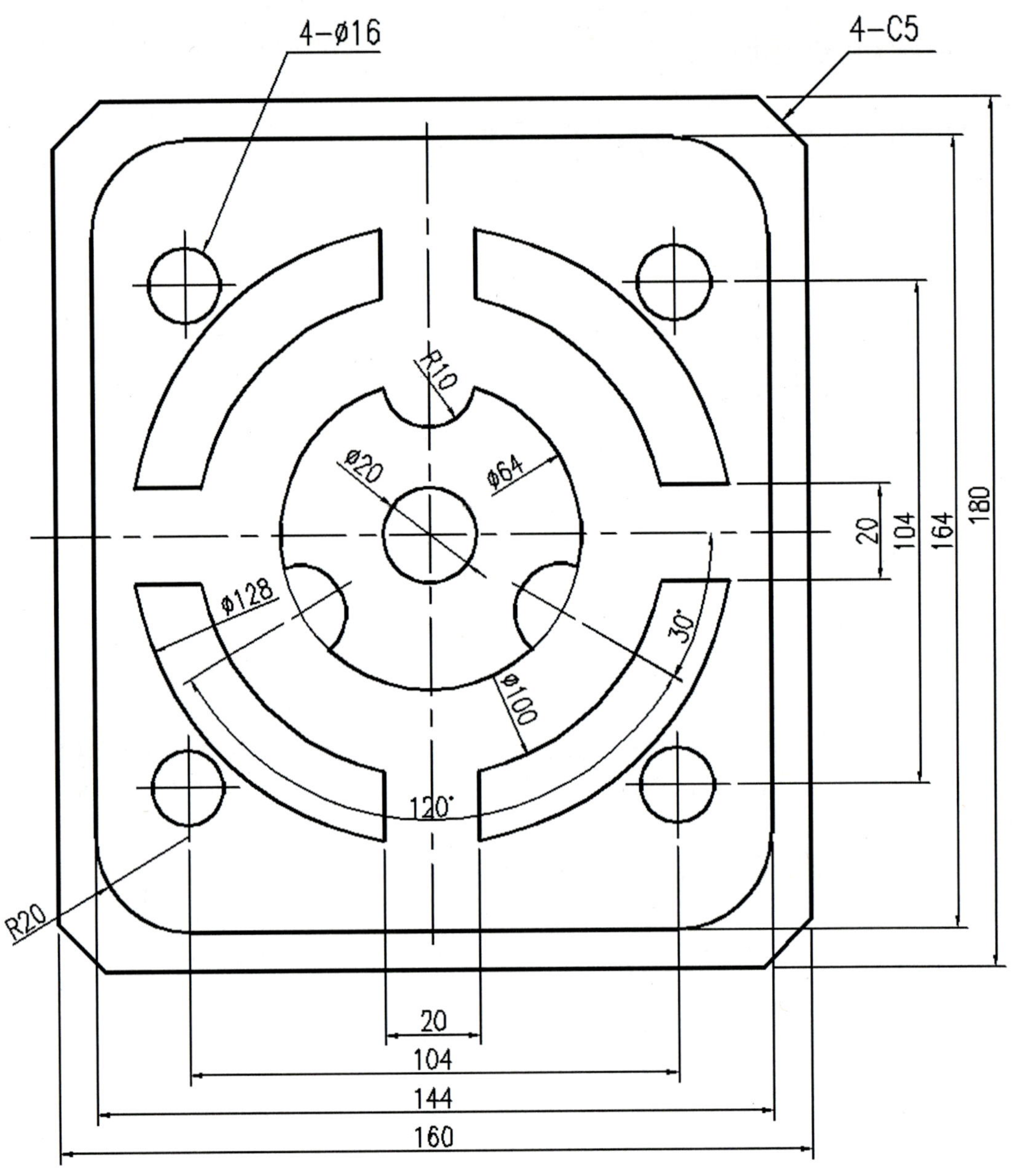

4-ø16
4-C5
R10
ø20
ø64
ø128
30°
ø100
120°
R20
20
104
164
180
20
104
144
160

2.6 연습 문제 2

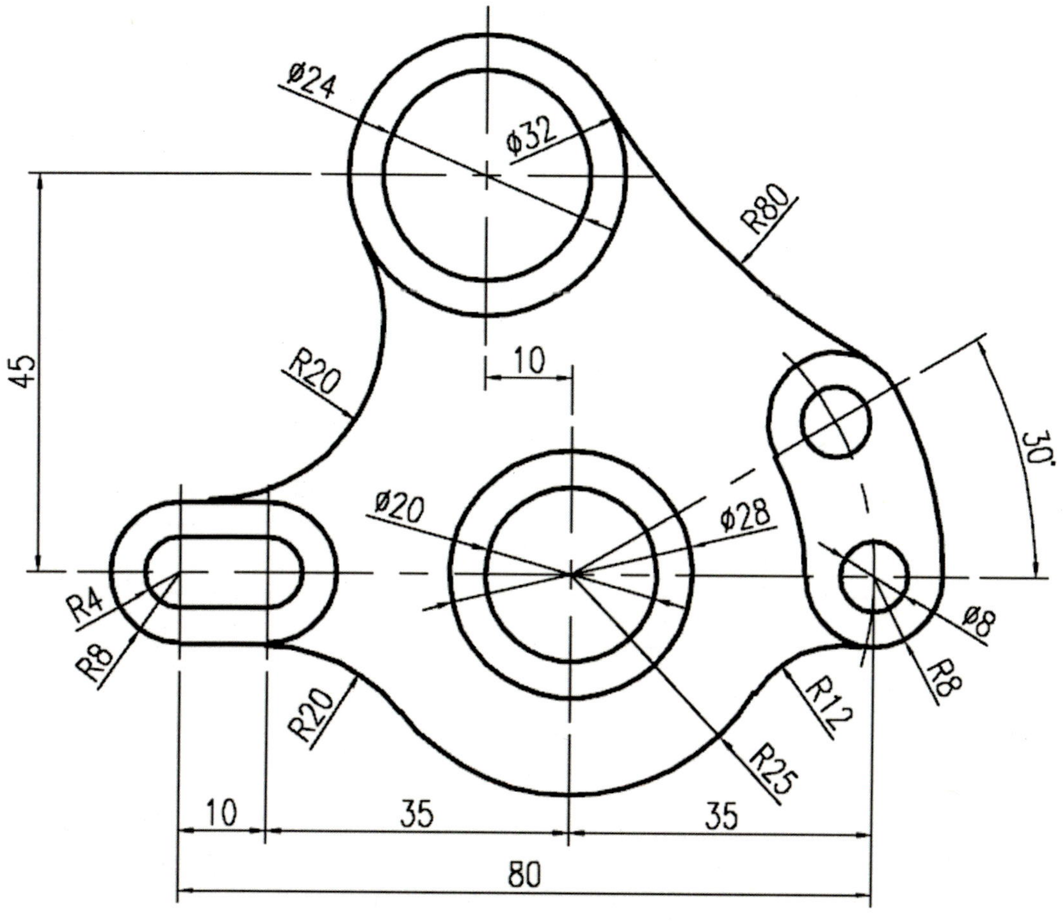

2.7 Layer, 제도 설정

2.7.1 LAYER(도면층) 설정

Layer는 요소(객체, 도면) 마다 특성(선 종류, 색상, 굵기)을 부여하고 제어한다.

① 명령(Command) : LA ↵

② 툴바 메뉴 :

③ 아래와 같이 도면층을 만들고 설정한다.

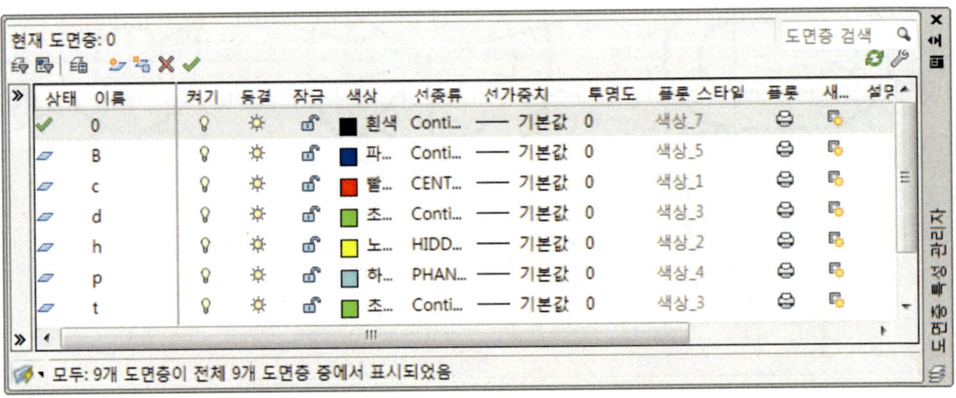

도면층 이름	선 색상	선 종류	선의 용도
0(외형선)	흰색(7)	Continuous	도형의 보이는 선 작성(굵은 선)
C(중심선)	빨간색(1)	CENTER	도형의 중심을 나타내는 선 작성
D(치수선)	초록색(3)	Continuous	치수선 작성
H(숨은선)	노란색(2)	HIDDEN	도형의 보이지 않는 선 작성
P(가상선)	하늘색(4)	PHANTOM	가상 선 작성

※ 도면층(Layer)의 의미

* 입체인 물체를 평면상에 표현할 때 한 가지의 선만으로는 충분하고 명확하게 구분할 수 있는 정보를 담을 수가 없다.
* 기계제도에서는 도면에 많은 정보를 표시해야 하기 때문에 다양한 종류의 선을 사용하며, 도면층은 그 선들을 그릴 수 있는 여러 가지 펜이라고 보면 된다.

[1] LAYER(도면층) 만들기

새로운 도면층을 만들 때 이름, 색상, 선종류를 설정한다.

① 새 도면층 만들기

도면층 관리자 화면에서 '새 도면층' 아이콘을 누른다. 도면층 이름은 위해서는 도면층 이름을 약간 느리게 더블 클릭하여 바꿀 수 있다.

② 색상 설정

도면층 특성 중 색상 표시부를 눌러 색상 팔레트가 나오면 적당한 색깔을 선택한다.

③ 선종류 설정

도면층 특성 중 선종류 표시부를 눌러 선종류 창이 나오면 적당한 선종류를 선택한다.

창에 원하는 선종류가 없으면 로드 버튼을 눌러 새로운 선을 창에 올릴 수 있다.

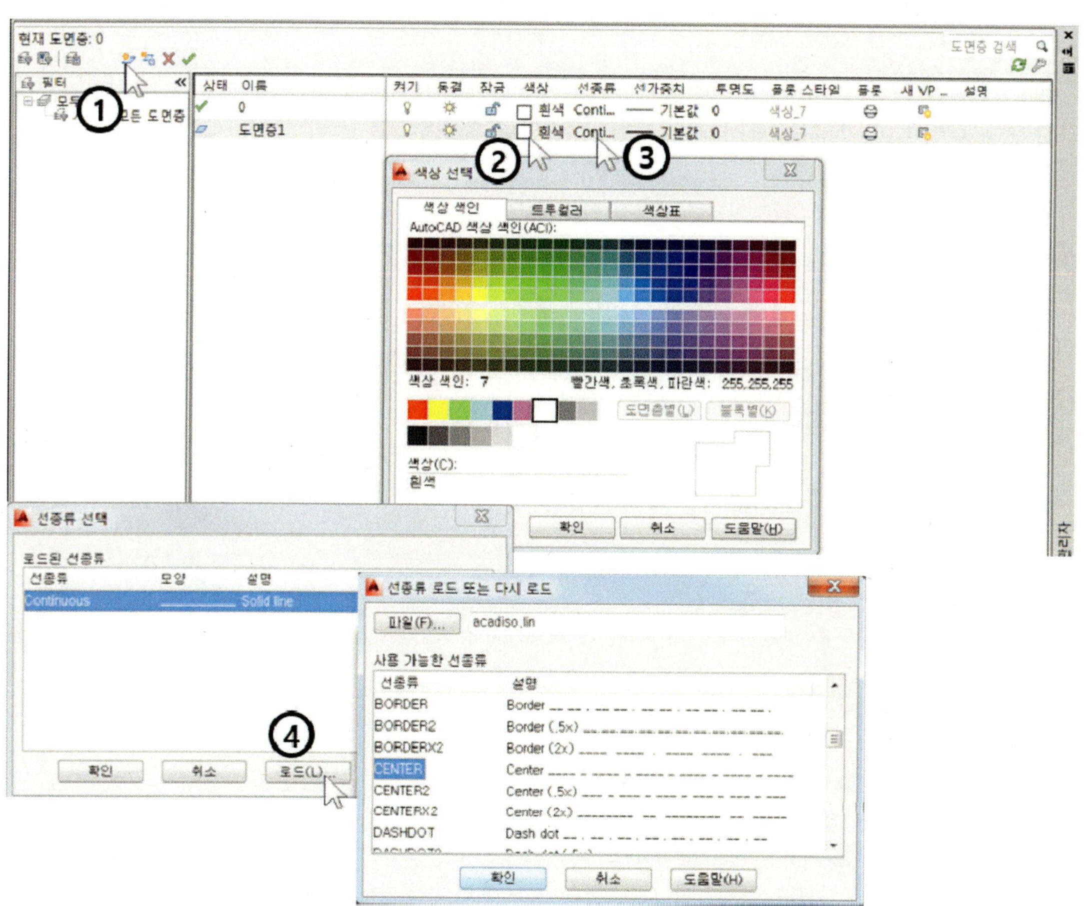

[2] LAYER(도면층)과 관련된 주의 사항

도면 작성 시 당황스런 일들이 발생하는 것과 관련된 기능들이다.

① 현재로 설정

선택된 도면층을 현재 도면층으로 설정한다. 작성한 객체는 현재 도면층에 그려진다.

도면층 이름을 빠르게 더블클릭하면 현재도면층으로 설정된다.

② 켜기/끄기

도면층이 켜져 있으면 도면층을 볼 수 있고 플로팅할 수 있다.

도면층이 꺼져 있으면 보이지 않으며 플로팅되지 않습니다.

③ 동결/동결해제

도면층을 동결하면 ZOOM, PAN 및 기타 여러 작업의 속도를 높이고, 객체 선택 성능을 개선하고, 복잡한 도면의 재생성 시간을 줄일 수 있다.

동결된 도면층의 객체는 표시, 플롯, 재생성되거나 숨겨지지 않는다.

④ 잠금/잠금해제

잠금된 도면층의 객체는 보이기는 하지만 수정할 수 없다.

⑤ 플롯

도면층에 대한 플로팅을 끄는 경우에도 해당 도면층의 객체가 계속 표시된다.

꺼져 있거나 동결된 도면층은 플롯 설정에 관계없이 플로팅되지 않는다.

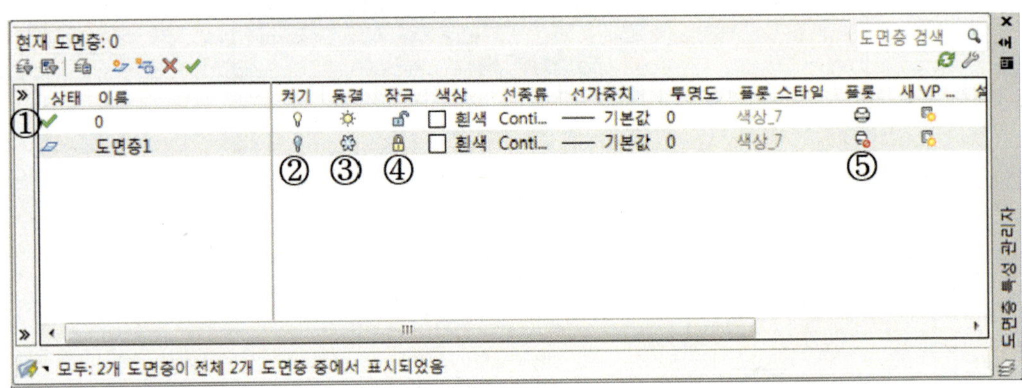

※ 도면층(Layer) 특성 툴바

* 현재 사용하는 도면층의 설정값을 보여준다. 모두 ByLayer로 설정하여 사용하도록 한다. 바꾸는 경우 객체의 도면층을 변경해도 특성은 바뀌지 않아 불편하다.
* 객체를 선택한 경우 선택한 객체의 특성을 보여주며 각 특성을 수정할 수 있다.

□ ByLayer ▾ | ———— ByLayer ▾ | ———— ByLayer ▾

2.7.2 제도 설정

Layer는 요소(객체, 도면) 마다 특성(선 종류, 색상, 굵기)을 부여하고 제어한다.

① 명령(Command) : dsettings ↵

② 풀다운 메뉴

'도구' 풀다운 메뉴의 아래 쪽에 있는 제도 설정을 누른다.

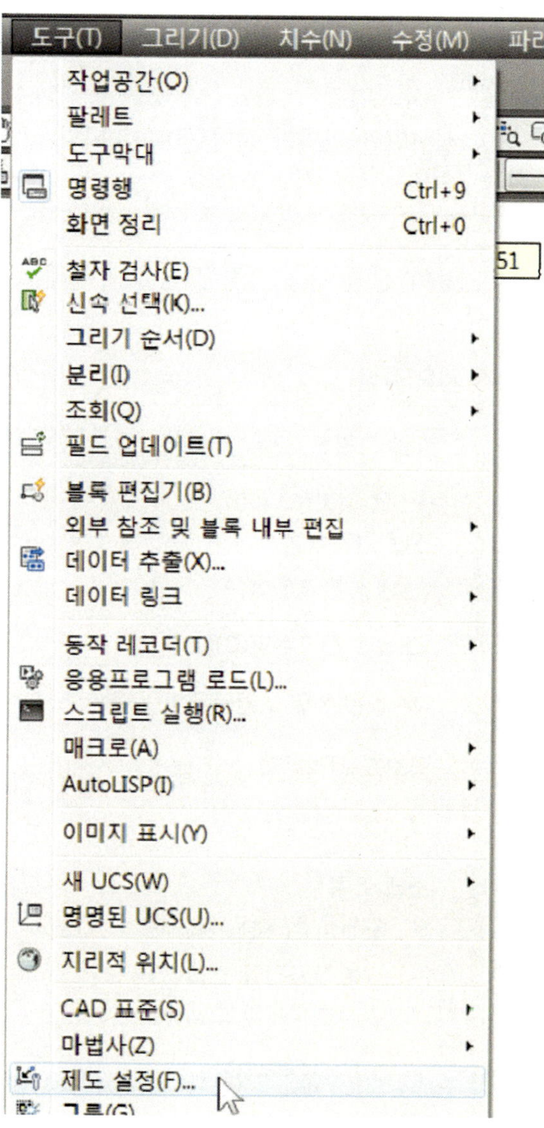

③ 상태 막대

버튼 중 하나 위에 커서를 올려 우측 버튼 클릭하여 나타난 창의 설정을 누른다.

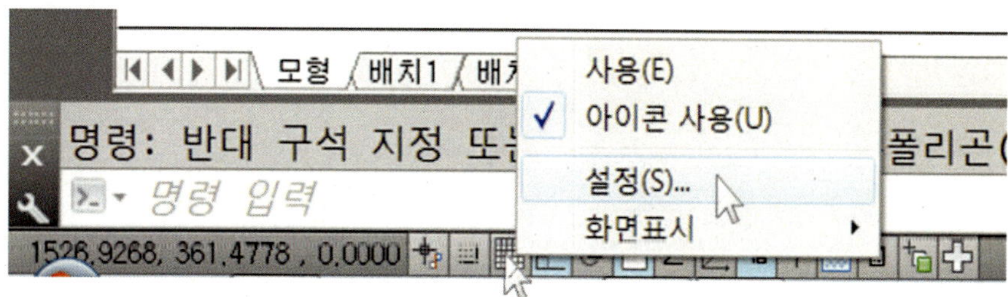

[1] 스냅 및 그리드

1) 스냅

커서의 선택지점이 바둑판의 돌을 놓는 점처럼 지정된 모눈 교차점에만 지정할 수 있도록 하는 기능이다.

스냅이 설정되면 임의의 점이 클릭이 되지 않으므로 평상시에는 꺼두어야 한다.

2) 그리드

스냅 기능의 선택 가능 지점에 점을 표시해 주는 편의 기능이다.

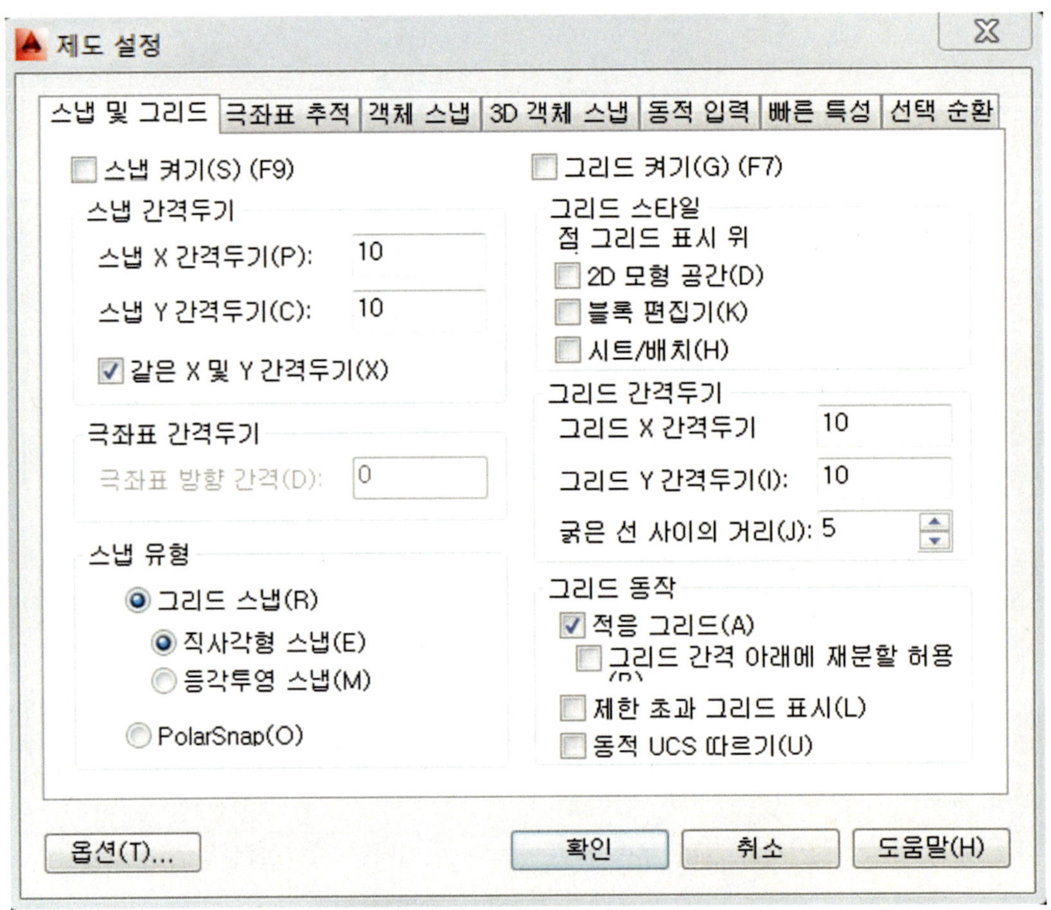

[2] 극좌표 추적

선을 그리거나 이동, 회전, 복사 등의 명령 수행 시 다음 좌표를 선택할 때 정해주는 일정한 각도 중에서 선택할 수 있게 해주는 기능이다.

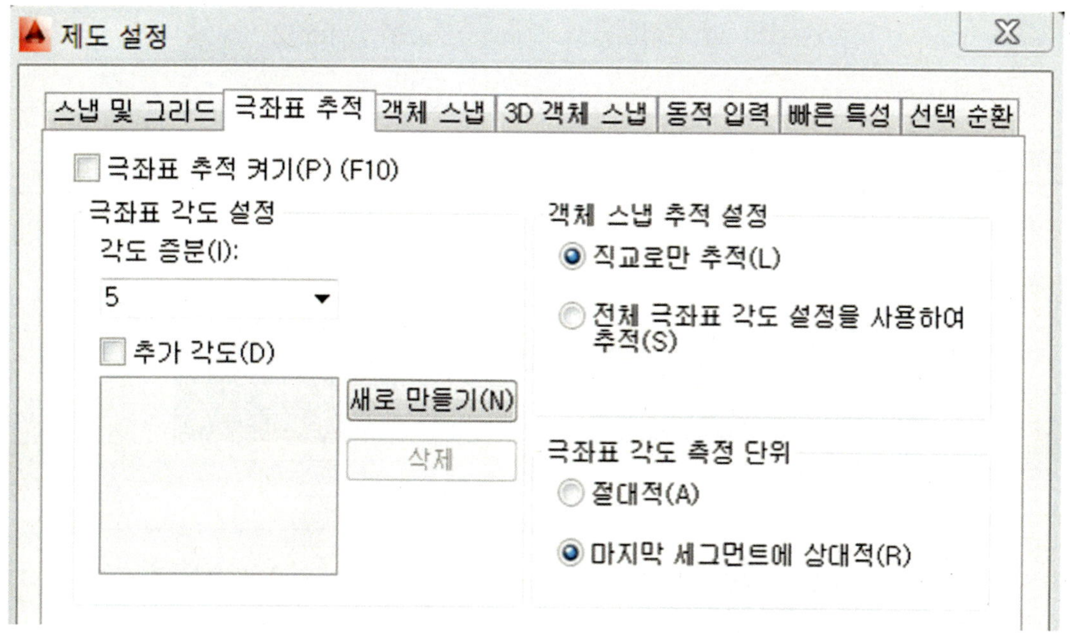

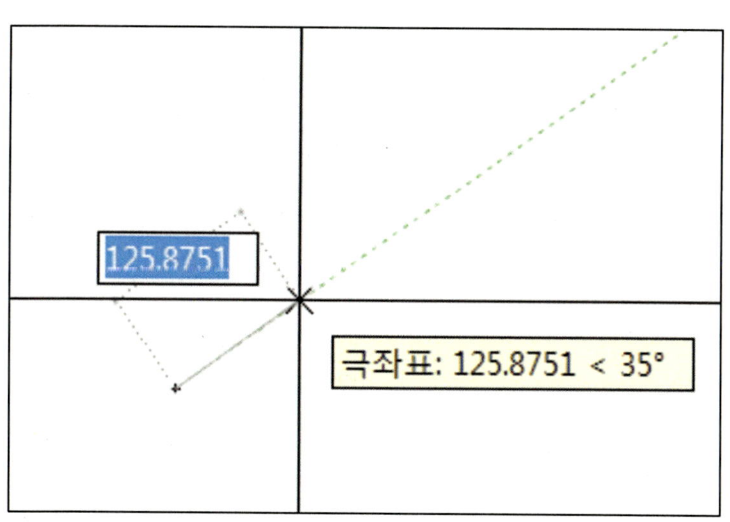

<선 그리기에서 극좌표 추적 기능>

[3] 동적 입력

두 번째 점 혹은 다음 점을 선택할 때 기존 도형과의 상대적 위치를 화면상에서 가늠하여 크기나 방향을 지정하기 편하게 해주는 기능이다.

포인터 입력 설정에서는 두 번째 점 지정 시 사용 좌표 형식을 지정해 줄 수 있으며, 상대 좌표를 선택하면 좌표입력 시 숫자 앞에 타이핑하는 @를 생략해도 된다.

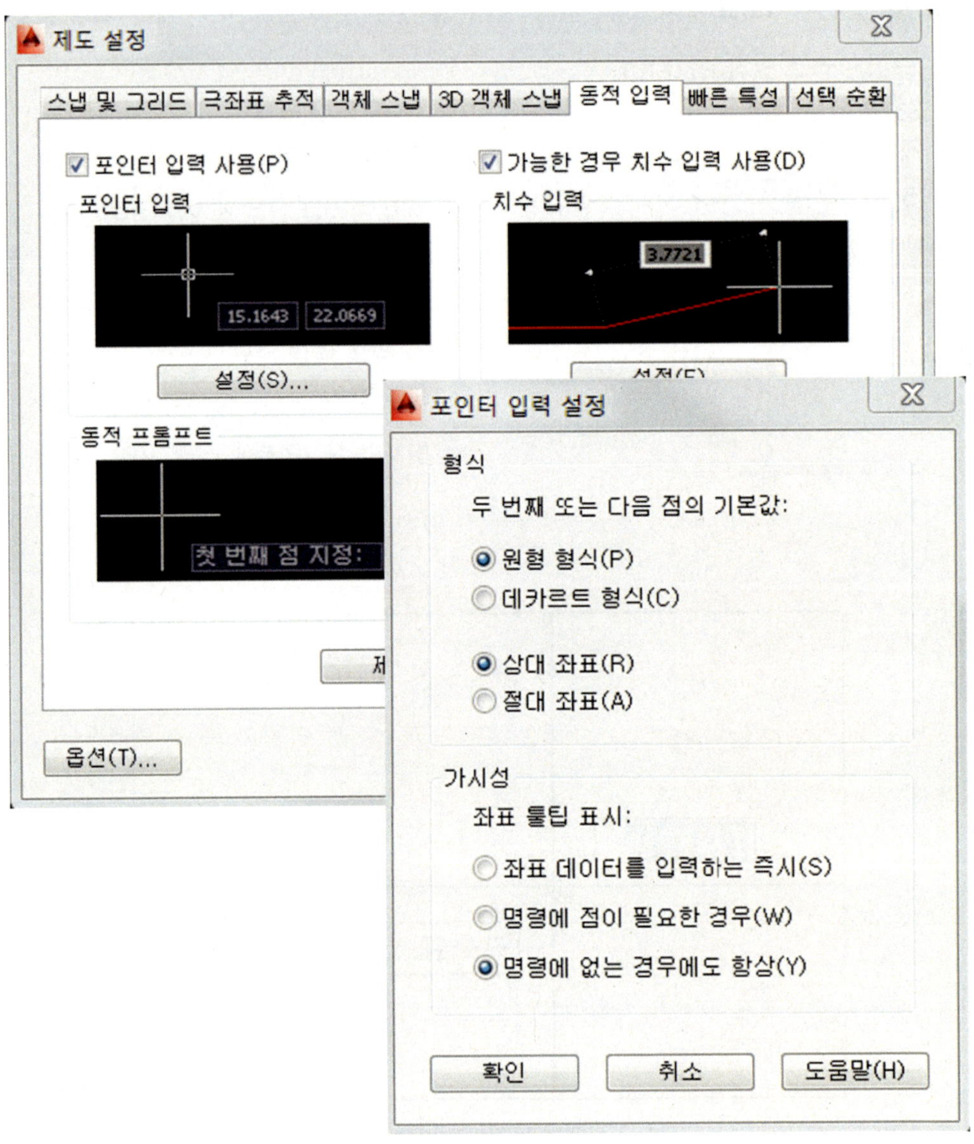

2.7 연습 문제 1

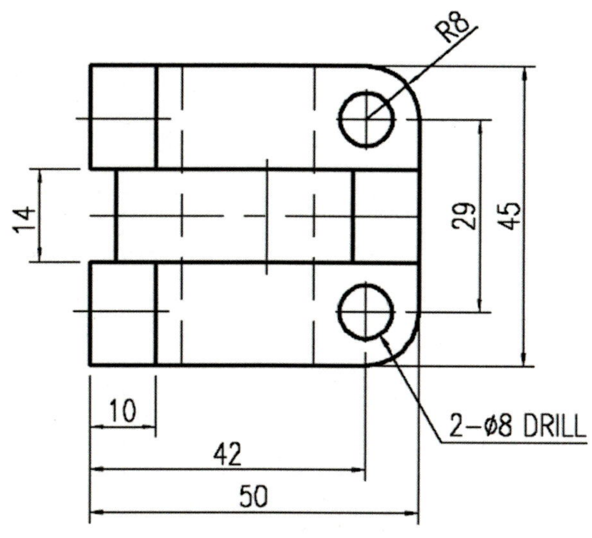

R8
14
29
45
10
42
50
2-ø8 DRILL

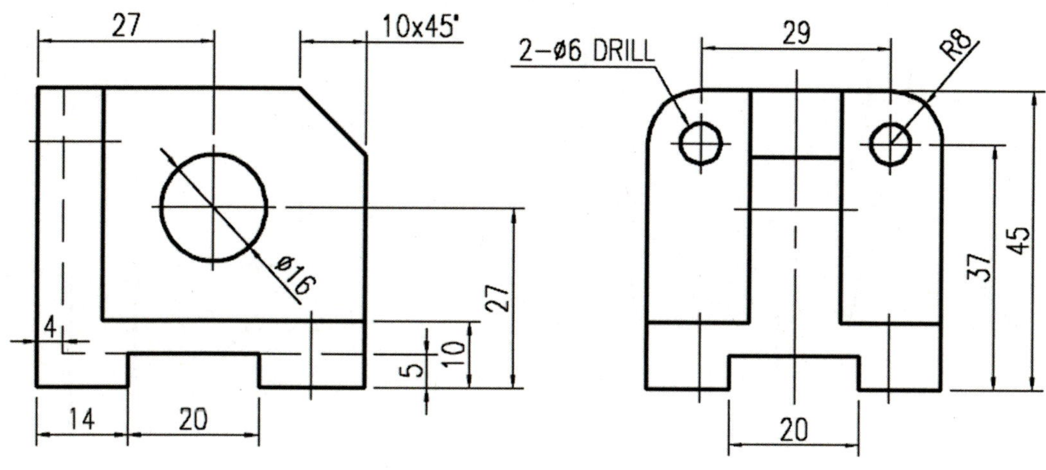

27
10x45°
ø16
4
27
10
5
14
20
2-ø6 DRILL
29
R8
37
45
20

2.7 연습 문제 2

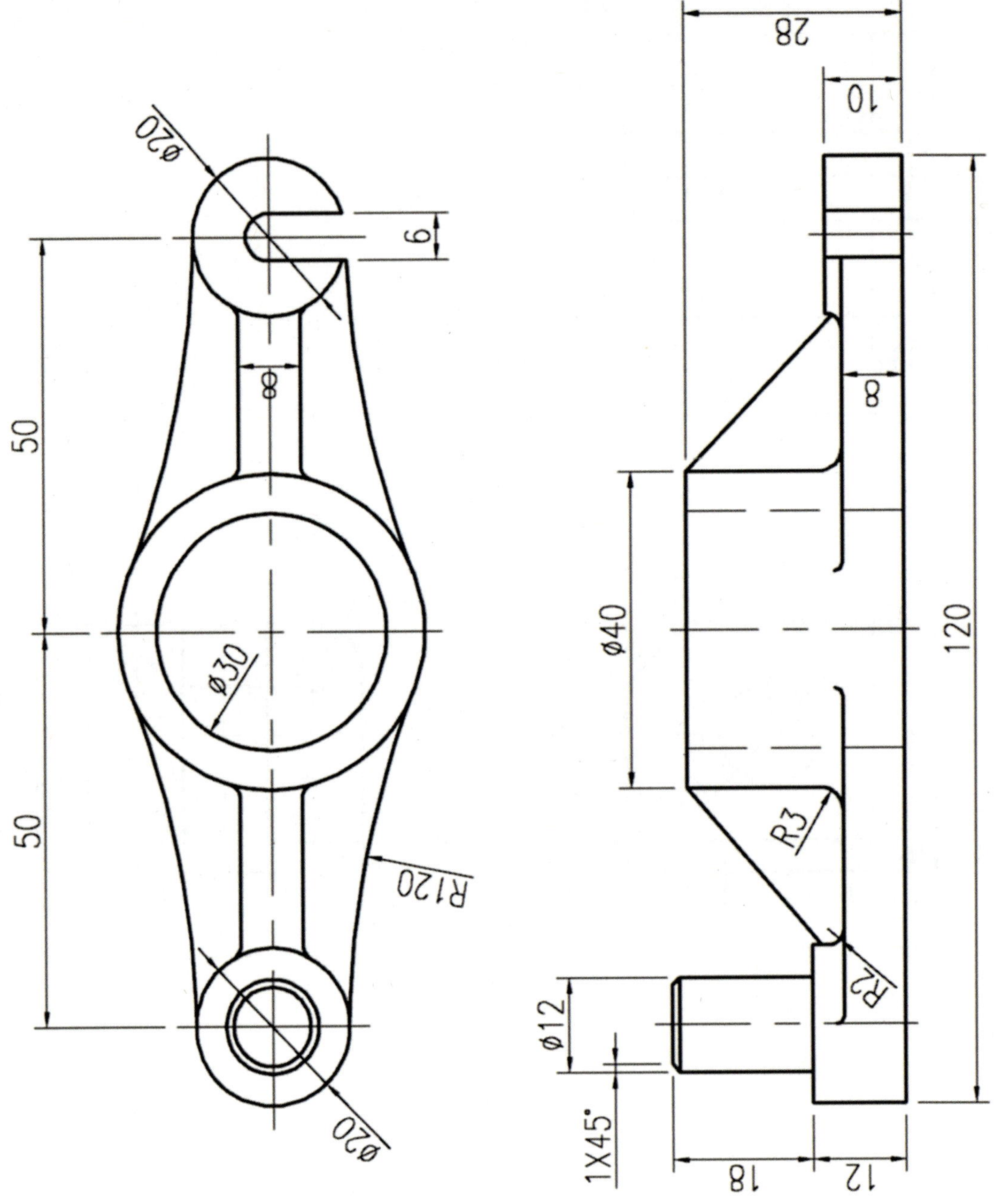

2.7 연습 문제 3

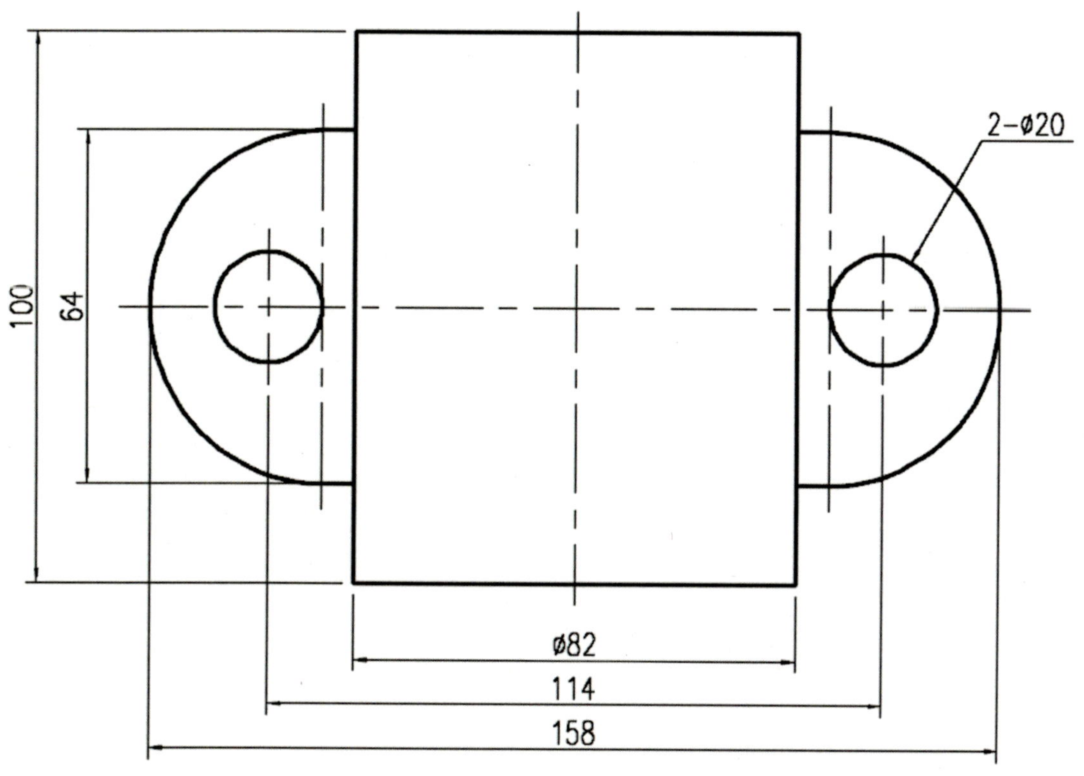

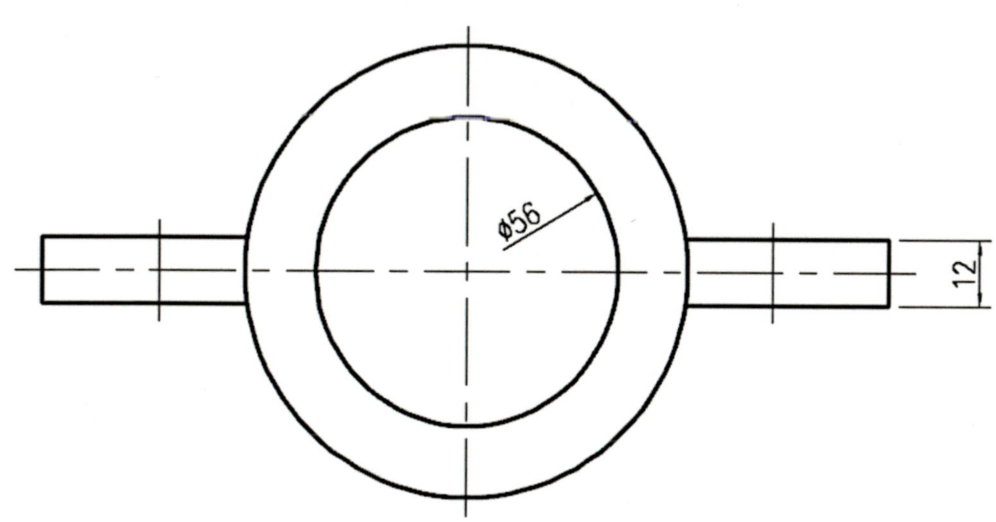

2.8 문자 기입

2.8.1 문자 기입

Layer는 요소(객체, 도면) 마다 특성(선 종류, 색상, 굵기)을 부여하고 제어한다.

[1] 단일행 문자(DTEXT, TEXT) 쓰기

단일행 문자를 기입한다. 여러 줄의 문자를 입력할 수 있지만 각각의 줄은 서로 다른 객체가 된다.

엔터(↵)를 연속 두 번 치면 입력이 완료된다.

간단한 문자 기입 시 많이 사용되며 편집이 간단하다.

① 명령(Command) : DT ↵

② 툴바 메뉴 :

③ 아래와 같이 사용한다.

단일행 문자 입력

Single Line Text

문자의 시작점 지정 또는 [자리 맞추기(J)/스타일(S)] : **화면상에 문자 쓸 곳** 클릭
높이 지정 <2.5> : **4** ↵
문자의 회전각도 지정 <0> : ↵

[2] 다중행 문자(DTEXT, TEXT) 쓰기

다중행(여러 줄) 문자를 쓴다.

① 명령(Command) : MT ↵

② 툴바 메뉴 :

③ MTEXT는 워드프로세서와 같은 다양한 편집기능이 포함되어 있으므로 주석문과 같은 장문을 쓰는 데 편리하다.

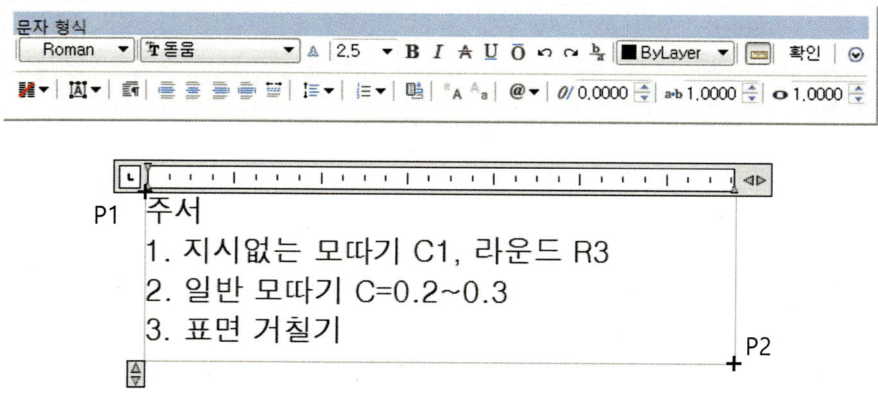

MTEXT
현재 문자 스타일: "han" 문자 높이: 4 주석: 아니오
첫 번째 구석 지정: *(P1 클릭)*
반대 구석 지정 또는 [높이(H)/자리맞추기(J)/선 간격두기(L)/회전(R)/스타일(S)/폭(W)/열(C)]: *(P2 클릭)*
[문자 입력]

④ KS규격(A4, A3, A2)에 맞는 주요 문자크기(높이)

문자 크기	용 도
5.0mm	개별주서, 부품번호, 상세도/단면 표시, 요목표 제목
3.5~4mm	일반주서, 표제란/부품란, 치수문자, 요목표 본문
2~2.5mm	치수공차 문자

2.8.2 STYLE(문자 스타일) 설정

문자 스타일 작성, 수정들을 설정하고 제어한다.

① 명령(Command) : ST ↵

② 툴바 메뉴 :

③ 설정 화면

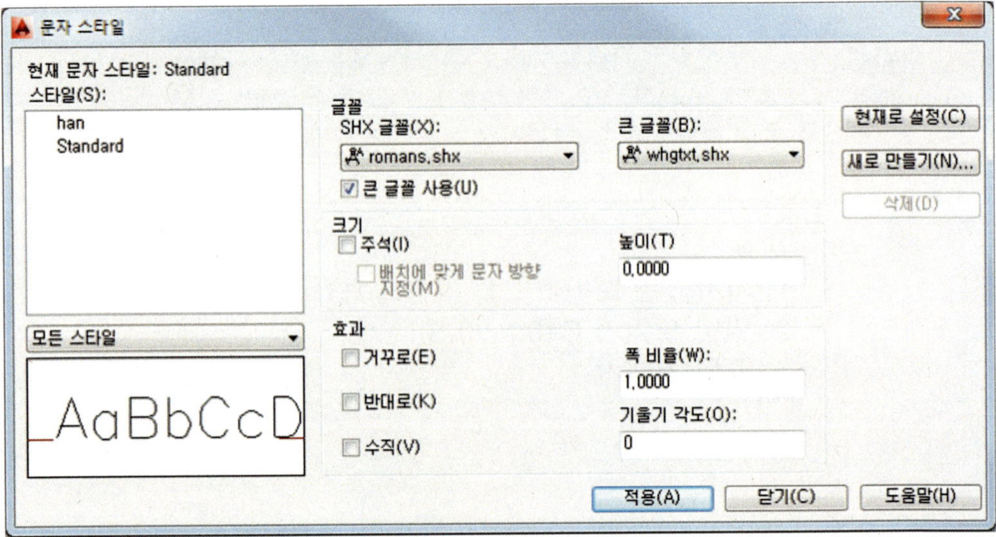

명령옵션	설 명
신규(N)	신규 STYLE을 만든다.
SHX 글꼴(X)	영문 글꼴을 설정한다(romans.shx).
큰 글꼴(B)	ACAD용 한글 글꼴을 설정한다(whgtxt.shx).
높이(T)	지정한 문자 STYLE의 높이값을 설정한다.

④ STYLE에서 문자 높이값을 지정하면 TEXT를 쓸 때 높이 값을 묻지 않으므로 다양한 크기의 문자를 쓰기 어렵다. 그래서 STYLE에서는 문자 높이(T)를 지정하지 않는 것이 바람직하다. 그리고 작성된 문자 높이의 변경도 되지 않는다.

2.8.3 DDEDIT(문자편집)

DTEXT(TEXT), MTEXT, 치수문자 등 모든 문자를 편집한다.

① 명령(Command) : DDEDIT ↵

② 툴바 메뉴 :

③ 단일행 문자를 직접 더블클릭하면 바로 수정할 수 있는 상태로 바뀌며, 다중행 문자를 더블클릭하면 입력 시 열린 것과 같은 창이 열린다.

그리고 다중행 문자를 분해(Explode; x↵)하면 단일행 문자로 바뀐다.

치수문자를 편집하기 위해서는 위와 같이 명령을 입력하거나 툴바를 사용한다.

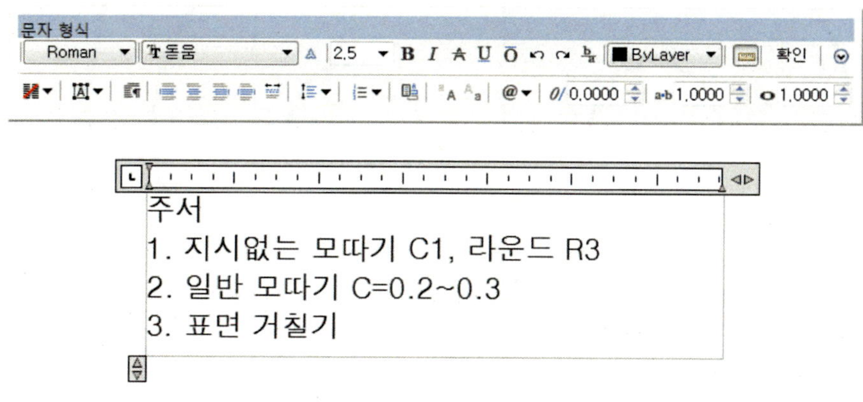

④ 특수(기호)문자

특수문자는 AutoCAD만의 입력 코드가 있다.

특수문자	기 호	입력 예
%%D	°	45%%D= 45°
%%P	±	20%%P0.1 = 20±0.1
%%C	Φ	%%C50 = Φ50

2.8 연습 문제 1

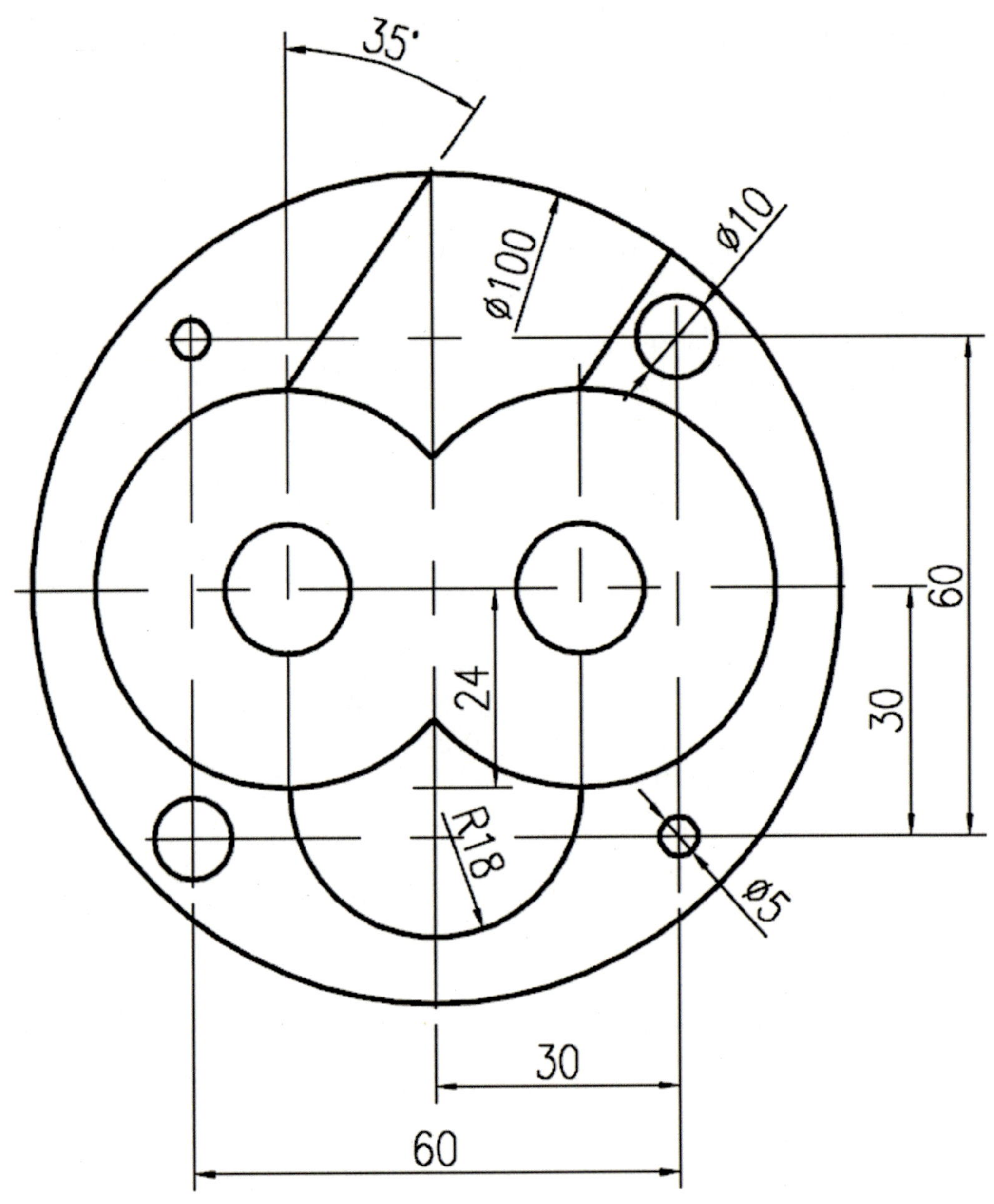

2.8 연습 문제 2

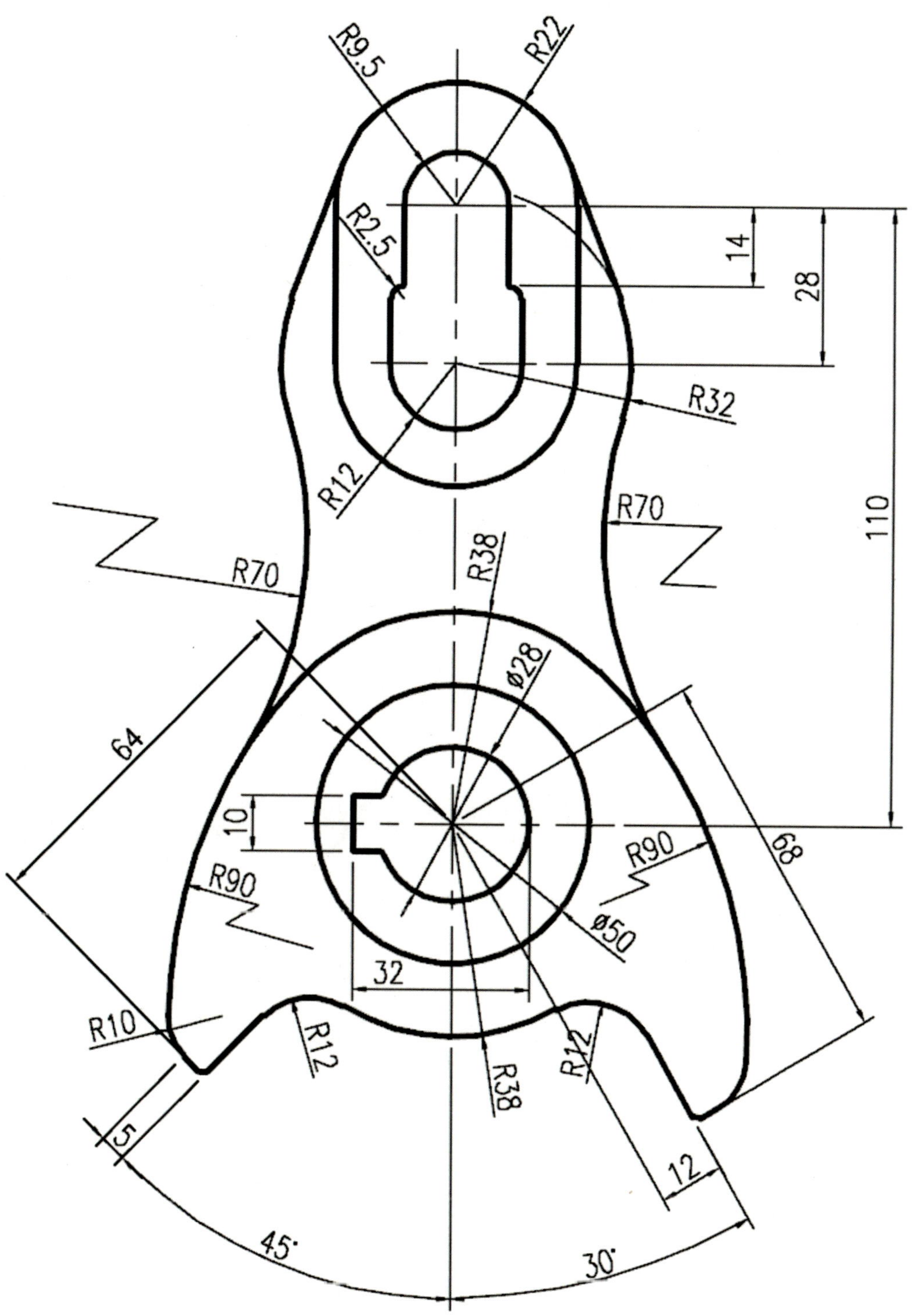

R9.5
R22
R2.5
14
28
R32
R12
R70
R70
110
R38
ø28
64
10
R90
68
R90
ø50
32
R10
R12
R12
R38
5
12
45°
30°

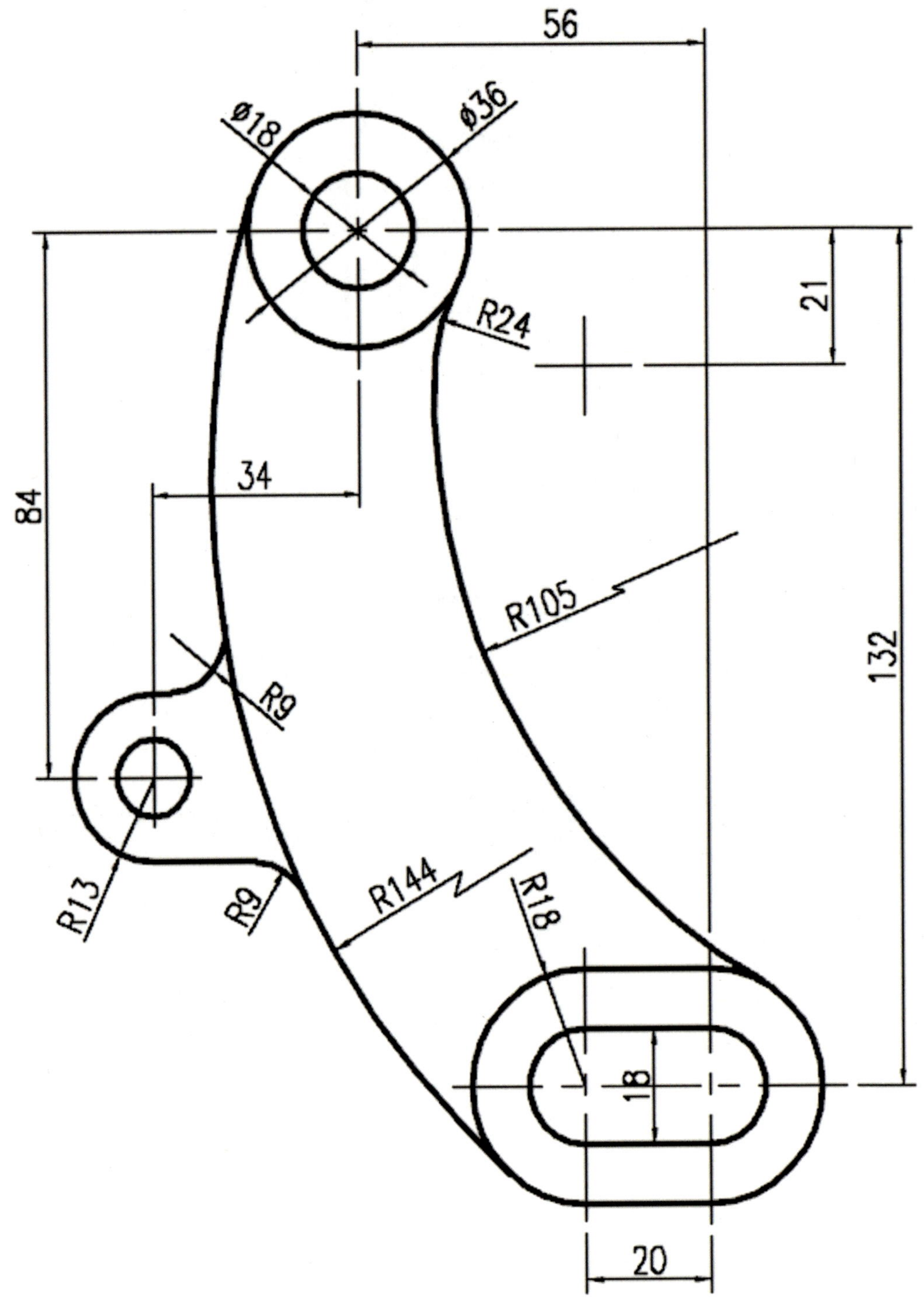
56
Ø18
Ø36
21
R24
84
132
34
R105
R9
R13
R9
R144
R18
18
20

2.8 연습 문제 4

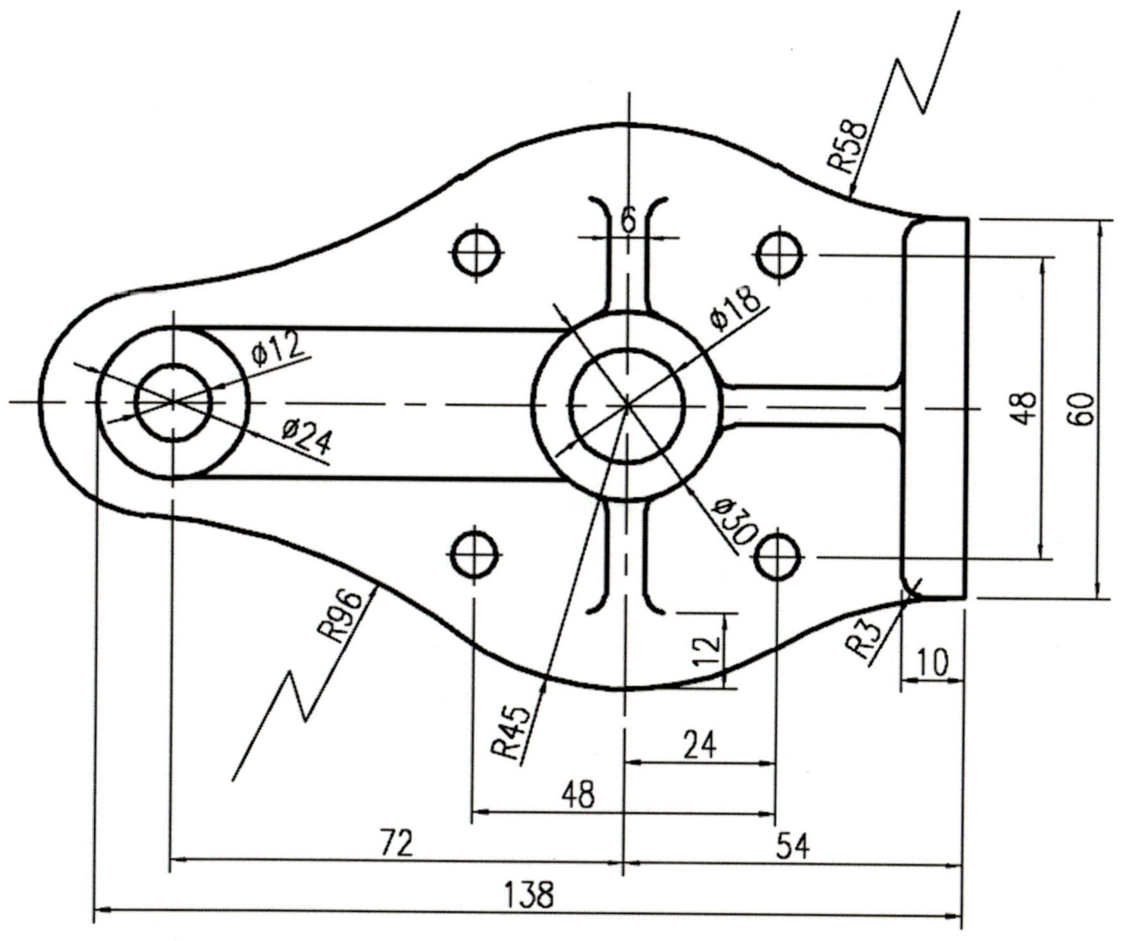

2.8 연습 문제 5

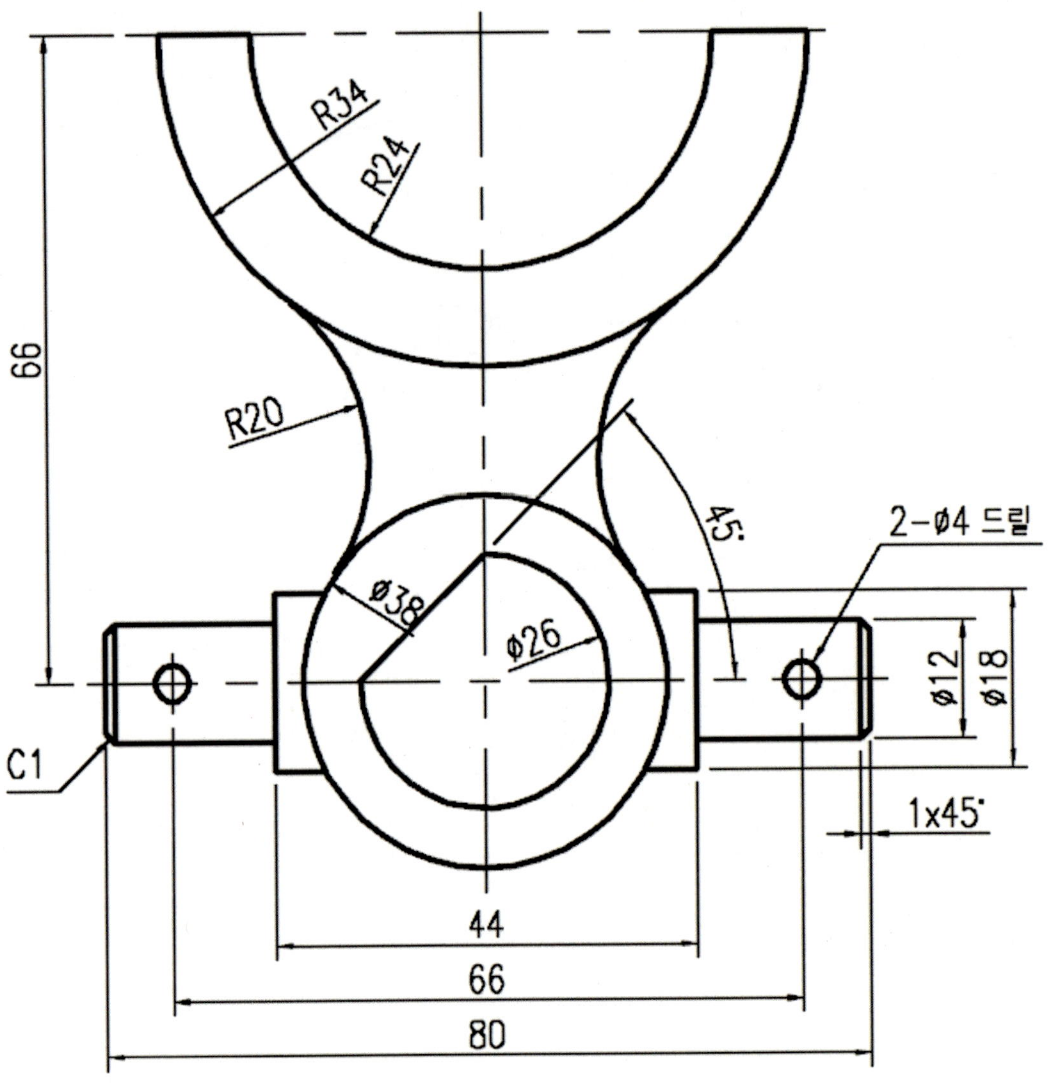

2.8 연습 문제 6

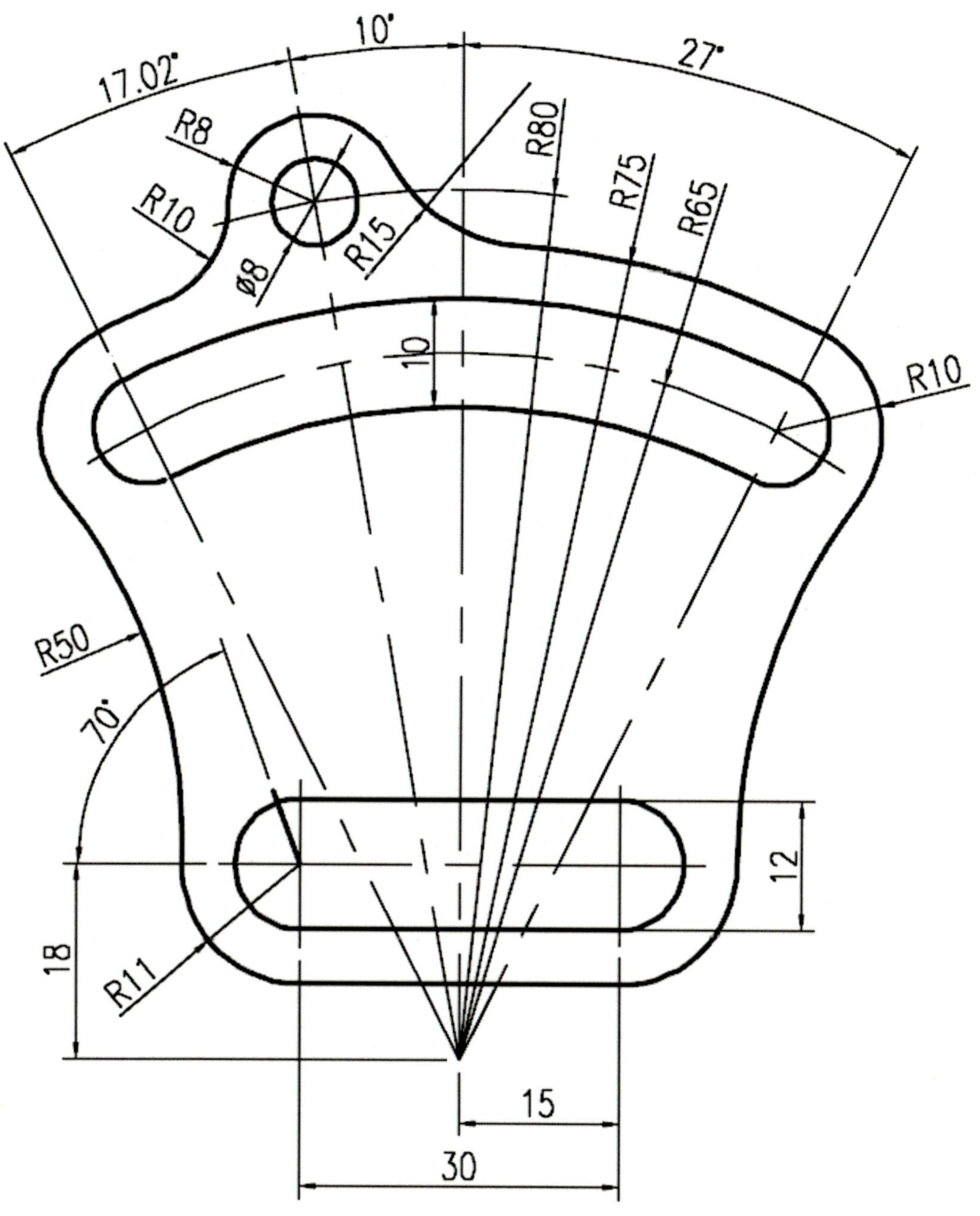

2.8 연습 문제 7

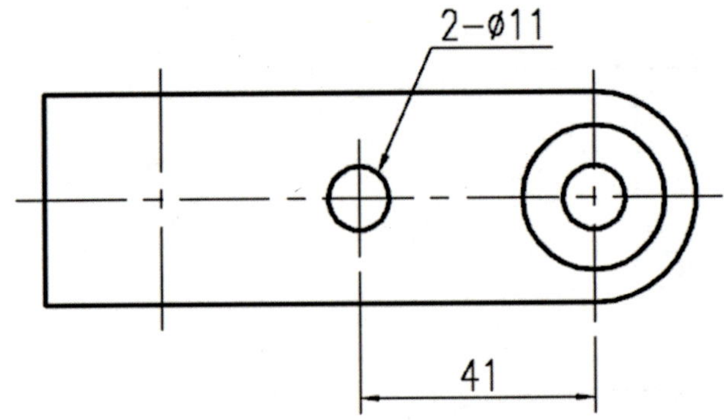

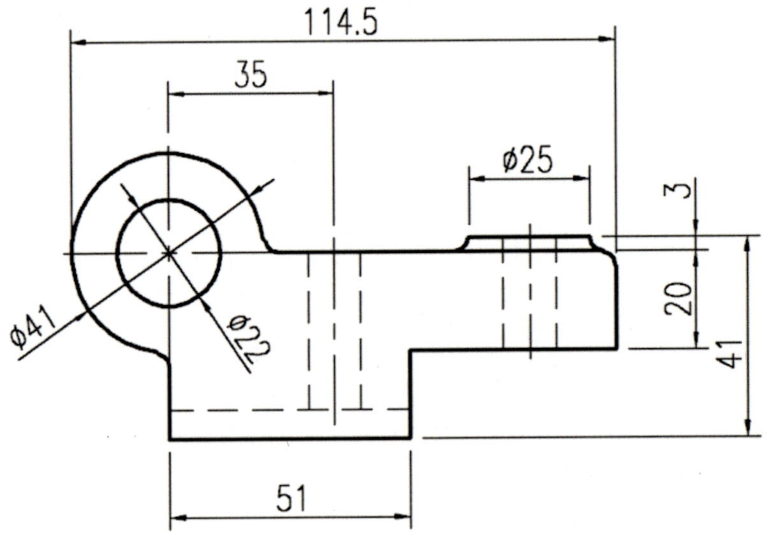

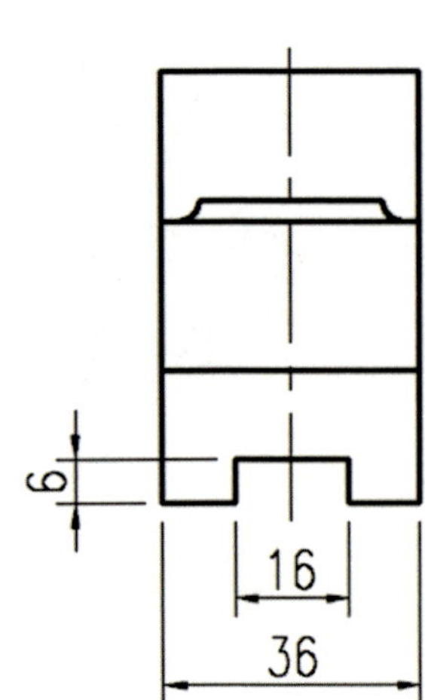

2.9 Move, Copy, Rotate, Mirror, Array, Hatch

2.9.1 Move(이동)

선택한 객체(요소)를 원하는 위치로 이동(옮김)한다.

① 명령(Command) : M ↵

② 툴바 메뉴 : 

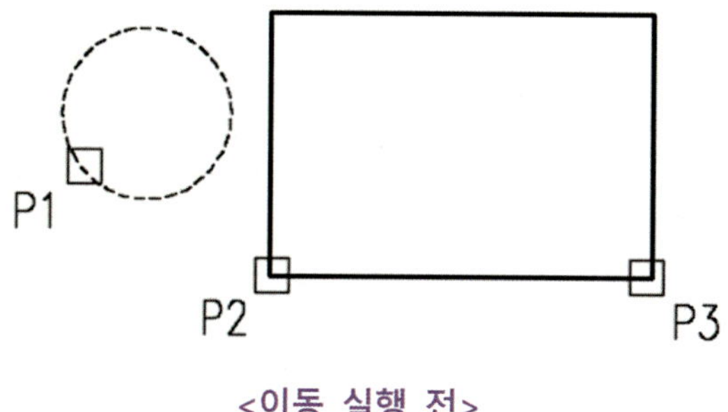

<이동 실행 전>

<기준점 지정 이동 실행 결과>

객체 선택 : *P1 클릭* (이동시킬 객체 선택)
객체 선택 : ↵ (더 이상 이동시킬 객체가 없음)
기본점 지정 또는 [변위(D)] <변위> : *P2 클릭, P3 클릭*

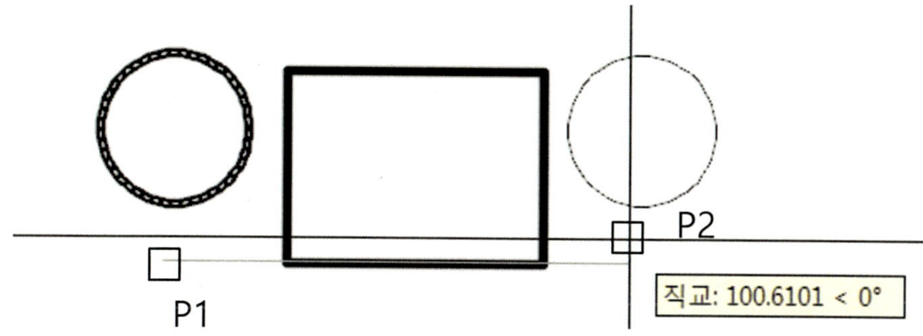

※ 임의의 위치에서 임의의 거리를 이동할 때는 화면상의 점을 클릭하거나, Ortho [on] 상태에서 첫 번째 점에서 수직이나 수평으로 떨어진 방향으로 커서를 이동하여 x(혹은 y) 좌표값을 입력한다.

2.9.2 Copy(복사)

선택한 객체(요소)를 복사한다.

① 명령(Command) : Co ↵

② 툴바 메뉴 :

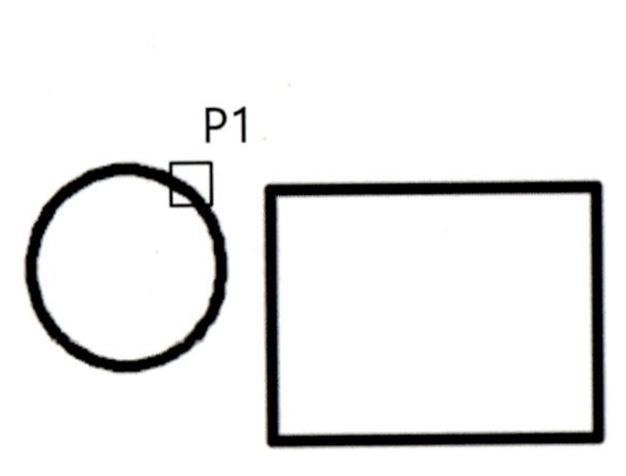

<복사 실행 전>

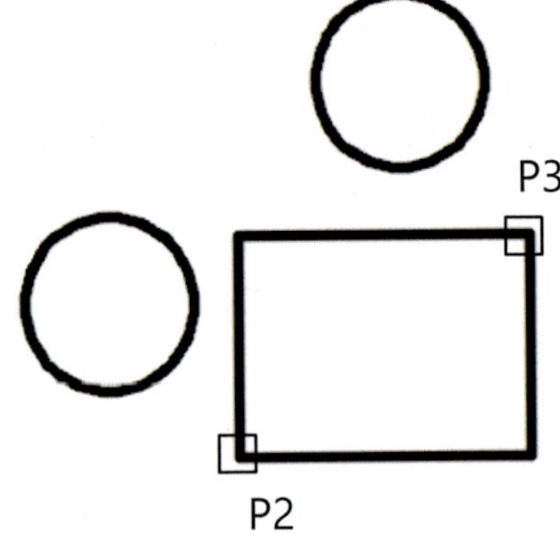

<기준점 지정 복사 실행 결과>

객체 선택 : *P1 클릭* (복사할 객체 선택)
객체 선택 : ↵ (더 이상 복사할 객체가 없음)
현재 설정 : 복사 모드 = 다중(M)
기본점 지정 또는 [변위(D)/모드(O)] <변위(D)> : *P2 클릭* (OSNAP : 끝점(E))
두 번째 점 지정 또는 [종료(E)/명령취소(U)] *P3 클릭* (OSNAP : 끝점(E))
두 번째 점 지정 또는 [종료(E)/명령취소(U)] <종료> : ↵

2.9.3 Rotate(회전)

선택한 객체(요소)를 지정한 각도만큼 회전시킨다.

[1] 지정각도 회전

① 명령(Command) : Ro ↵

② 툴바 메뉴 :

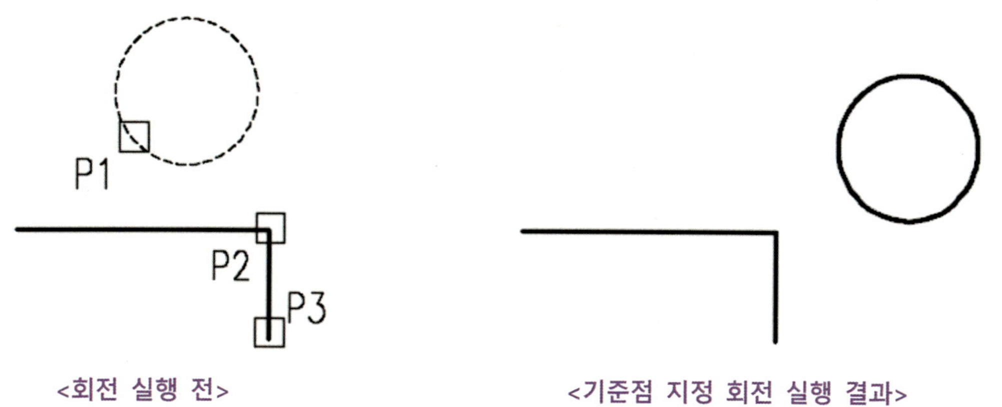

<회전 실행 전>　　　　　<기준점 지정 회전 실행 결과>

```
ROTATE
현재 UCS에서 양의 각도: 측정 방향=시계 반대 방향 기준 방향=0
객체 선택 : (P1 클릭) 1개 찾음
객체 선택 : ↵
기준점 지정 : (P2 클릭)
회전 각도 지정 또는 [복사(C)/참조(R)] <270> : (P3 클릭 혹은 각도 입력)
명령:
```

명령옵션	설 명
복사(C)	회전하는 위치에 복사한 객체를 생성한다.
참조(R)	기준방향을 0이 아닌 특정한 값을 입력하고 절대각도 위치로 회전시킨다.

[2] 참조 및 복사 회전

① 명령(Command) : Ro ↵

② 툴바 메뉴 :

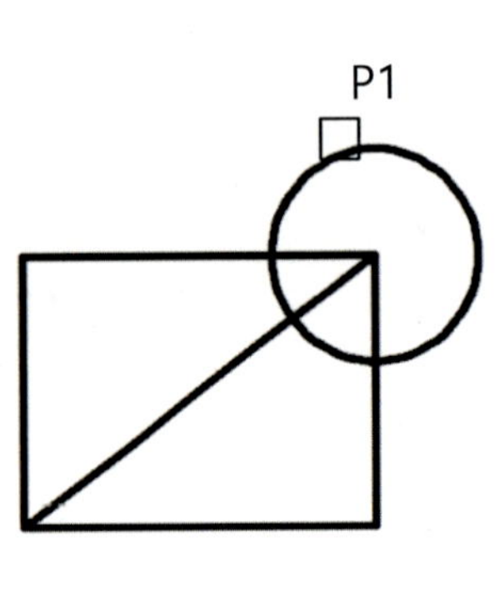

<회전 실행 전>

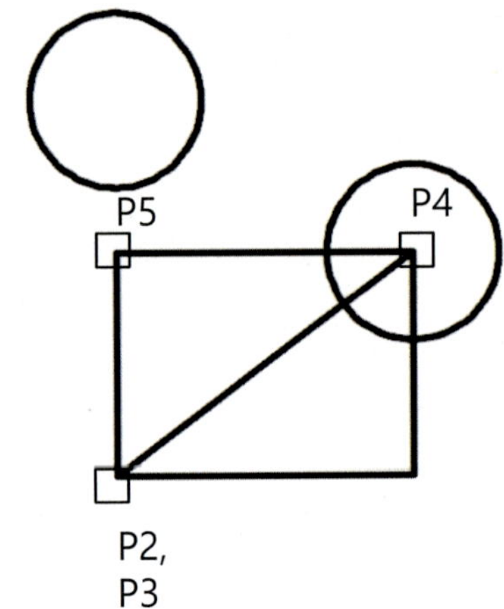

<복사/참조 옵션 회전 실행 결과>

객체 선택: *(P1 클릭)* 1개를 찾음
객체 선택: ↵ (선택 완료)
기준점 지정: *P2 클릭*
회전 각도 지정 또는 [복사(C)/참조(R)] <0>: c ↵ (복사 옵션 지정)
선택한 객체의 사본을 회전합니다.
회전 각도 지정 또는 [복사(C)/참조(R)] <0>: r ↵ (회전 각도의 참조 기능 사용)
참조 각도를 지정 <0>: *P3 클릭, P4 클릭* (대각선 P2-P4 각도 선택)
두 번째 점을 지정: *P5 클릭* (P2-P5 각도 선택)
새 각도 지정 또는 [점(P)] <0>: ↵ (명령 종료)

2.9.4 Mirror(대칭복사)

선택한 객체(요소)를 대칭이동 혹은 대칭 복사한다.

① 명령(Command) : Mi ↵

② 툴바 메뉴 : 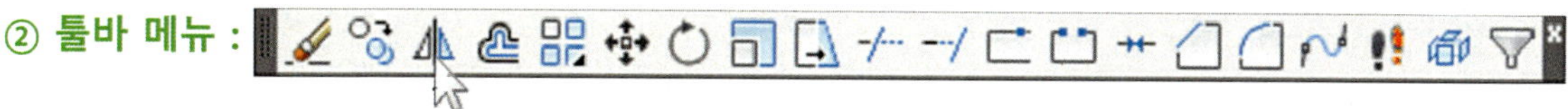

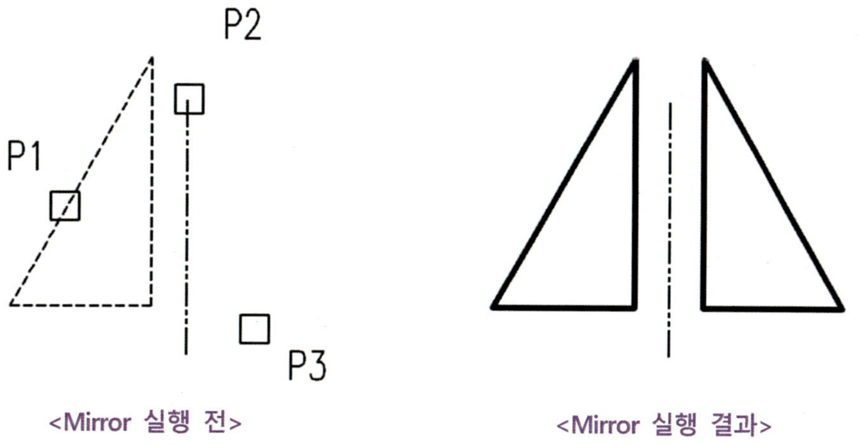

<Mirror 실행 전>

<Mirror 실행 결과>

MIRROR
객체 선택 : *(P1 클릭)* 1개를 찾음
객체 선택 : ↵ (선택 완료)
대칭선의 첫 번째 점 지정 : *P2 클릭* <OSNAP : 끝점(E)>
대칭선의 두 번째 점 지정 : *P3 클릭* <OSNAP : 끝점(E)>, <ORTHO=ON(F8)>
원본 객체를 지우시겠습니까? [예(Y)/아니오(N)] <N> : ↵ (Y : 원본객체 삭제)
명령:

2.9.5 Array(배열복사)

선택한 객체(요소)를 직사각형 배열 또는 원형 배열한다.

[1] 직사각형 배열

① 명령(Command) : Ar ↵

② 툴바 메뉴 :

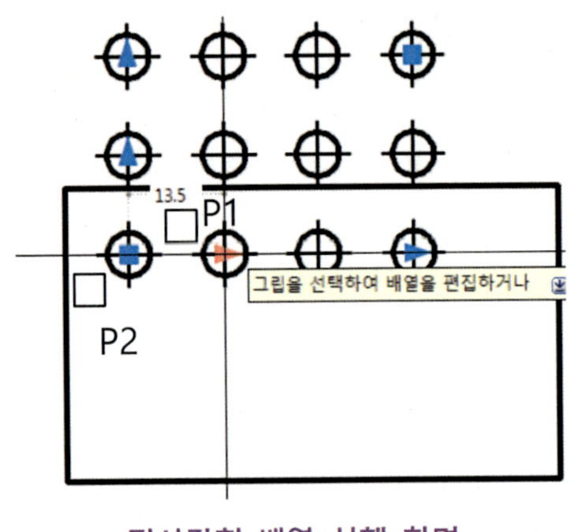

<직사각형 배열 실행 화면>

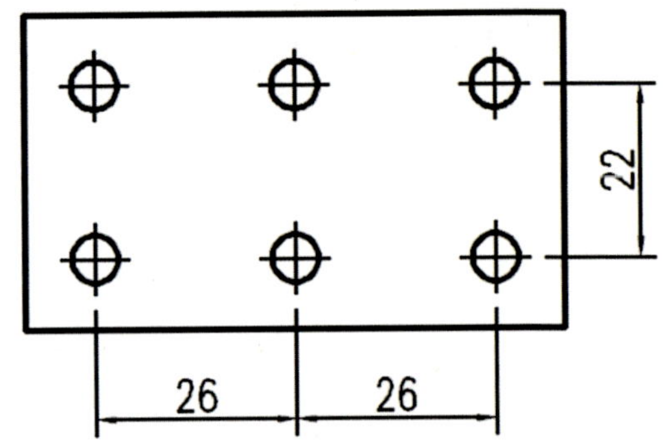

<직사각형 배열 실행 결과>

객체 선택 : *P1 클릭 → P2 클릭* ↵
배열 유형 입력 [직사각형(R)/경로(PA)/원형(PO)] <직사각형> : R ↵
그립을 선택하여 배열을 편집하거나 [연관(AS)/기준점(B)/개수(COU)/간격두기(S)/열(COL)/행(R)/레벨(L)/종료(X)] <종료> : COU ↵
열 수 입력 또는 [표현식(E)] <4> : 3 ↵
행 수 입력 또는 [표현식(E)] <3> : 2 ↵
그립을 선택하여 배열을 편집하거나 [연관(AS)/기준점(B)/개수(COU)/간격두기(S)/열(COL)/행(R)/레벨(L)/종료(X)] <종료> : S ↵
열 사이의 거리 지정 또는 [단위 셀(U)] <18> : 26 ↵
행 사이의 거리 지정 <18> : -22 ↵
그립을 선택하여 배열을 편집하거나 [연관(AS)/기준점(B)/개수(COU)/간격두기(S)/열(COL)/행(R)/레벨(L)/종료(X)] <종료> : ↵

[2] 원형 배열

① 명령(Command) : Ar ↵

② 툴바 메뉴 :

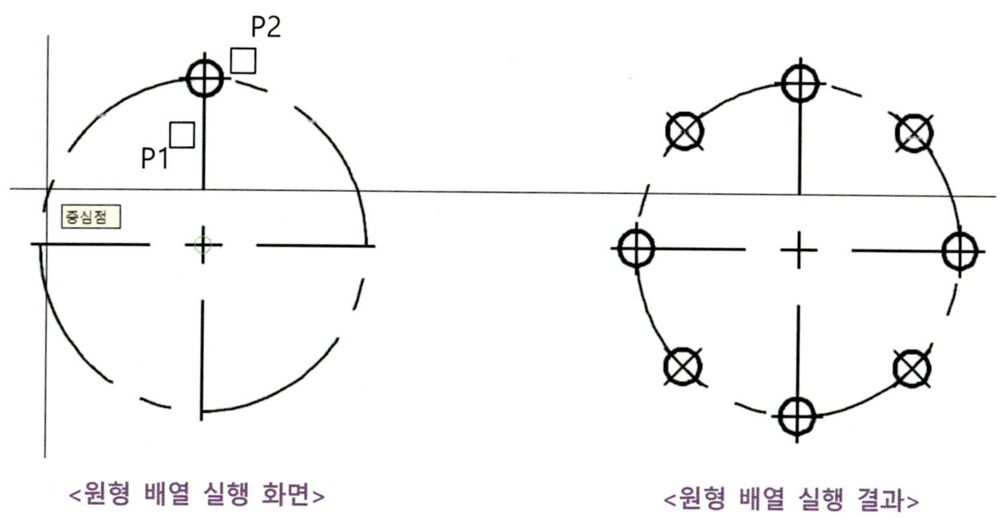

<원형 배열 실행 화면> <원형 배열 실행 결과>

명령: _arraypolar
객체 선택: *P1 클릭 → P2 클릭* 반대 구석 지정: 3개를 찾음
객체 선택:
유형 = 원형 연관 = 아니오
배열의 중심점 지정 또는 [기준점(B)/회전축(A)]:
그립을 선택하여 배열을 편집하거나 [연관(AS)/기준점(B)/항목(I)/사이의 각도(A)/채울 각도(F)/행(ROW)/레벨(L)/항목 회전(ROT)/종료(X)]<종료>: i
배열의 항목 수 입력 또는 [표현식(E)] <6>: 8
그립을 선택하여 배열을 편집하거나 [연관(AS)/기준점(B)/항목(I)/사이의 각도(A)/채울 각도(F)/행(ROW)/레벨(L)/항목 회전(ROT)/종료(X)]<종료>:

[3] Arrayclassic

구 버전의 배열 명령으로써 대화상자를 보며 조건을 지정할 수 있다.

① 명령(Command) : Arrayclassic ↵

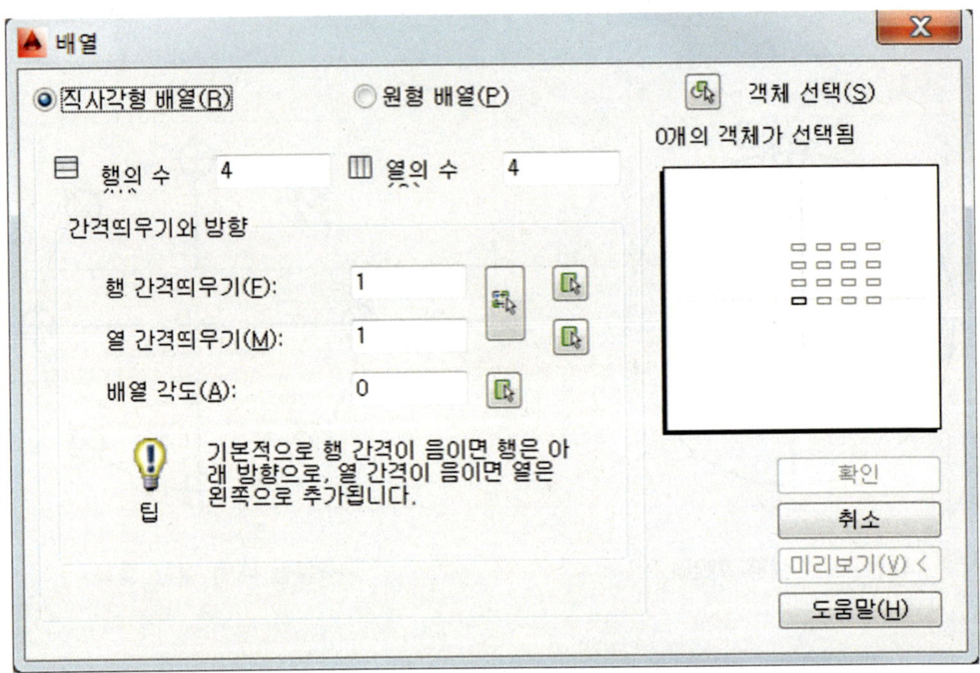

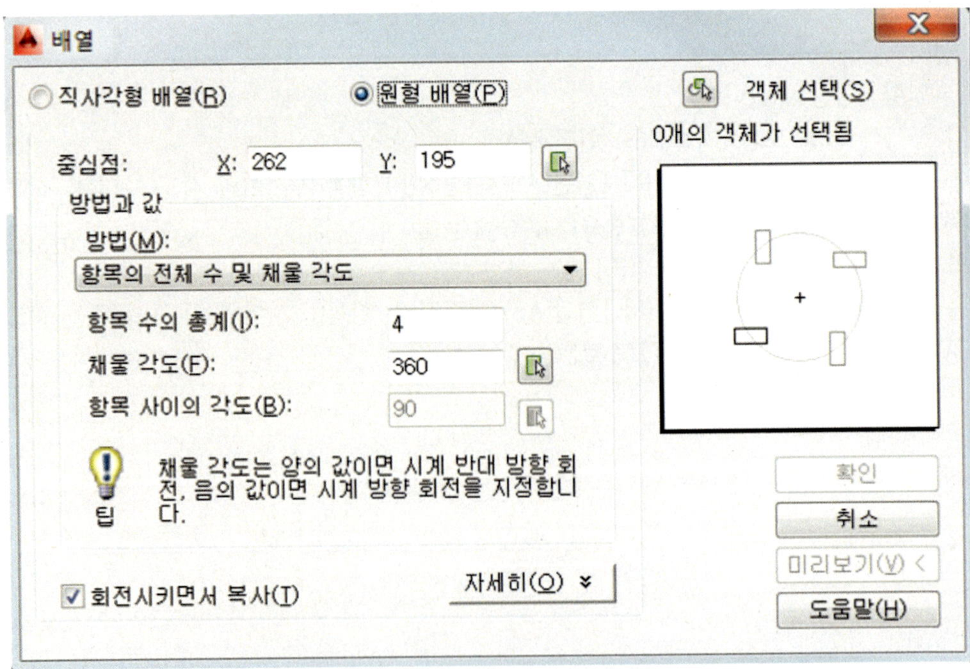

2.9.6 HATCH(해치)

닫힌 영역이나 선택한 객체를 해치 패턴, 솔리드 채우기 또는 그라데이션으로 채웁니다.

① 명령(Command) : BH ↵

② 툴바 메뉴 :

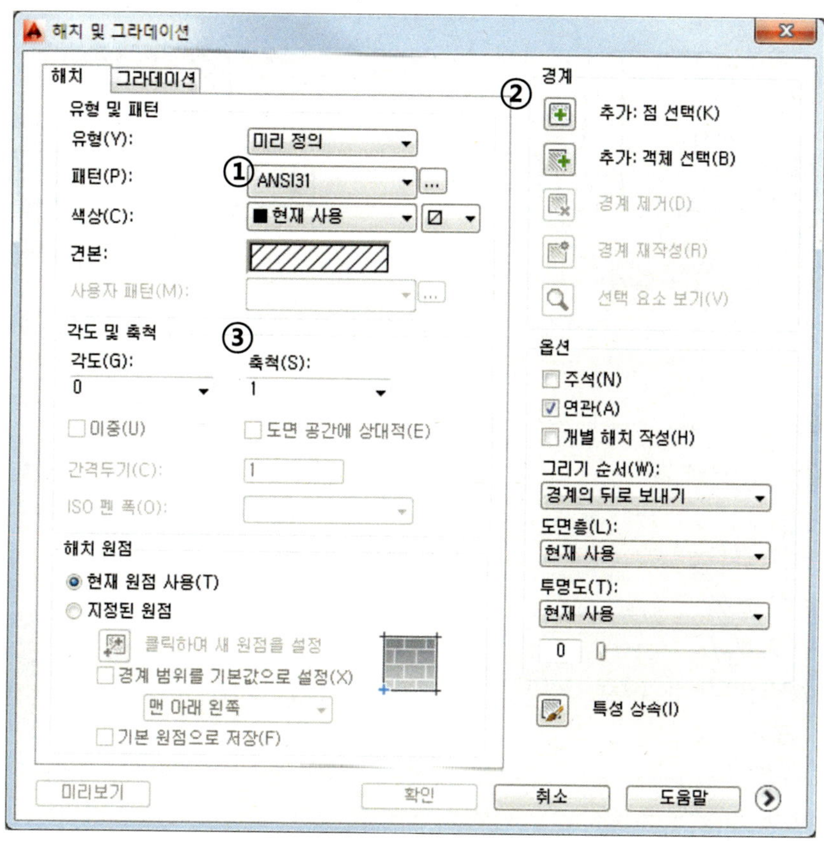

※ 기계제도에서 해치 패턴은 가장 단순한 ANSI31을 사용하도록 한다

※ 해치 경계 선택은 '점 선택' 옵션이 편리하고 보다 정확하게 실행된다.

※ 해치는 도형보다 두드러지지 않도록 하기 위해 패턴의 선 간격을 너무 촘촘하지 않게 축척을 설정한다.

※ 해치선은 가는선(초록색)이므로 도형의 외형선과 다른 색깔로 선 색상을 바꿔줘야 한다. 명령입력 없이 해치 클릭(선택) → 도면층(Layer) 창에서 색상 변경

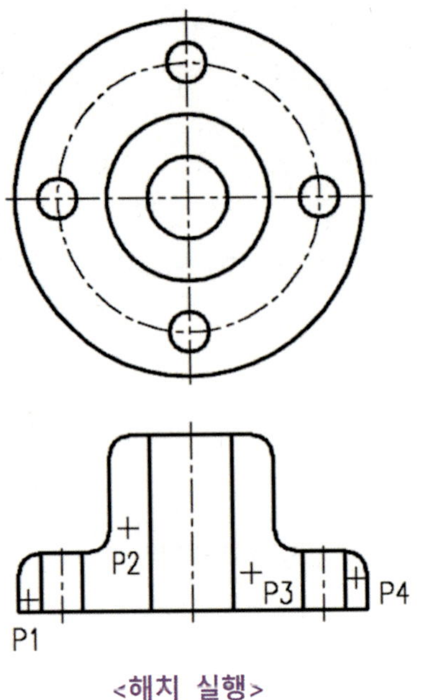

<해치 실행>

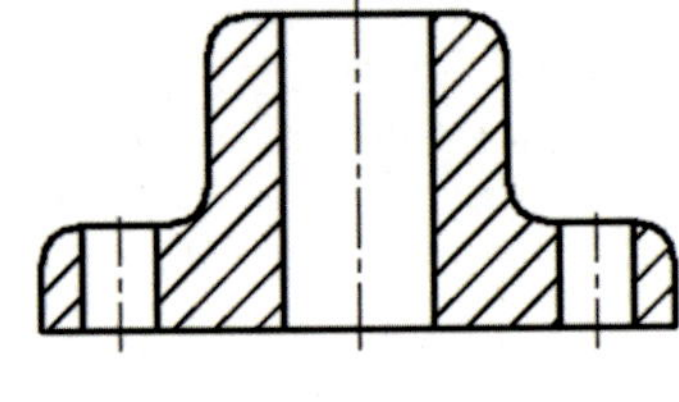

<해치 실행 결과>

HATCH
내부 점 선택 또는 [객체 선택(S)/경계 제거(B)]: 모든 것 선택... *(P1 클릭)*
가시적인 모든 것 선택 중...
선택된 데이터 분석 중...
내부 고립영역 분석 중...
. *(P2 클릭)*
. *(P3 클릭)*
. *(P4 클릭)*, ↵ (혹은 오른쪽 버튼 클릭)
(대화상자로 복귀)
'미리보기' 버튼 클릭 (해치 상태 미리 확인)
선택하거나 Esc 키를 눌러 대화상자로 복귀 또는 <오른쪽 클릭하여 해치 승인> :
'확인' 버튼 클릭 (완료)

2.9 연습 문제 1

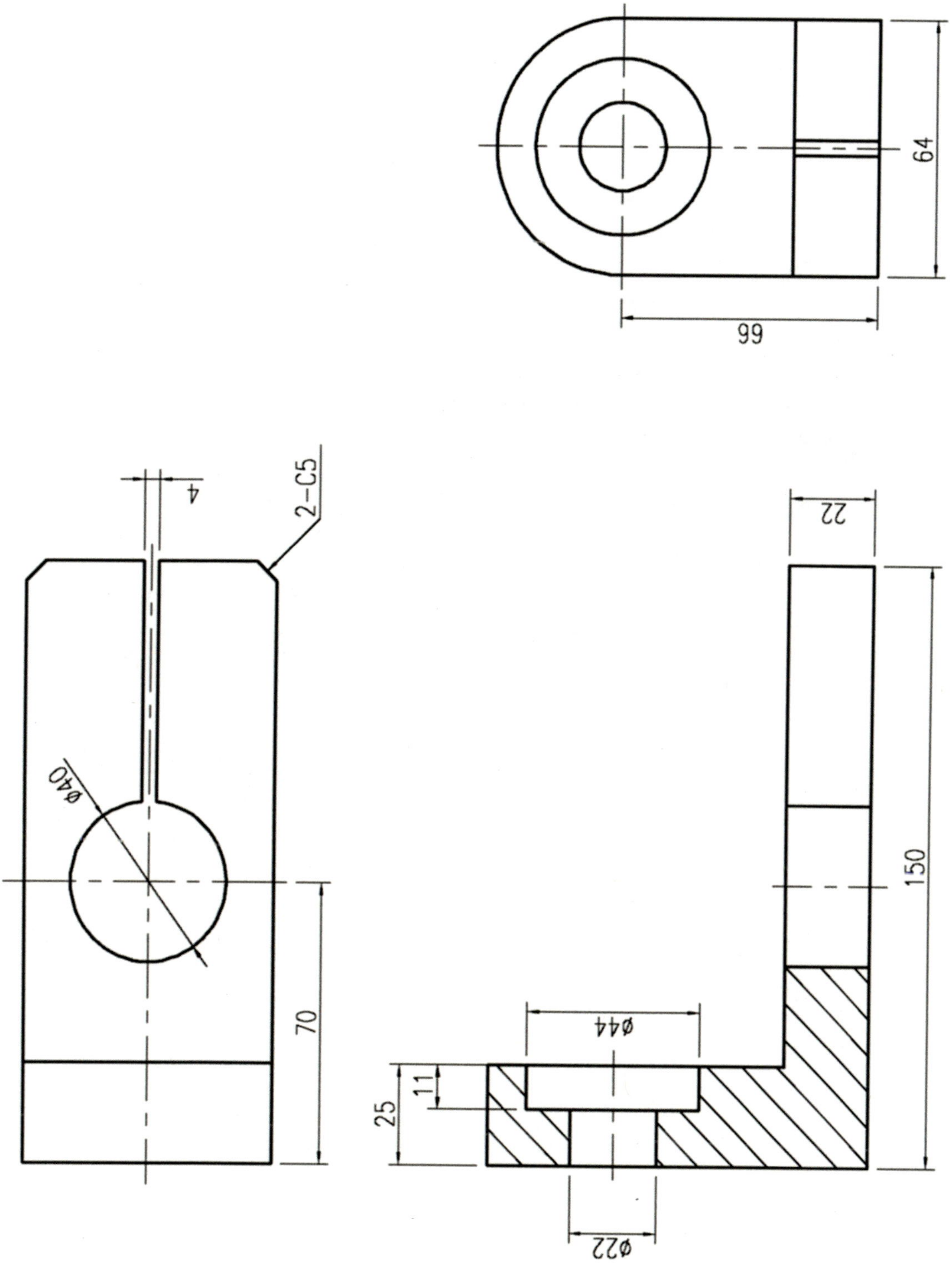

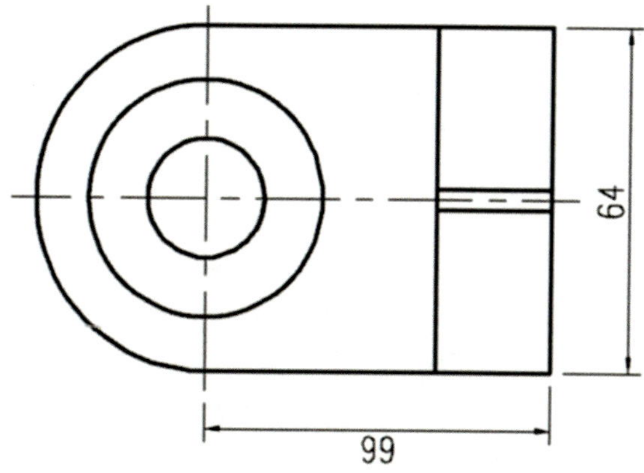

2.9 연습 문제 2

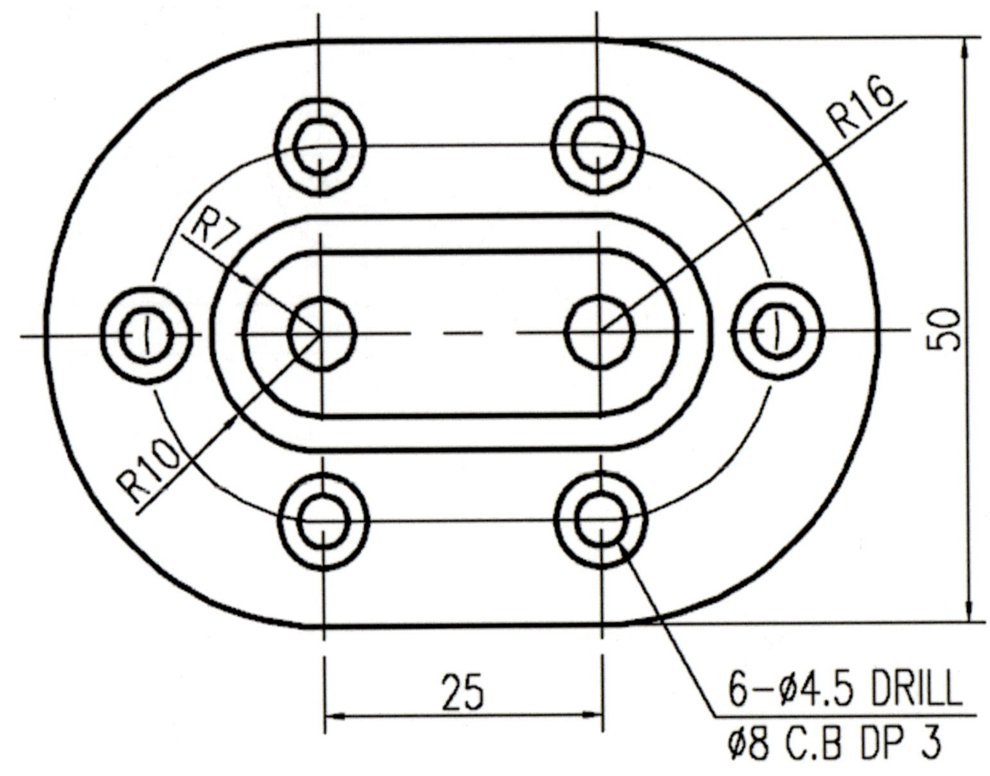

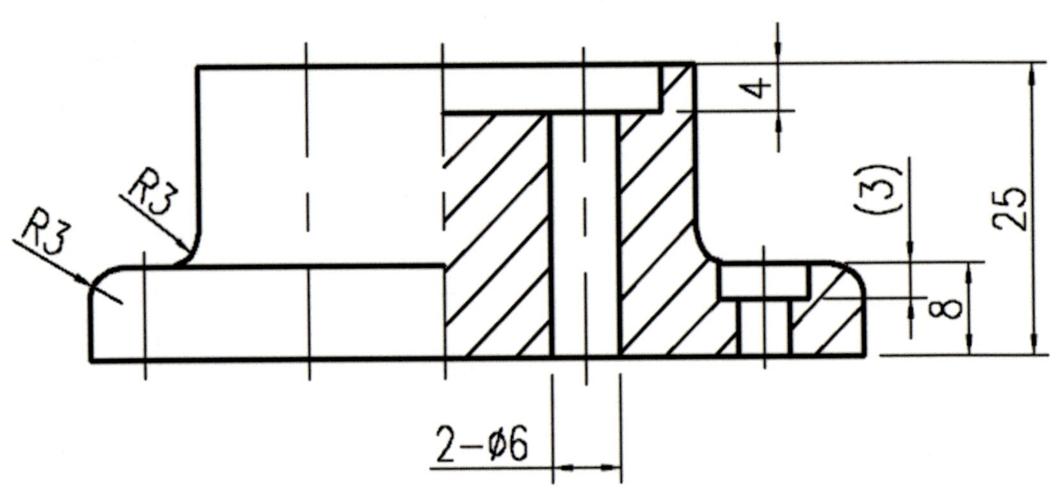

2.9 연습 문제 3

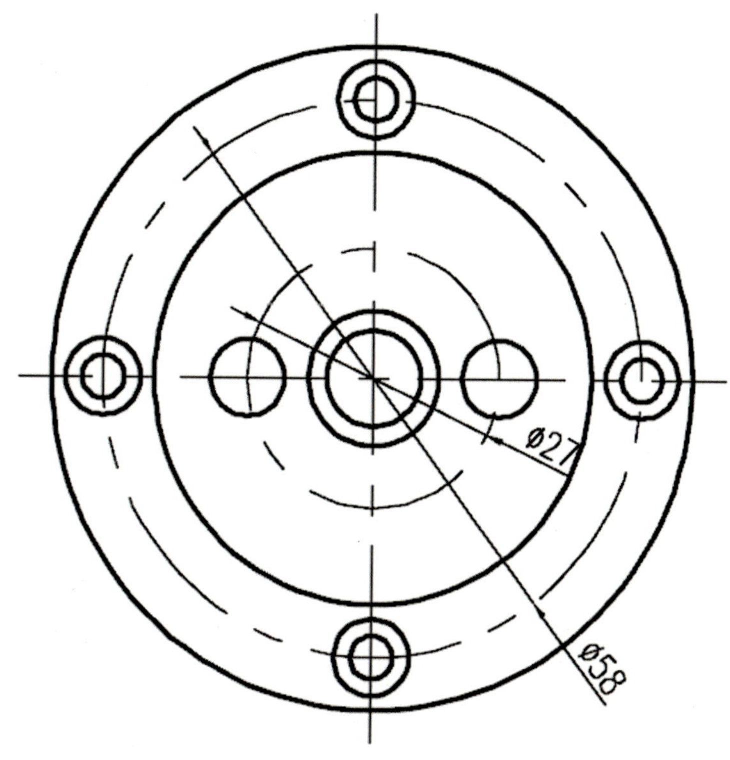

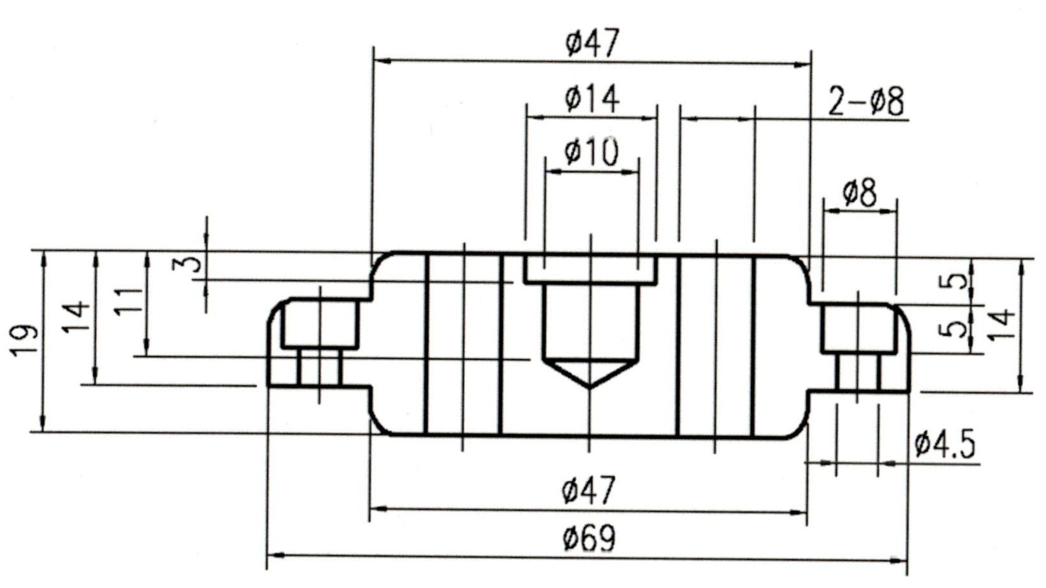

2.10 Scale, Stretch, Break, Join

2.10.1 SCALE(축척)

선택한 객체(요소)의 크기를 키우거나 줄인다.

[1] 일반적인 SCALE

① 명령(Command) : SC ↵

② 툴바 메뉴 :

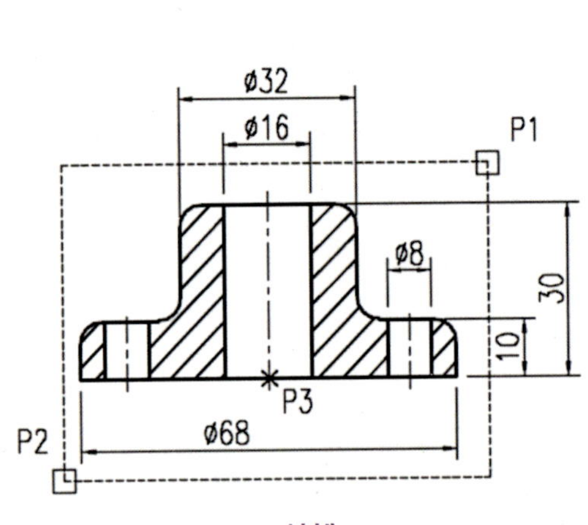

<Scale 실행>

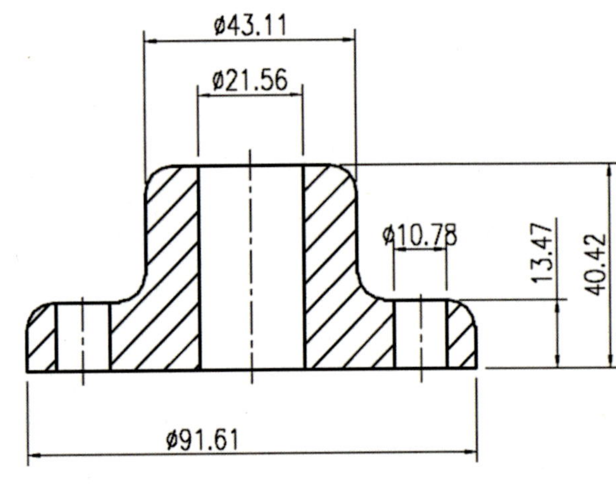

<임의 비율 Scale 실행 결과>

> 객체 선택 : 반대 구석 지정 : *P1 클릭* → *P2 클릭* (Crossing Box)
> 객체 선택 : ↵
> 기준점 지정 : *P3 클릭* <OSNAP : 교차점(I)>
> **축척 비율** 지정 또는 [복사 (C)/참조(R)] : *(화면상에 미리보기로 임의크기 위치에 클릭)*

※ Scale 실행 결과 도형의 크기만 커진 것이 아니라 해치의 축척 등 객체의 특성 중 바뀐 것과 치수 문자 높이 등 바뀌지 않은 것이 있다.

[2] 참조(R) SCALE

아래 도면에서 임의의 크기인 우측 그림의 크기를 좌측 그림과 동일하게 변경한다.

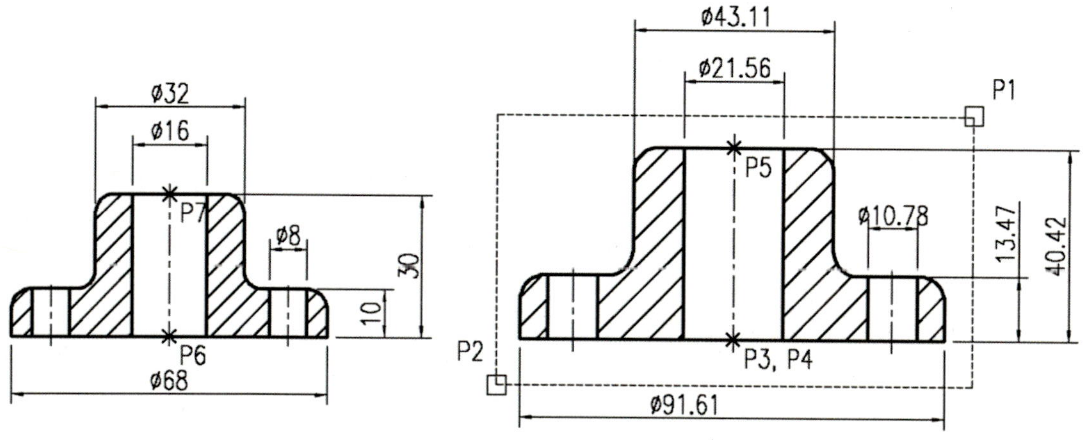

<Scale 참조 옵션 실행>

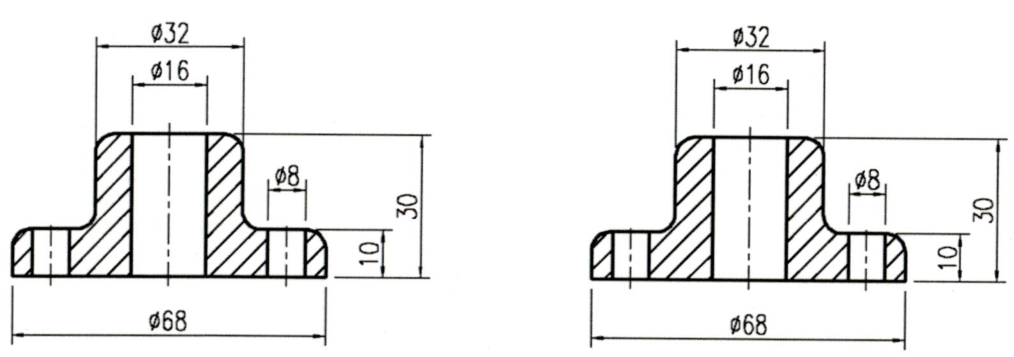

<Scale 참조 옵션 실행 결과>

SCALE

객체 선택: *(P1 클릭)* 반대 구석 지정: *(P2 클릭)* 30개를 찾음

객체 선택: *(↵)*

기준점 지정: *(P3 클릭)* <OSNAP : 교차점(I)>

축척 비율 지정 또는 [복사(C)/참조(R)]: *(r ↵)*

참조 길이 지정 <30.0000>: *(P4=P3 클릭)* 두 번째 점을 지정:*(P5 클릭)*

새 길이 지정 또는 [점(P)] <1.0000>: *(p ↵)*

첫 번째 점 지정: *(P6 클릭)* 두 번째 점을 지정: *(P7 클릭)*

2.10.2 STRETCH(신축)

객체들을 Crossing(걸치기)으로 선택해 원하는 크기만큼 신축한다.

[1] 임의 Stretch<ORTHO(직교) : ON(F8)>

Stretch하고자 선택한 객체들은 반드시 Crossing(걸치기) Box에 걸쳐 있어야 한다.

객체를 Window Box로 선택하거나 직접 클릭해서 선택하면 신축이 아닌 '이동'의 결과가 나타난다.

① 명령(Command) : S ↵

② 툴바 메뉴 :

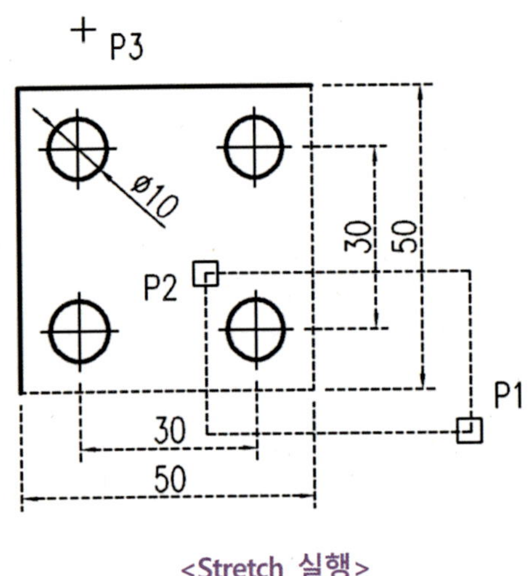

<Stretch 실행>

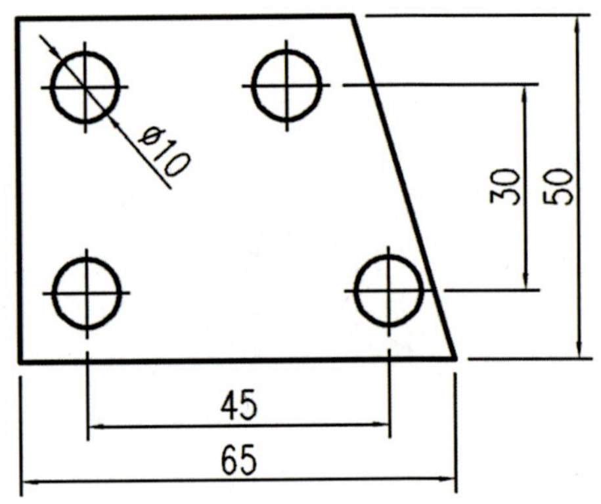

<Stretch 실행 결과>

STRETCH
객체 선택 : 반대 구석 지정 : *(P1 , P2 클릭)*
객체 선택 : ↵
기준점 지정 또는 [변위(D)] <변위> : *(P3 클릭)* (화면상 임의의 점)
두 번째 점 지정 또는 <첫 번째 점을 변위로 사용> : *(십자선을 우측으로 충분히 이동한 상태에서 15↵)* (직교 모드 on)

[2] 숨은 기능 _ Stretch

1) 명령입력 없이 객체를 선택한다.

2) 우측 하단의 선택점(Snap점)을 클릭한다. <직교 on 상태>

3) 십자선을 Stretch 할 방향으로 충분히 이동한다.

4) 키보드의 "tab" 버튼을 누르면 입력창에 들어갈 값을 선택할 수 있으며 x방향 증가분을 선택하여 20을 입력한다.

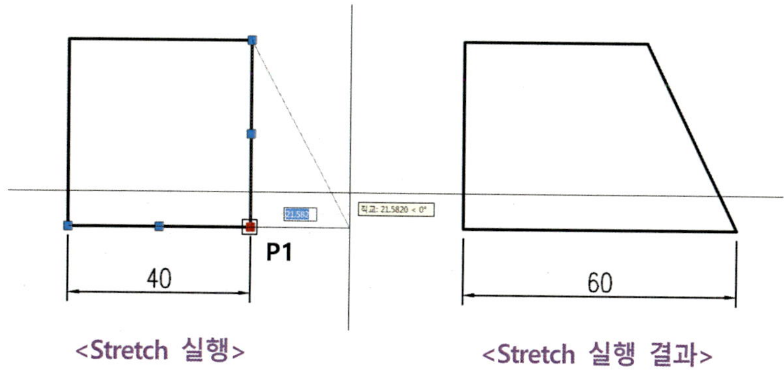

<Stretch 실행> <Stretch 실행 결과>

** 신축 **

신축점 지정 또는 [기준점(B)복사(C)/명령 취소(U)/종료(X)] : *(20 ↵)*

※ 명령 없이 객체를 신축/축척/이동하기

명령이 실행되지 않은 상태에서 객체를 선택하면 끝점, 중심점, 사분점 등 객체에 Snap점이 표시된다. 이 때 중간점, 중심점 등을 클릭하여 끌면 이동명령이 수행되며, 끝점이나 사분점 등을 클릭해 끌면 신축 명령이 실행된다.

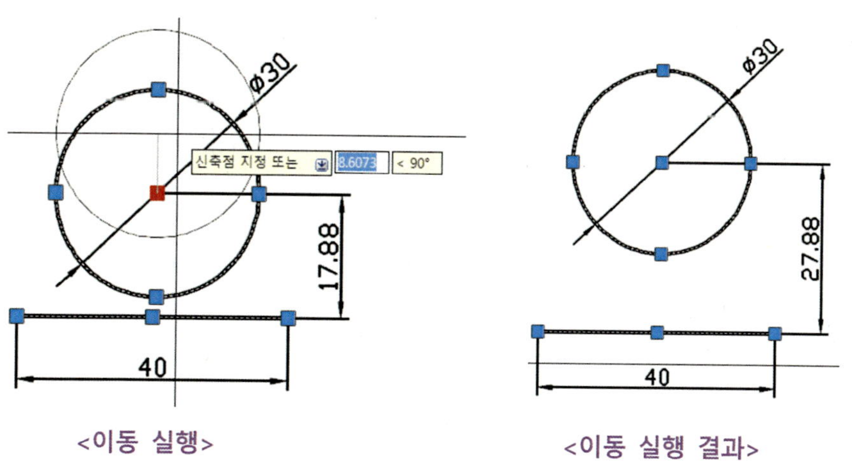

<이동 실행> <이동 실행 결과>

** 신축 **

신축점 지정 또는 [기준점(B)/복사(C)/명령 취소(U)/종료(X)]: *(10 ↵)*

2.10.3 BREAK(끊기)

선택한 객체에서 지정한 두 점 사이를 끊어 없앤다.

선, 호, 원, 폴리선, 타원, 스플라인, 도넛 및 기타 여러 객체 유형을 두 개의 객체로 분할하거나 한쪽 끝을 제거할 수 있다.

[1] 두 점 사이 끊기

객체의 첫 번째 지점 클릭 → 두 번째 점에서 클릭

① 명령(Command) : BR ↵

② 툴바 메뉴 :

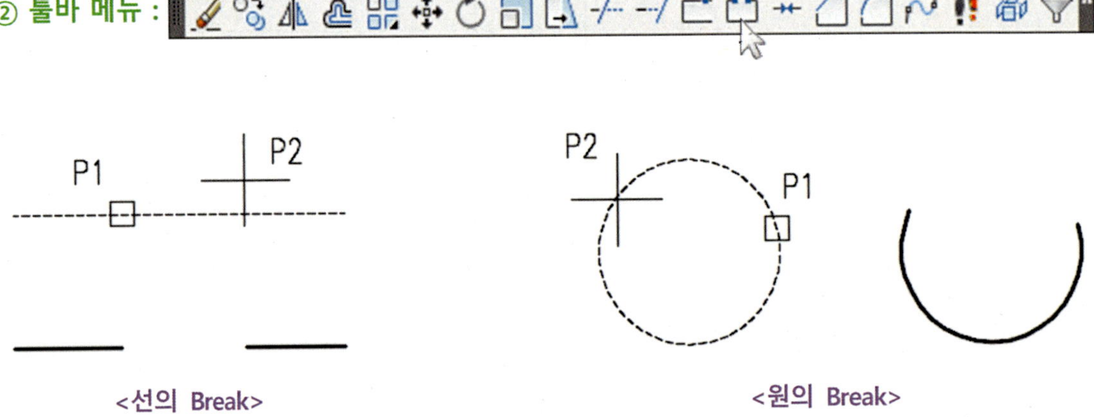

<선의 Break> <원의 Break>

> BREAK 객체 선택 : *P1 클릭*(끊을 임의의 첫 번째 지점)
> **두 번째 끊기점**을 지정 또는 [첫 번째 점(F)] : *P2 클릭* (OSNAP : off)

※ Break 명령 시 OSNAP
두 번째 끊기점 지정할 때 OSNAP이 on 상태인 경우 의도치 않은 엉뚱한 점이 선택될 수 있으므로 OSNAP off하거나 OSNAP 버튼을 지정하여 점을 선택한다.

※ 원의 Break 명령
원의 경우 첫 번째 점에서 두 번째 점으로 시계 반대 방향으로 시작하여 원의 일부를 제거하는 방법으로 원을 호로 변환한다.

[2] 한 점 끊기

객체의 첫 번째 지점 클릭 → 두 번째 지점에서 끊기

① 명령(Command) : BR ↵

② 툴바 메뉴 : 

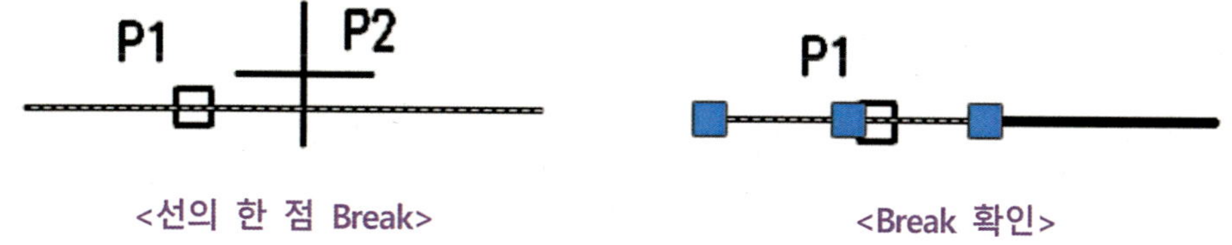

<선의 한 점 Break>　　　<Break 확인>

명령 : _break
객체 선택 : *P1 클릭*
두 번째 끊기점 지정 또는 [첫 번째 점(F)] : _f
첫 번째 끊기점 지정 : *(P2 클릭)* <필요 시 특정 OSNAP 점 지정>
두 번째 끊기점 지정 : @

명령 :

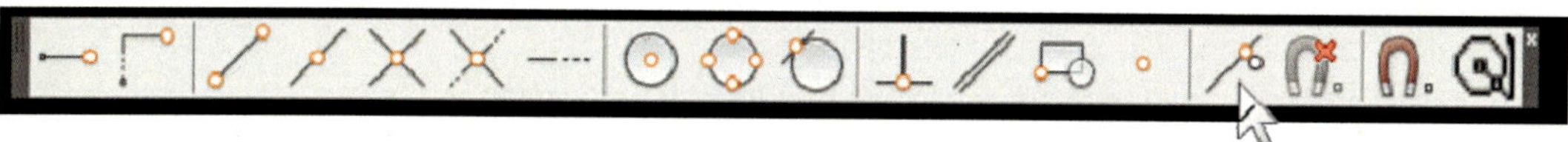

<OSNAP 버튼>

2.10.4 Join(결합)

일련의 유한 선형 및 열린 곡선 객체를 공통 끝점에서 결합하여 단일객체로 작성한다.

① 명령(Command) : Join ↵

② 툴바 메뉴 :

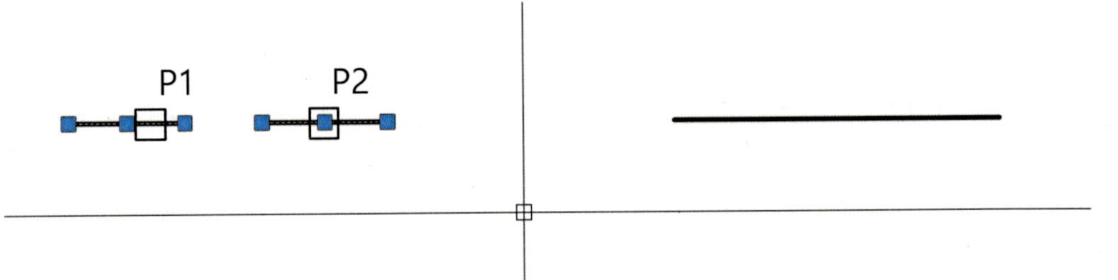

명령: _join
한 번에 결합할 원본 객체 또는 여러 객체 선택: *P1 클릭*(첫 번째 객체 선택) 1개를 찾음
결합할 객체 선택: *P2클릭*(두 번째 객체 선택) 1개를 찾음, 총 2개
결합할 객체 선택:
2개 선이 1개 선으로 결합되었습니다.

※ 결합할 원본 객체 :선, 폴리선, 3D 폴리선, 호, 타원 호, 나선 또는 스플라인 이 가능하며 각 객체별로 제약 조건이 있다.

- **선** : 동일선상에 있는 선
- **폴리선** : 모든 객체는 연속해야 하며 동일평면상에 있어야 한다.
- **호** : 반지름과 중심점이 같은 호. 원본 호부터 시작하여 시계 반대 방향으로 결합된다.
- **스플라인** : 모든 객체는 연속해야 하지만 동일평면상에 있지 않아도 된다.

2.10 연습 문제 1

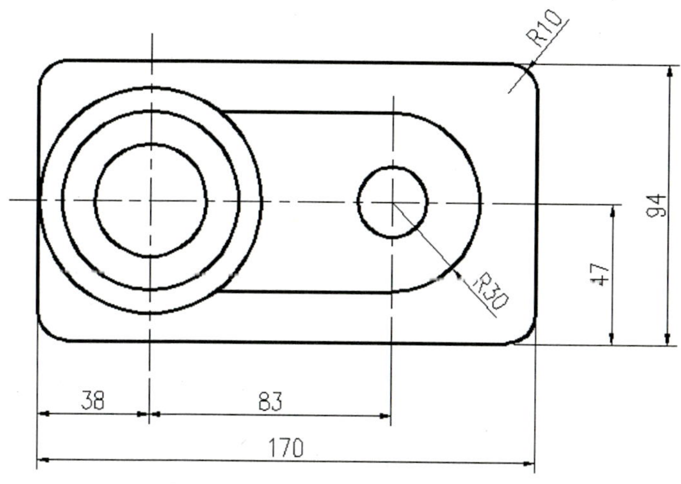

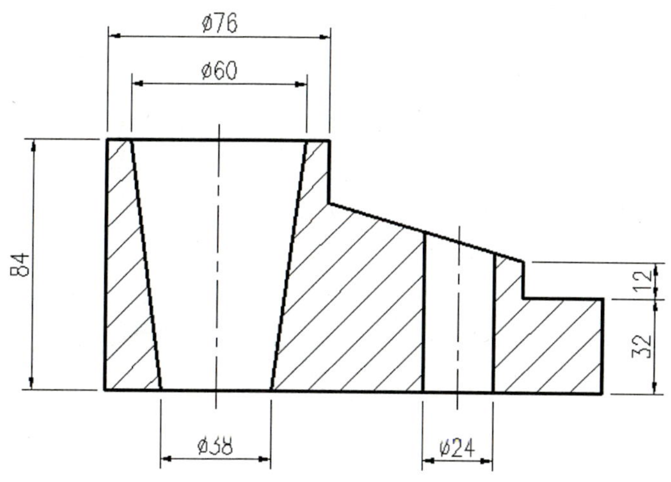

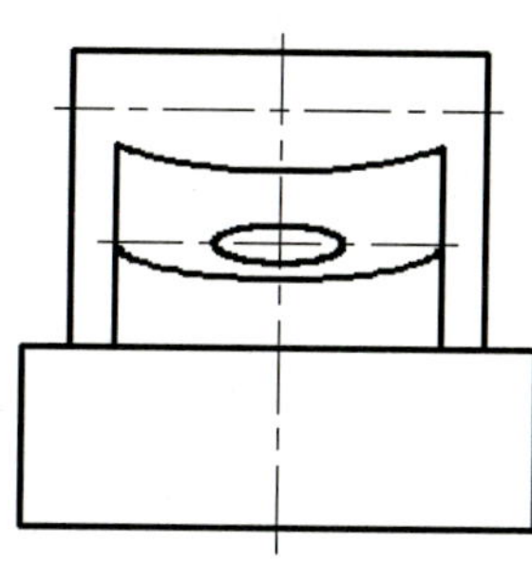

2.10 연습 문제 2

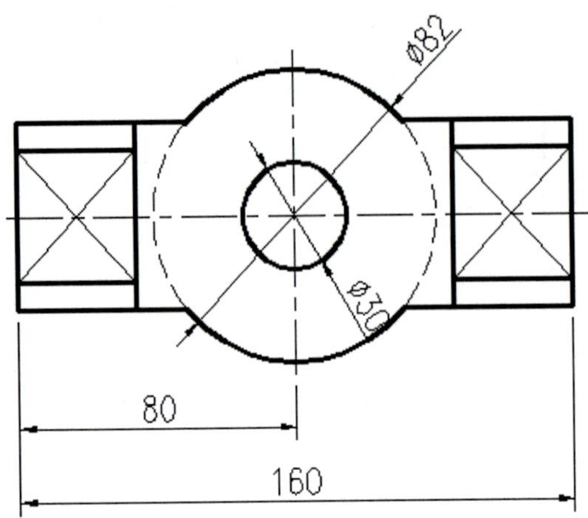

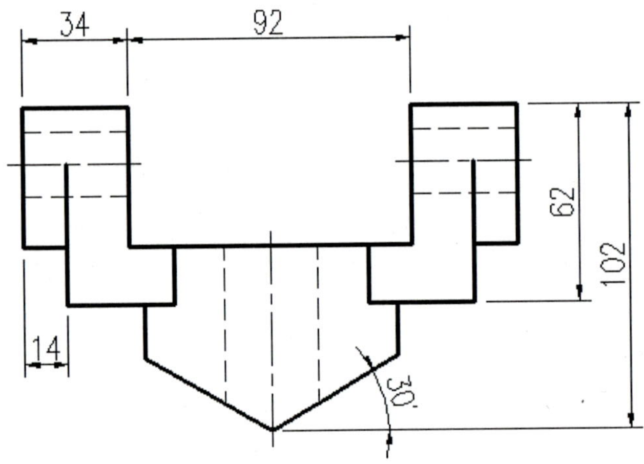

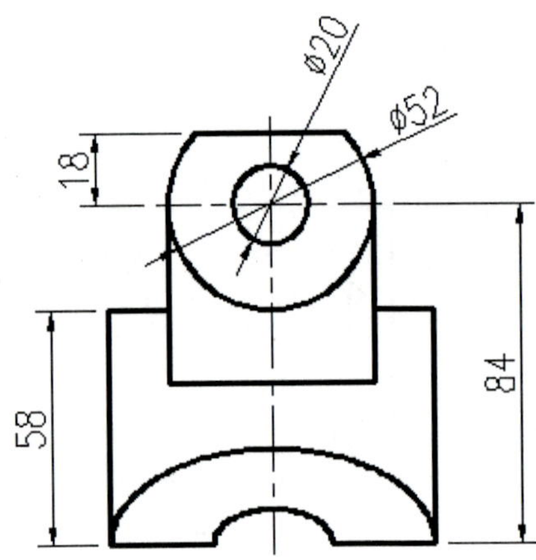

2.10 연습 문제 3

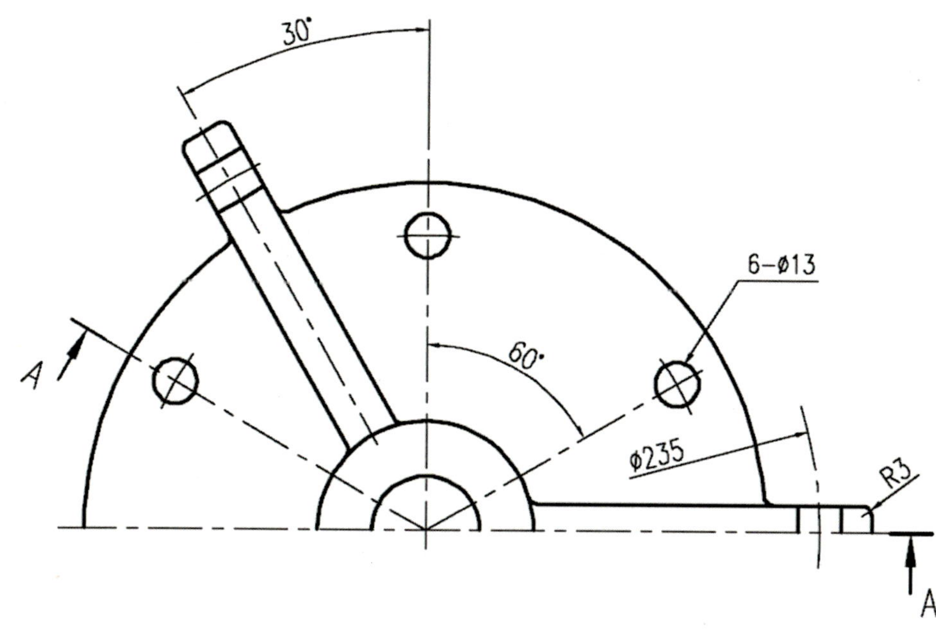

30°
6-Ø13
A
60°
Ø235
R3
A

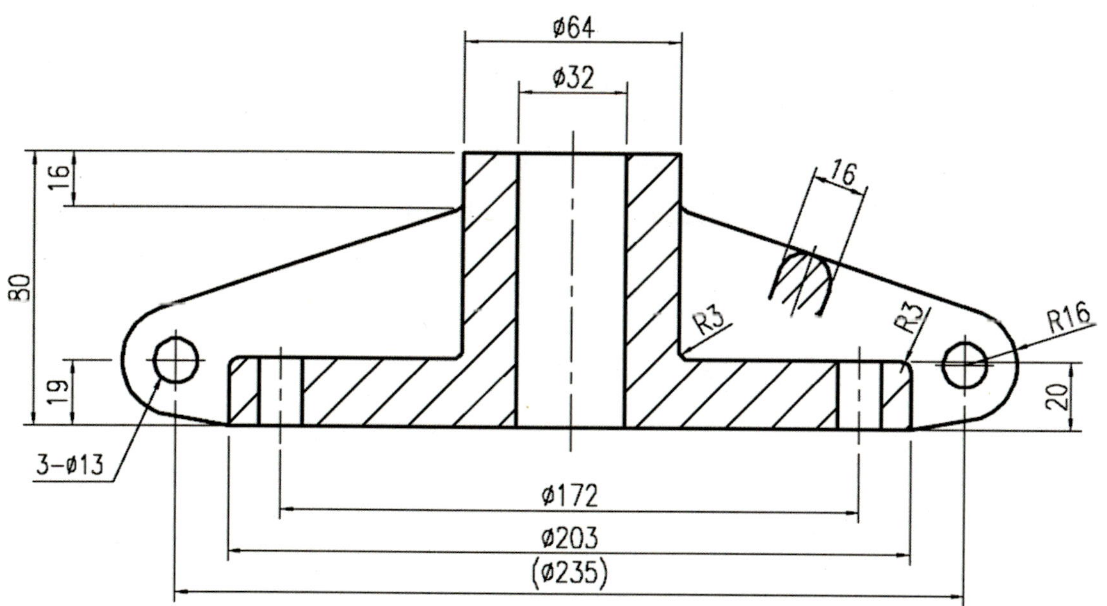

Ø64
Ø32
16
16
80
R3
R3
R16
19
20
3-Ø13
Ø172
Ø203
(Ø235)

2.10 연습 문제 4

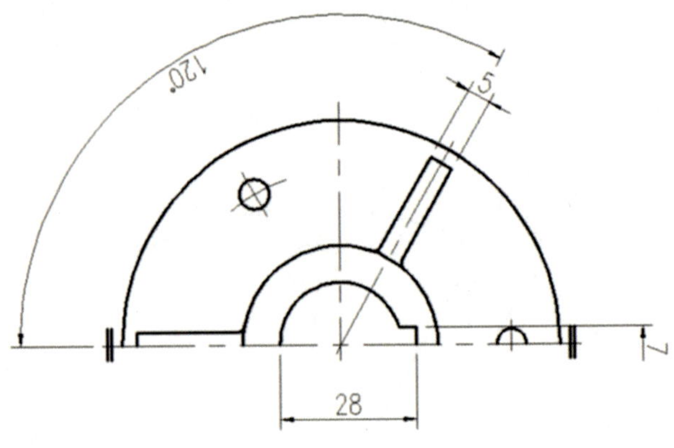

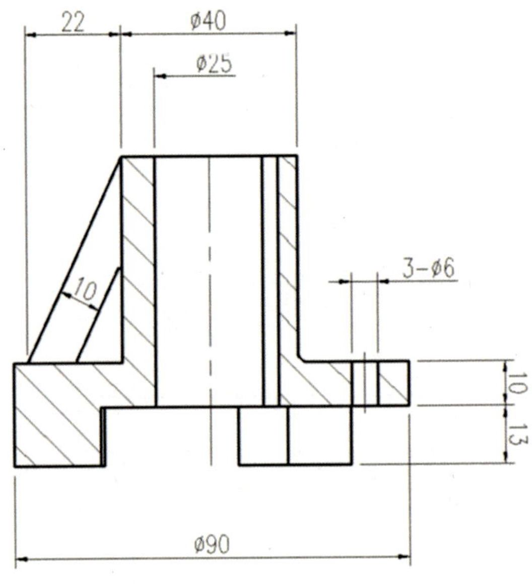

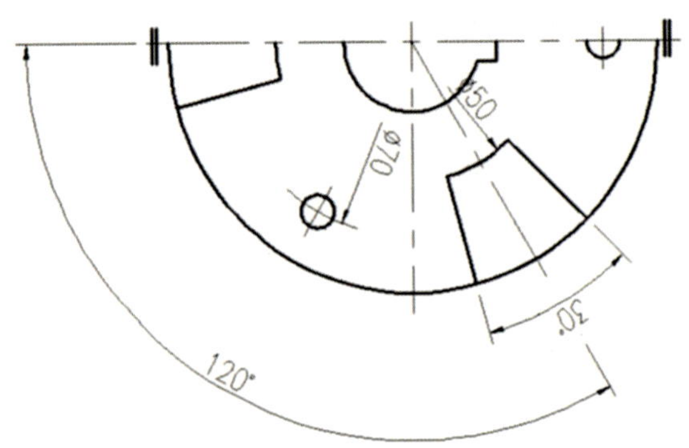

2.10 연습 문제 5

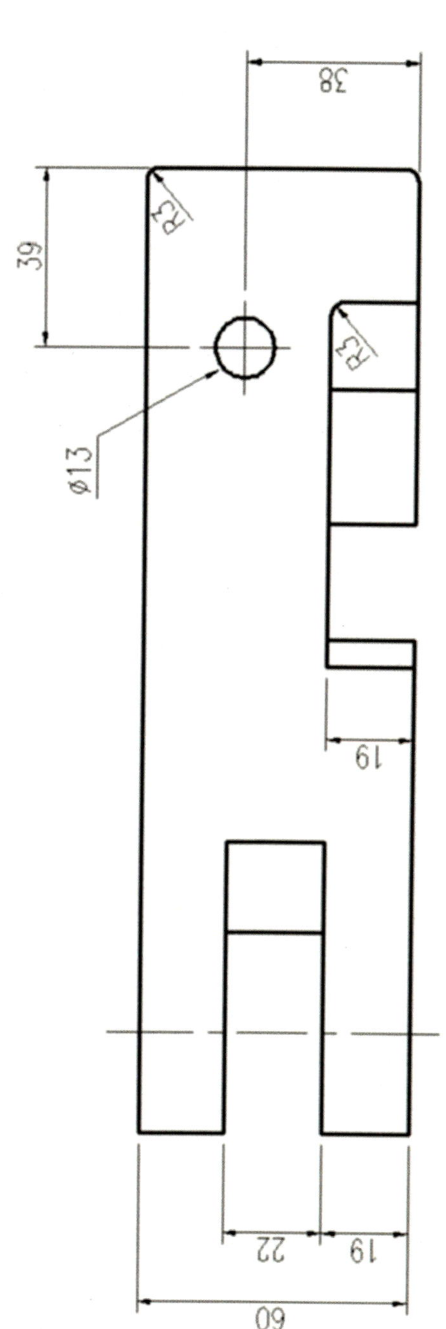

38
39
R3
R3
Ø13
19
22
19
60

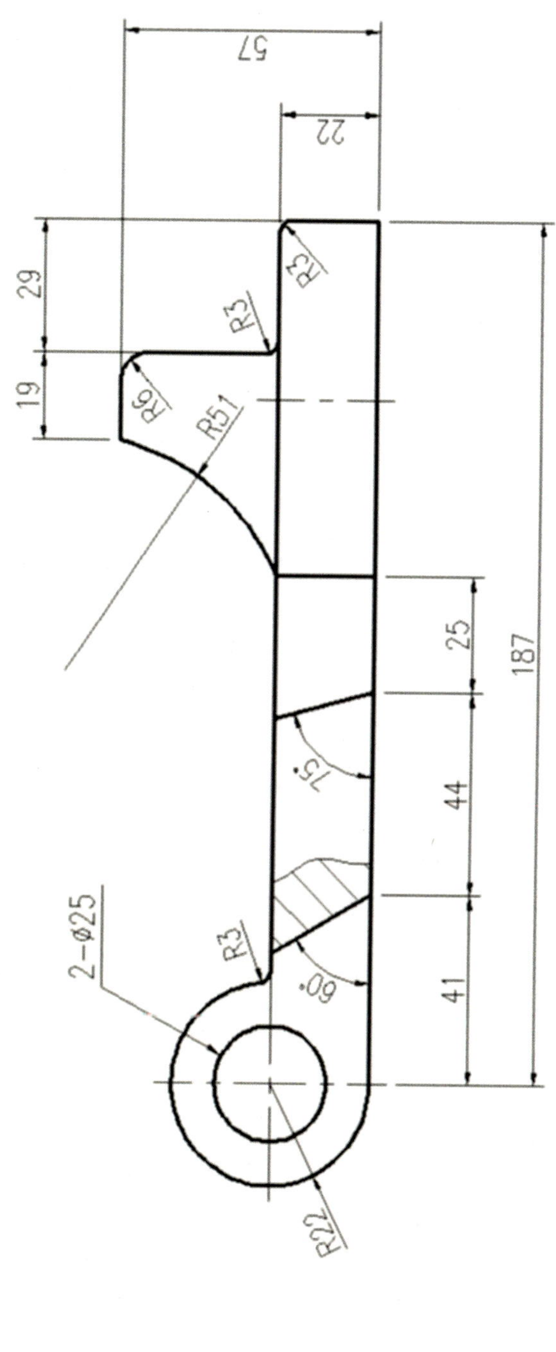

57
22
29
19
R3
R3
R6
R51
25
187
75°
44
2-Ø25
R3
41
60°
R22

2.10 연습 문제 6

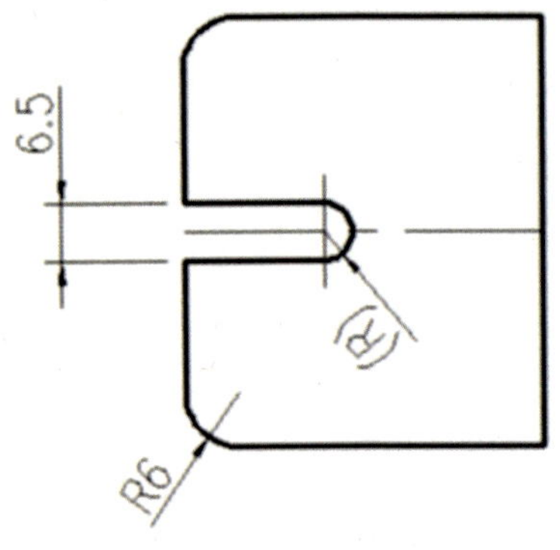

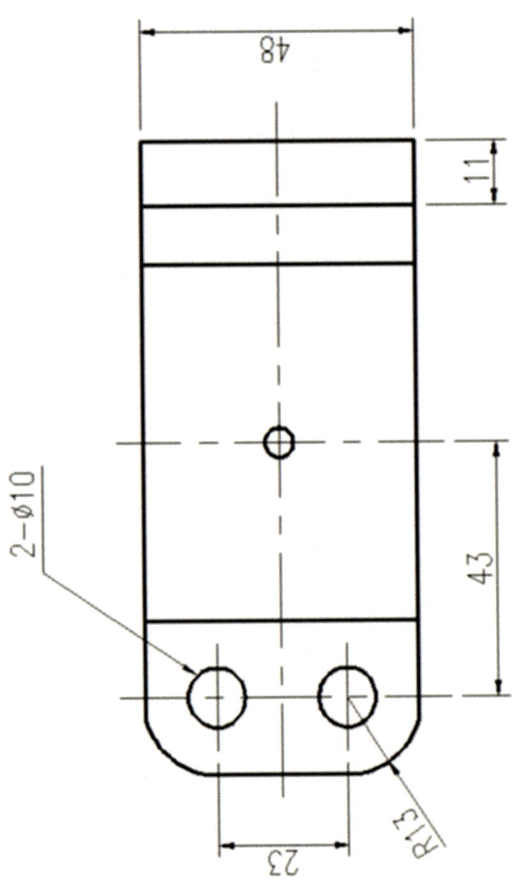

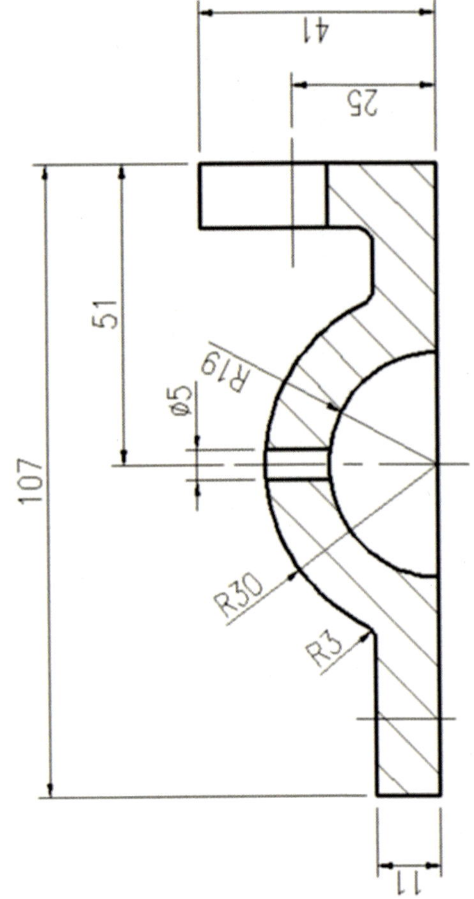

2.11 Ellipse, Polygon, Polyline, Explode, Spline

2.11.1 ELLIPSE(타원) 그리기

타원을 그린다.

① 명령(Command) : EL ↵

② 툴바 메뉴 :

[1] 세 점에 의한 타원 그리기

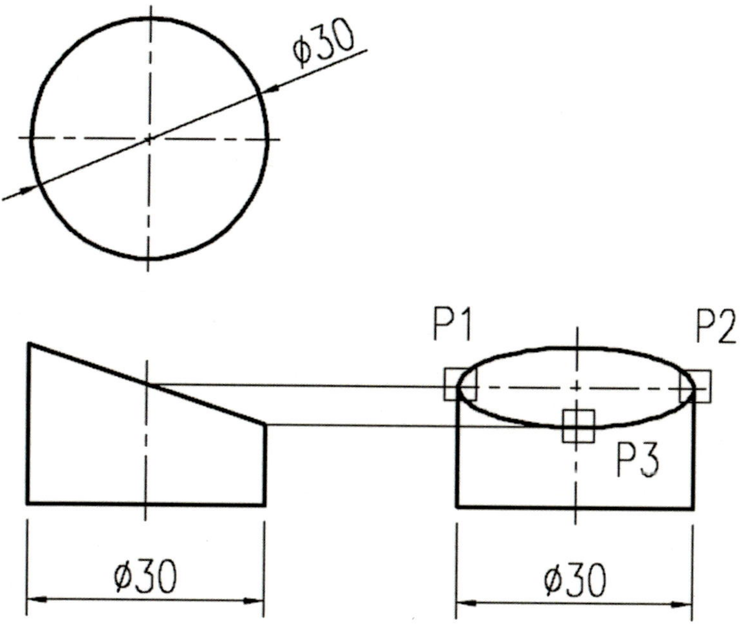

타원의 축 끝점 지정 또는 [호(A)/중심(C)] : *P1 클릭*
축의 다른 끝점 지정 : *P2 클릭*
다른 축으로 거리를 지정 또는 [회전 (R)] : *P3 클릭*

2.11.2 POLYGON(다각형) 그리기

다각형을 그린다.

[1] 원에 접하는 다각형

① 명령(Command) : POL ↵

② 툴바 메뉴 :

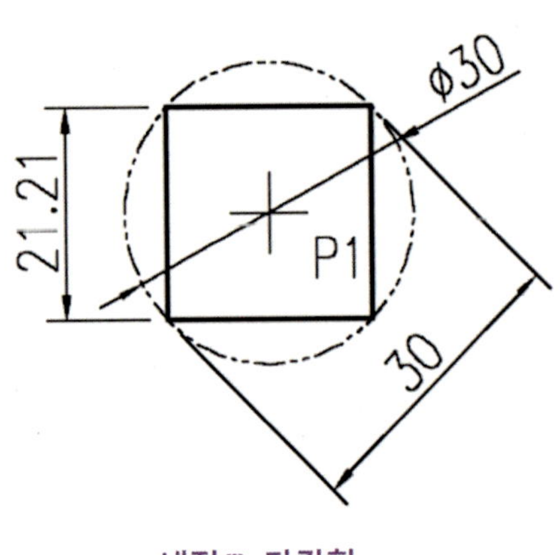

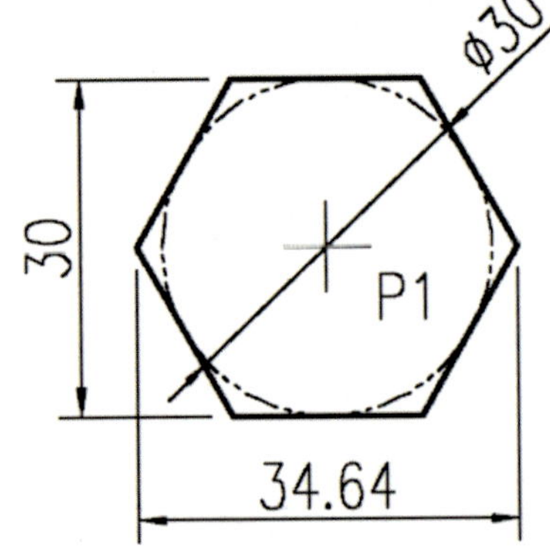

<내접(I) 다각형> <외접(C) 다각형>

POLYGON
면의 수 입력 <3> : (4 ↵) (몇 각형인지 입력, 1024각형까지 가능)
다각형의 중심을 지정 또는 [모서리(E)] : *(P1 클릭)*
옵션을 입력 [**원에 내접(I)**/원에 외접(C)] <C> : *(I ↵)* (내접(I) 다각형)
원의 반지름 지정 : *(15 ↵)*
명령: (↵) (Polygon 명령 반복)
POLYGON
면의 수 입력 <4>:*(6 ↵)*
폴리곤의 중심을 지정 또는 [모서리(E)]:*(P1 클릭)*
옵션을 입력 [원에 내접(I)/**원에 외접(C)**] <I>:*(C ↵)* (외접(C) 다각형)
원의 반지름 지정:*(15 ↵)*

[2] 모서리(E) 지정 다각형

① 명령(Command) : POL ↵

한 변의 길이를 지정하는 정다각형을 그리는 방법이다.

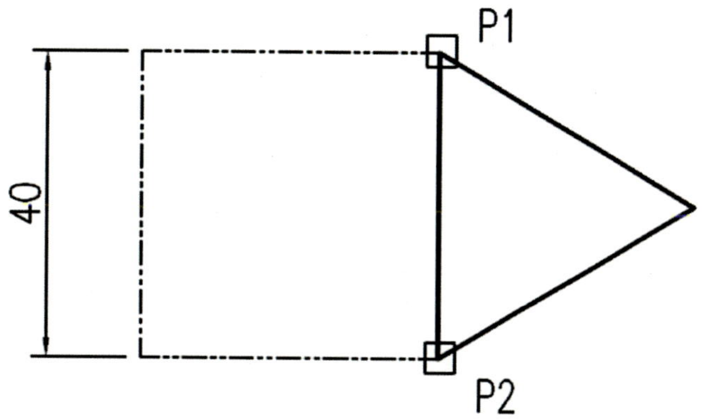

POLYGON 면의 수 입력 <6> : *(3↵)*
다각형의 중심을 지정 또는 [모서리(E)] : *(E ↵)*
모서리의 첫 번째 끝점 지정 : *(P1 클릭 → P2 클릭)*

2.11.3 PLINE(폴리선) 그리기

연속적으로 이어지는 단일요소의 선이나 호(Arc)를 만든다. 선의 굵기를 지정할 수 있다.

① 명령(Command) : PL ↵

② 툴바 메뉴 :

[1] 화살표 그리기

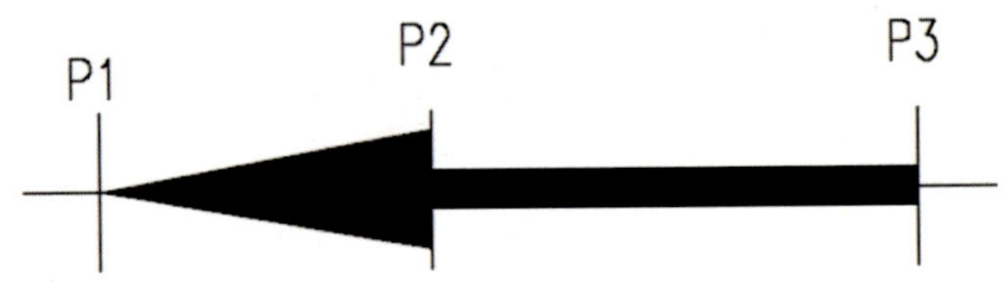

PLINE
시작점 지정: *(P1 클릭)*
현재의 선 폭은 0.0000임
다음 점 지정 또는 [호(A)/반폭(H)/길이(L)/명령 취소(U)/폭(W)]: *(w↵)*
시작 폭 지정 <0.0000>: *(0↵)*
끝 폭 지정 <0.0000>: *(12↵)*
다음 점 지정 또는 [호(A)/반폭(H)/길이(L)/명령 취소(U)/폭(W)]: *(P2 클릭)*
다음 점 지정 또는 [호(A)/닫기(C)/반폭(H)/길이(L)/명령 취소(U)/폭(W)]: *(w↵)*
시작 폭 지정 <12.0000>: *(4↵)*
끝 폭 지정 <4.0000>: *(↵)*
다음 점 지정 또는 [호(A)/닫기(C)/반폭(H)/길이(L)/명령 취소(U)/폭(W)]: *(P3 클릭↵)*
다음 점 지정 또는 [호(A)/닫기(C)/반폭(H)/길이(L)/명령 취소(U)/폭(W)]: *(↵)*

명령옵션	설 명
호(A)	호 (Arc)를 그리는 옵션을 명령창에 표시한다.
반폭(H)	선의 절반에 해당되는 굵기를 지정한다.
길이(L)	선의 길이를 지정한다.
명령 취소(U)	그려진 요소를 하나씩 취소한다.
폭(W)	선의 폭을 지정한다.

[2] 장공 그리기

연속적으로 이어지는 선과 호를 이용해 장공을 그린다.

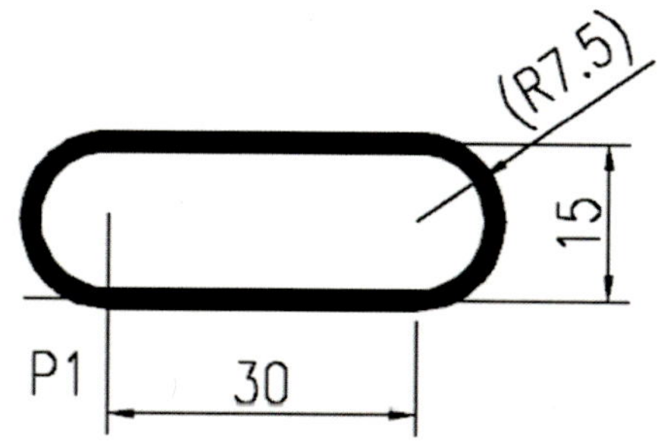

PLINE
시작점 지정: *(P1 클릭↵)*
현재의 선 폭은 0.0000임
다음 점 지정 또는 [호(A)/반폭(H)/길이(L)/명령 취소(U)/폭(W)]: *(w↵)*
시작 폭 지정 <0.0000>: *(2↵)*
끝 폭 지정 <2.0000>: *(↵)*
다음 점 지정 또는 [호(A)/반폭(H)/길이(L)/명령 취소(U)/폭(W)]: *(30↵)* (십자선을 우측으로 이동한 상태에서)
다음 점 지정 또는 [호(A)/닫기(C)/반폭(H)/길이(L)/명령 취소(U)/폭(W)]: *(a↵)*
호의 끝점 지정 또는
[각도(A)/중심(CE)/닫기(CL)/방향(D)/반폭(H)/선(L)/반지름(R)/두 번째 점(S)/명령 취소(U)/폭(W)]: *(15↵)* (십자선을 위쪽으로 이동한 상태에서)
호의 끝점 지정 또는
[각도(A)/중심(CE)/닫기(CL)/방향(D)/반폭(H)/선(L)/반지름(R)/두 번째 점(S)/명령 취소(U)/폭(W)]: *(L↵)*
다음 점 지정 또는 [호(A)/닫기(C)/반폭(H)/길이(L)/명령 취소(U)/폭(W)]: *(30↵)* (십자선을 좌측으로 이동한 상태에서)
다음 점 지정 또는 [호(A)/닫기(C)/반폭(H)/길이(L)/명령 취소(U)/폭(W)]: *(a↵)*
호의 끝점 지정 또는
[각도(A)/중심(CE)/닫기(CL)/방향(D)/반폭(H)/선(L)/반지름(R)/두 번째 점(S)/명령 취소(U)/폭(W)]: *(15↵)* (십자선을 아래쪽으로 이동한 상태에서)
호의 끝점 지정 또는
[각도(A)/중심(CE)/닫기(CL)/방향(D)/반폭(H)/선(L)/반지름(R)/두 번째 점(S)/명령 취소(U)/폭(W)]: *(↵)* (명령 종료)

2.11.4 EXPLODE(분해)

PLINE, 다각형, 해치, 치수, 블록 등과 같은 복합 객체를 분해시킨다.

① 명령(Command) : X ↵

② 툴바 메뉴 : 

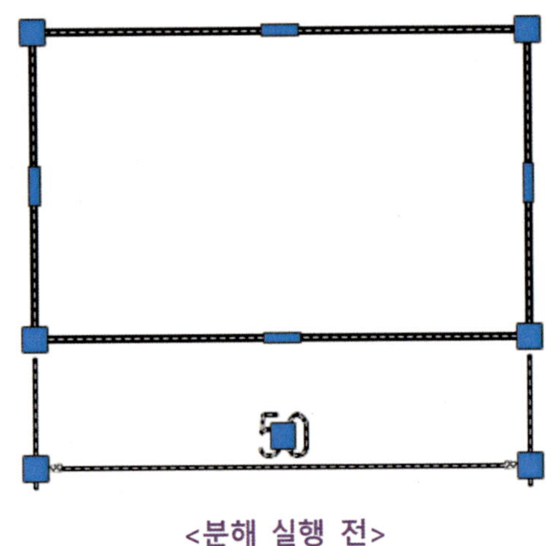

<분해 실행 전>

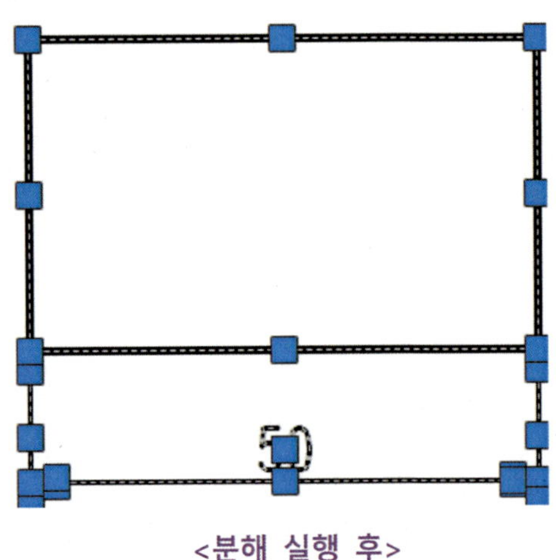

<분해 실행 후>

객체 선택 : **분해할 객체** 클릭(또는 crossing을 선택한다.)
객체 선택 : ↵

※ 분해된 복합 객체는 객체를 구성했던 각각의 요소를 독립적으로 편집할 수 있다.
※ 치수는 분해하면 도형 수정하더라도 치수 값이 바뀌지 않으므로 치수는 수정하지 않는 것이 좋다.
※ 분해된 객체 혹은 직선과 호는 다시 Polyline으로 결합하는 것이 가능하다.
Pedit명령의 결합(Join) 옵션을 사용한다.

2.11.5 SPLINE 그리기

맞춤점 세트를 통과하거나 가까이 지나거나, 조정 프레임 내의 정점으로 정의되는 부드러운 곡선을 작성한다. 모양을 바꿀 때는 스플라인 클릭 후 맞춤점이나 조정점을 클릭해서 끌어 옮긴다.

① 명령(Command) : PL ↵

② 툴바 메뉴 :

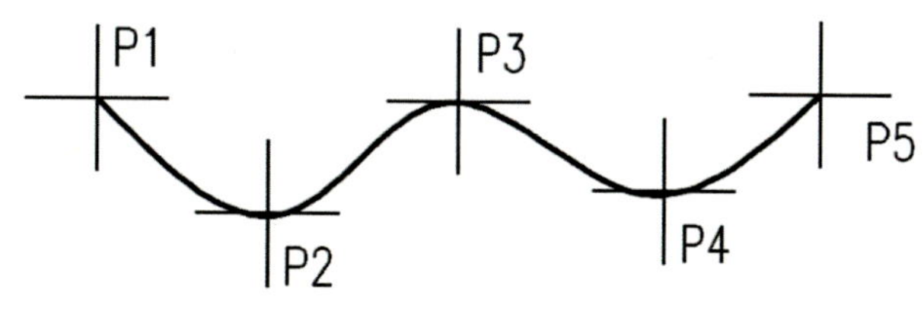

<스플라인 그리기>

```
SPLINE
현재 설정: 메서드=맞춤    매듭=현
첫 번째 점 지정 또는 [메서드(M)/매듭(K)/객체(O)]: (P1 클릭)
다음 점 입력 또는 [시작 접촉부(T)/공차(L)]: (P2 클릭)
다음 점 입력 또는 [끝 접촉부(T)/공차(L)/명령 취소(U)]: (P3 클릭)
다음 점 입력 또는 [끝 접촉부(T)/공차(L)/명령 취소(U)/닫기(C)]: (P4 클릭)
다음 점 입력 또는 [끝 접촉부(T)/공차(L)/명령 취소(U)/닫기(C)]: (P5 클릭)
다음 점 입력 또는 [끝 접촉부(T)/공차(L)/명령 취소(U)/닫기(C)]: (↵)
```

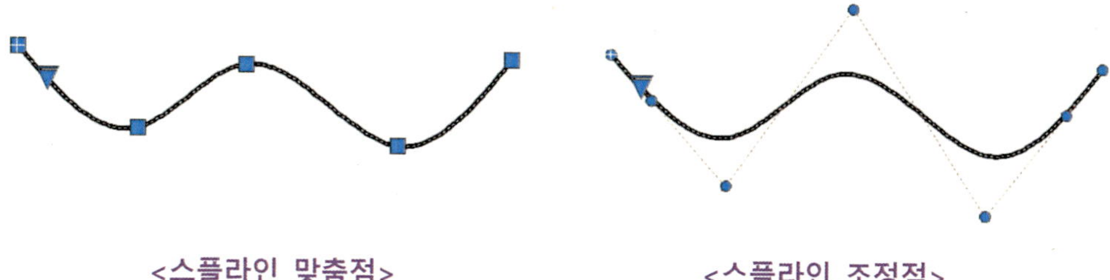

<스플라인 맞춤점> <스플라인 조정점>

2.11 연습 문제 1

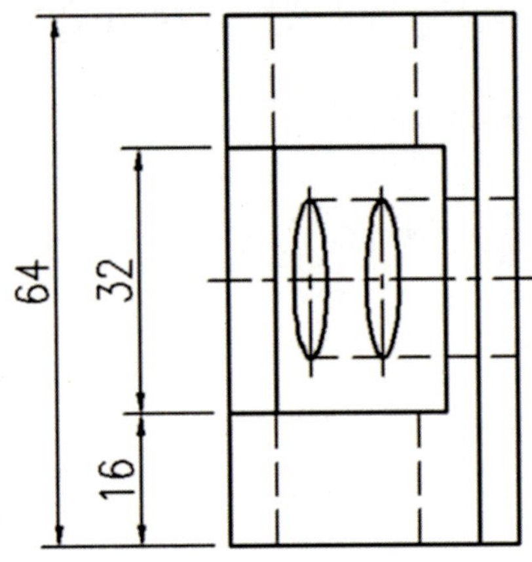

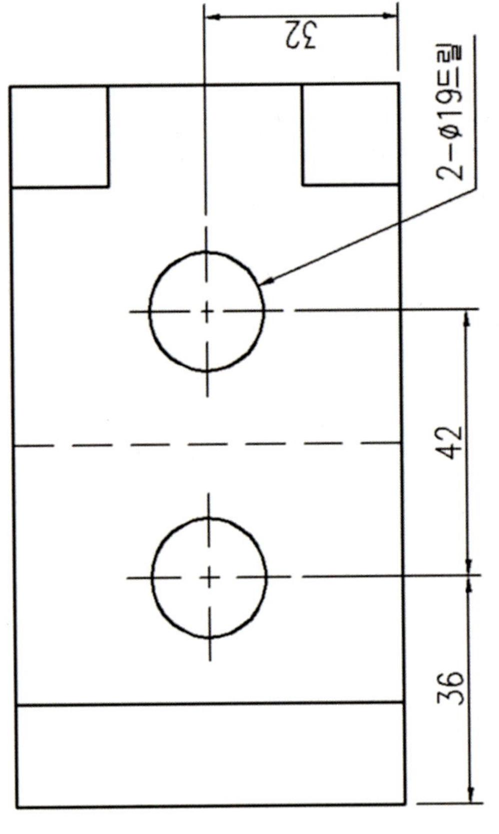

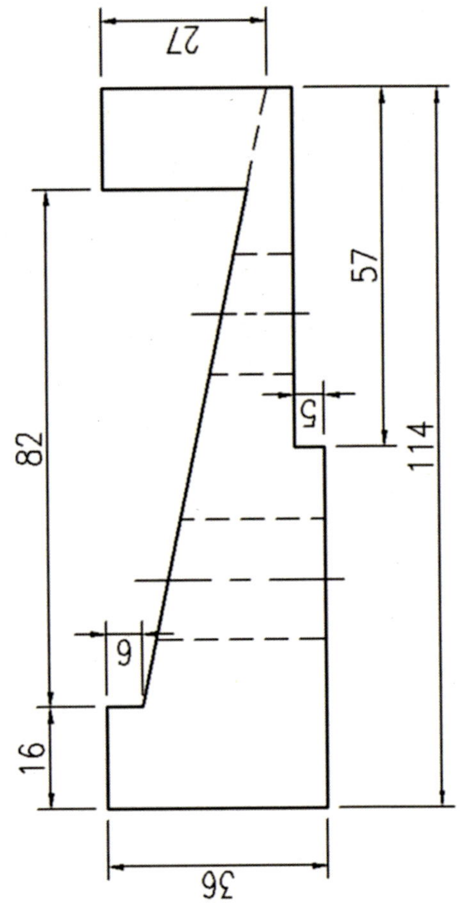

2.11 연습 문제 2

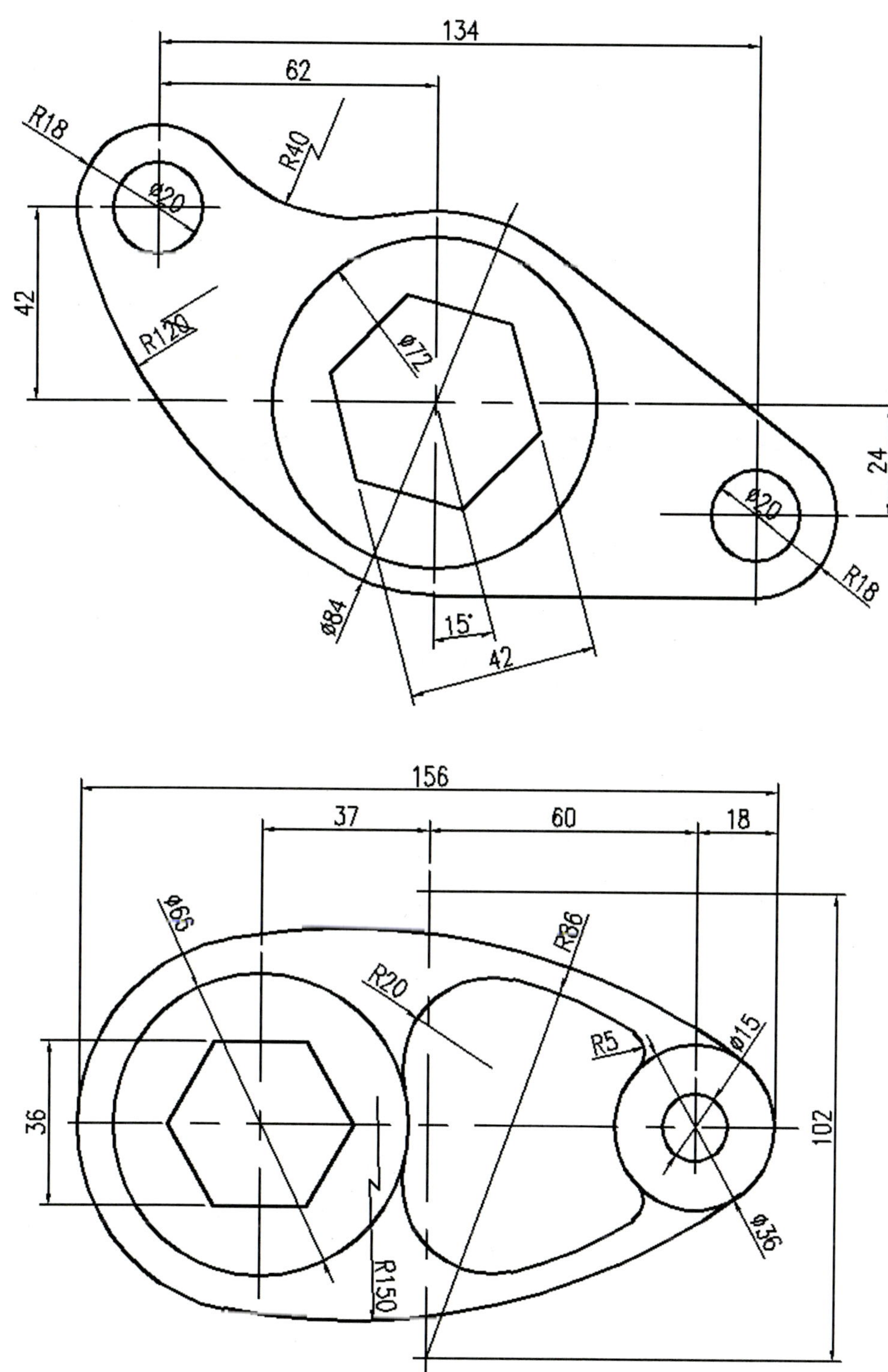

134
62
R18
R40
Ø20
42
R120
Ø72
24
Ø20
R18
Ø84
15°
42
156
37
60
18
Ø65
R36
R20
R5
Ø15
36
102
R150
Ø36

2.11 연습 문제 3

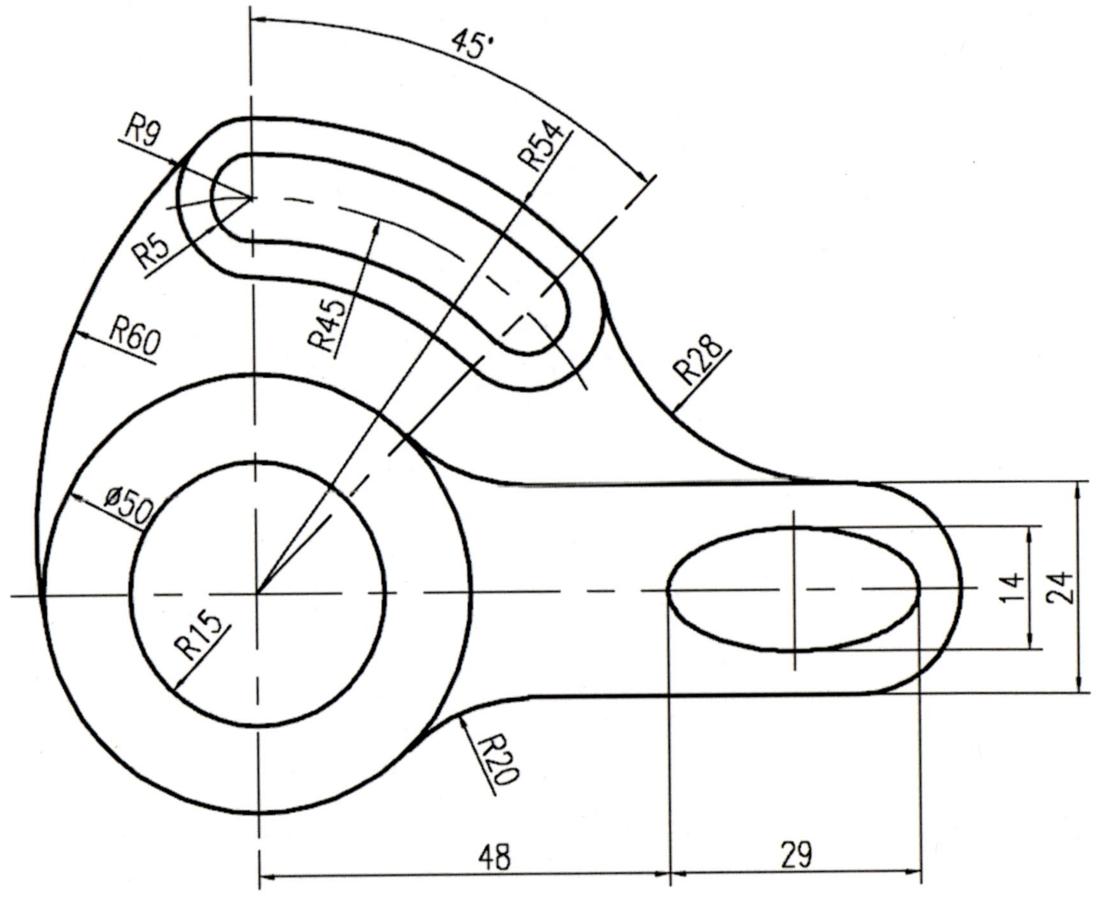

2.12 치수 스타일, 치수 수정, 고급 치수 기입 명령

2.12.1 치수 스타일 설정

기입하는 치수의 형상, 양식 등을 미리 지정하여 기입되는 치수의 모양이 일정하게 한다.

① 명령(Command) : dimstyle ↵

② 툴바 메뉴 : han ▾ | ISO-25 ▾ | Standard ▾ | Standard ▾

[1] 치수 스타일 설정

기입하는 치수의 형상, 양식 등을 미리 지정하여 기입되는 치수의 모양이 일정하게 한다.

1) 치수 스타일관리자 실행

- 툴바의 아이콘을 누르거나 풀다운 메뉴의 '형식' 탭에서 치수 스타일관리자를 실행한다.
- 기존의 스타일(예; ISO-25)을 '수정'하거나 신규로 만들 수 있다.

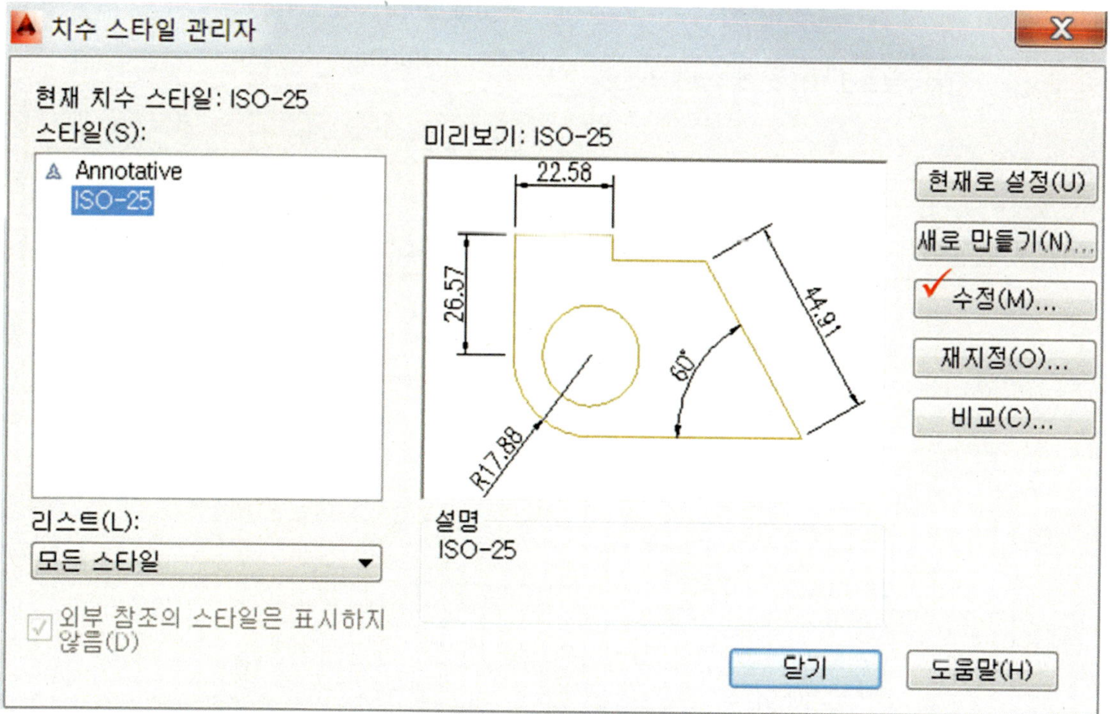

2) ‘선’ 설정

- 기준선 간격 : 치수선의 간격 설정 [8]
- 치수선 너머로 연장 : 치수보조선의 치수선 바깥쪽 길이 설정 [2]
- 원점에서 간격 띄우기 : 도형과 치수보조선의 띄우기 거리 설정 [2]

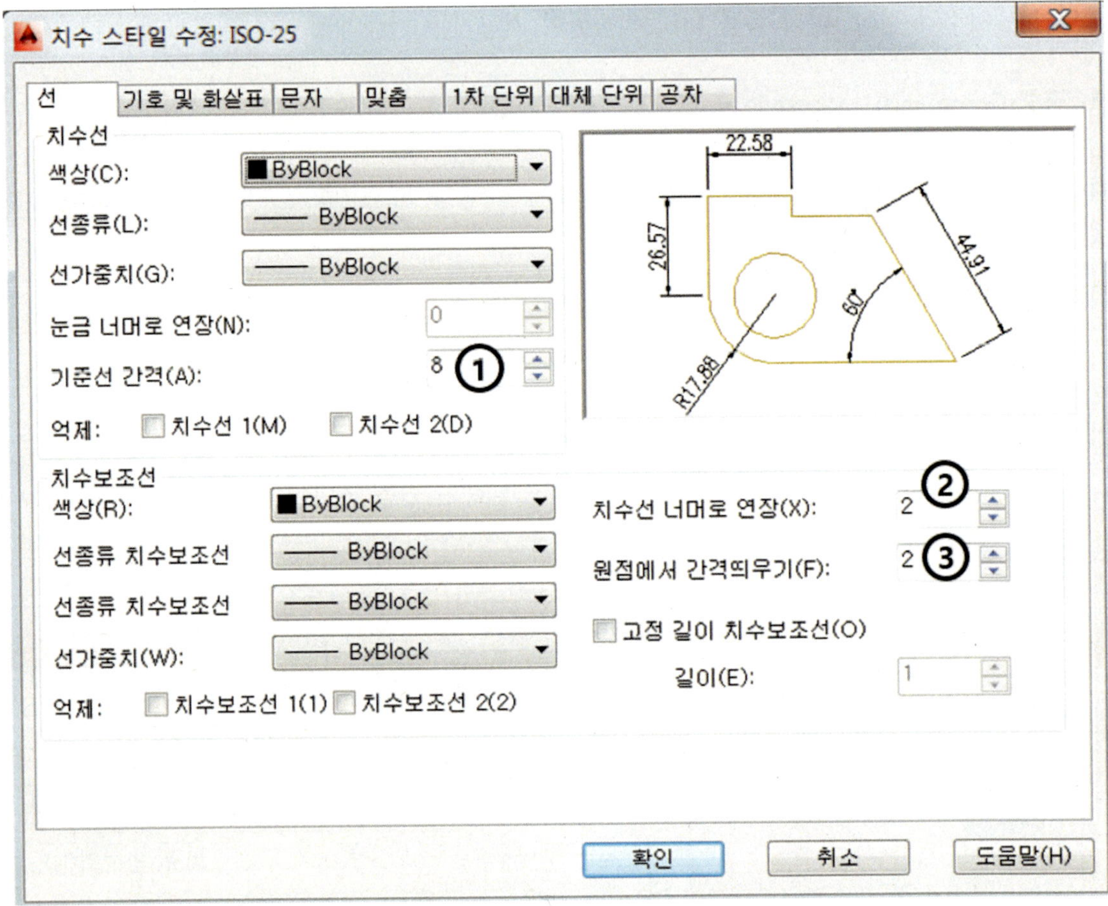

3) '기호 및 화살표' 설정

- 화살표 크기 : 치수선의 화살표 크기 설정 [2.5]
- 중심 표식 : 원이나 호의 중심 마크 길이 설정 [2.5]

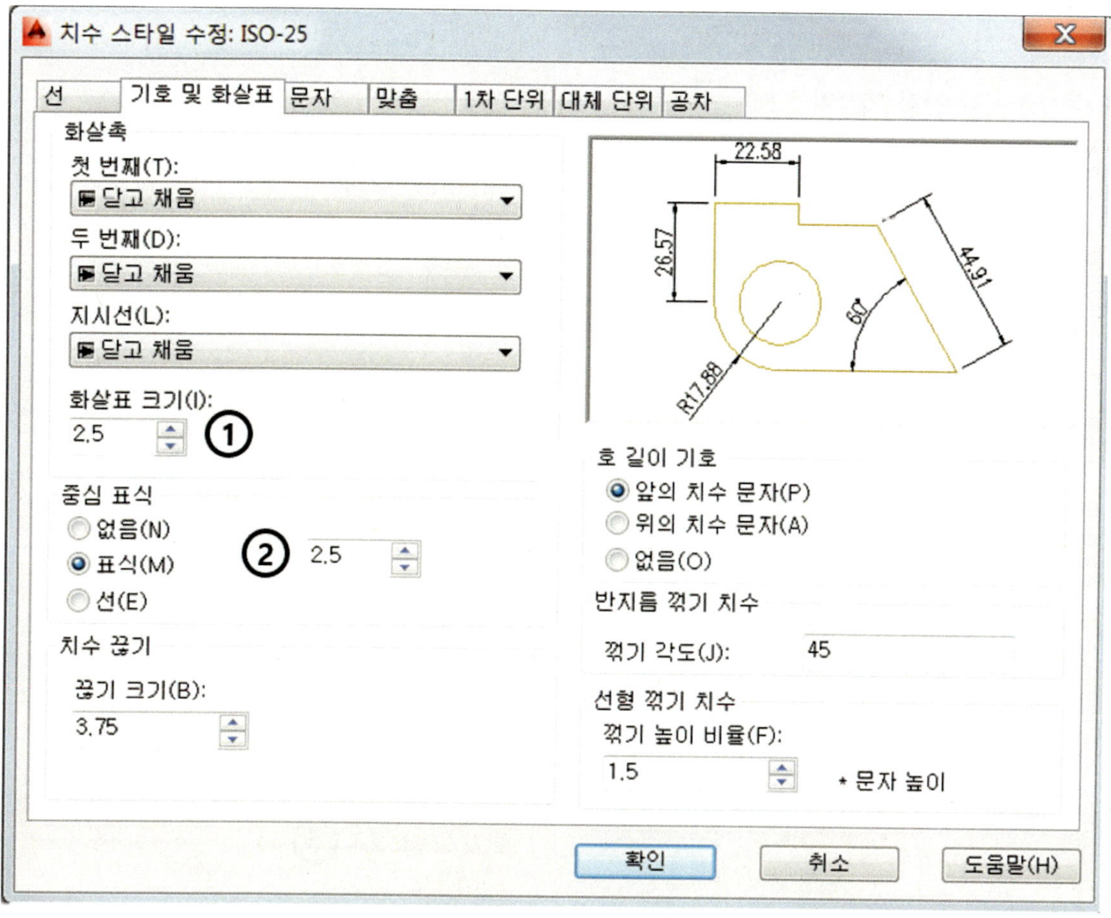

4) '문자' 설정

- 문자 스타일: 치수 기입에 사용되는 문자 스타일 선택 [Standard]
- 문자 높이: 문자 크기 설정 [3~4]
- 문자 배치 : 문자의 위치를 치수선의 어느 쪽에 배치할 지 설정
  수직 : [위], 수평 : [중심]
- 치수선에서 간격 띄우기 : 치수선과 문자 사이의 간격 지정 [1]
- 문자 정렬 : 문자의 자세 지정 [치수선에 정렬]

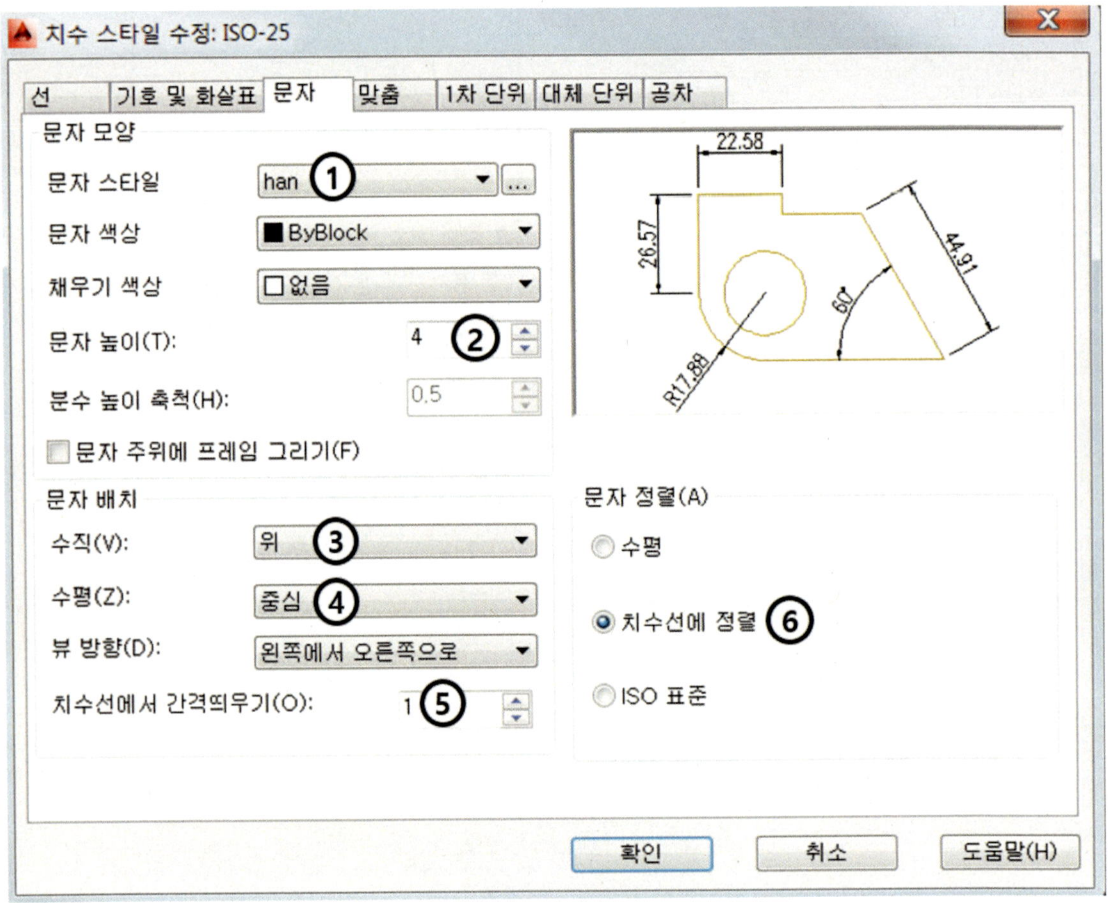

5) '맞춤' 설정

- 특별한 설정을 할 필요 없으면 Auto CAD에서 기본으로 설정된 값을 그대로 사용한다.
- 도면의 축척을 바꿀 때 '치수 피쳐 축척'의 값을 적당히 수정하여 사용한다.

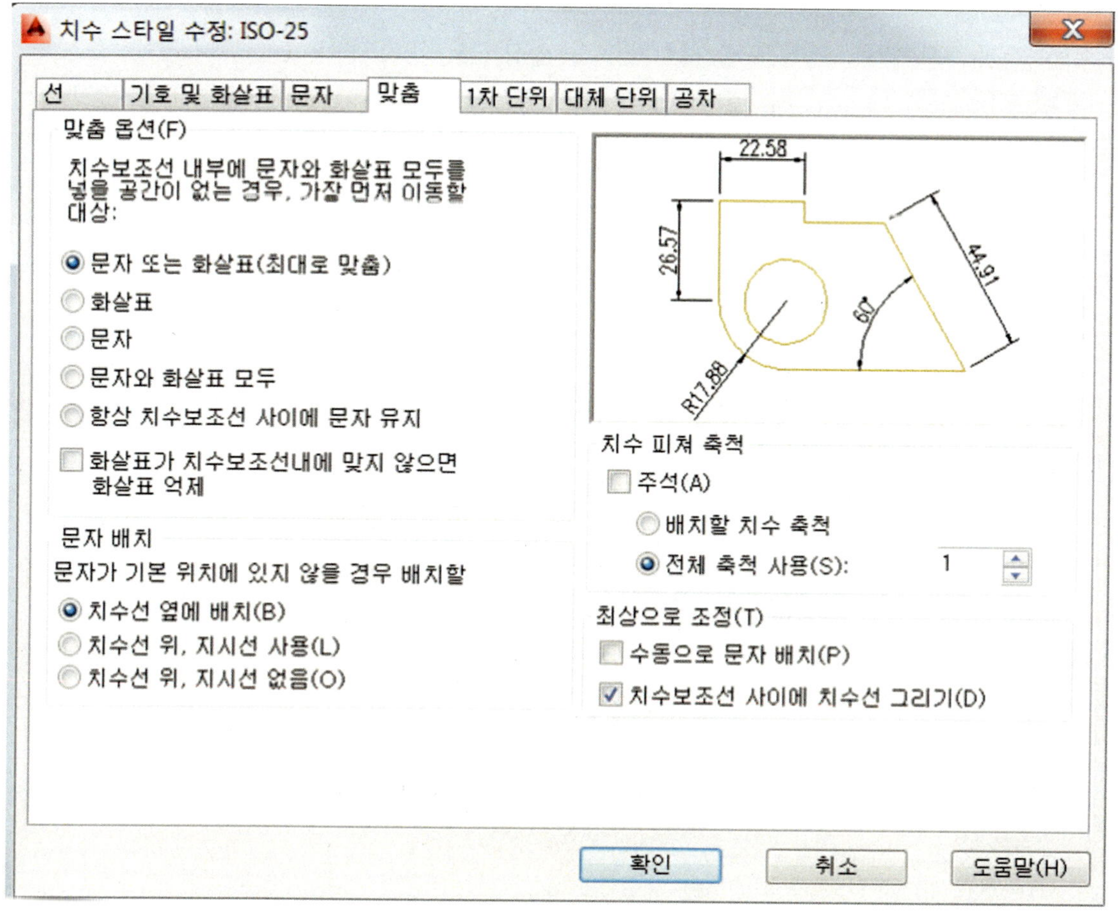

6) '1차 단위' 설정

- 단위 형식 : [십진]
- 정밀도 : 치수 숫자의 표현 정밀도 설정 [0.00]
- 소수 구분 기호 : ['.' (마침표)]
- 측정 축척 : 도형의 크기와 표시 치수의 비율 설정 [1]
- 0 억제 : 소수점 이하의 의미 없는 뒷자리 0을 표현할 지 여부 설정 [후행]

- 각도 치수 : [십진 도수]
- 정밀도 : [0.00]
- 0 억제 : 소수점 이하의 의미 없는 뒷자리 0을 표현할 지 여부 설정 [후행]

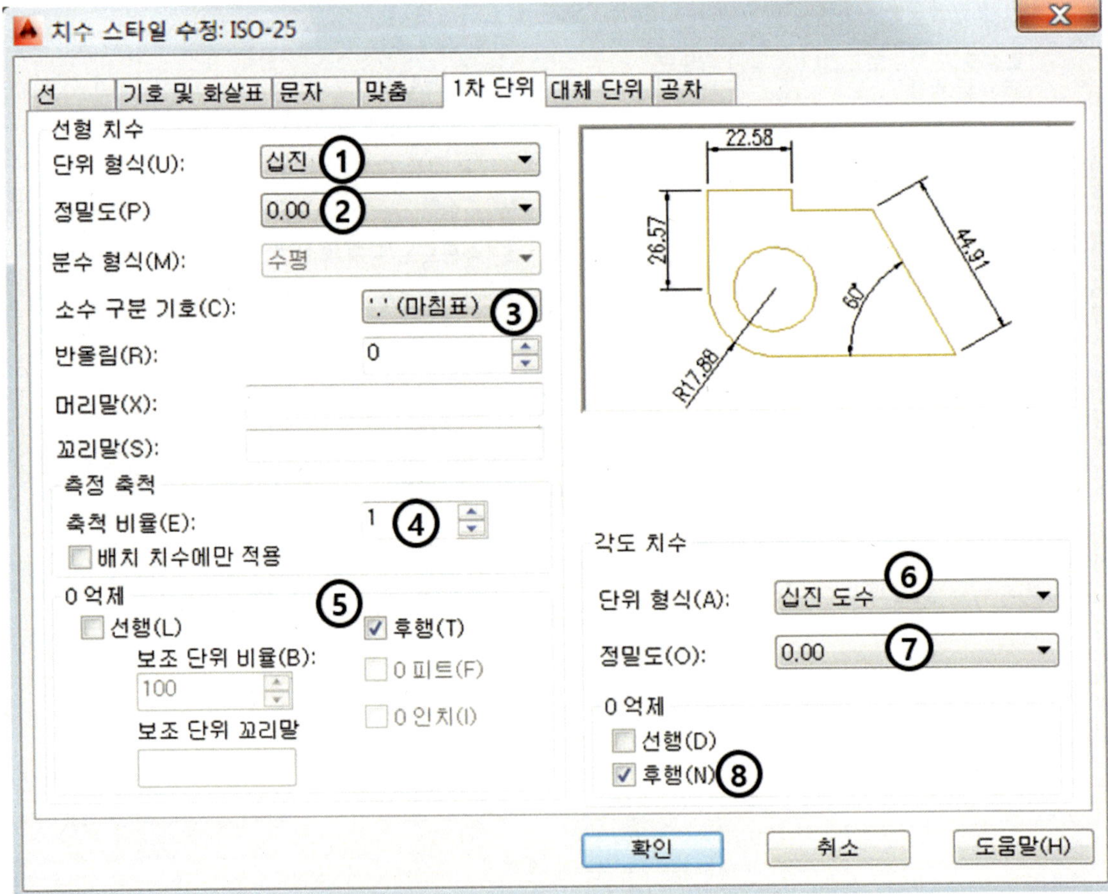

2.12.2 치수 수정

치수를 구성하는 요소들을 수정한다.

[1] 지름 치수 기호(ϕ) 기입

① 명령(Command) : _ddedit ↵

② 툴바 메뉴 :

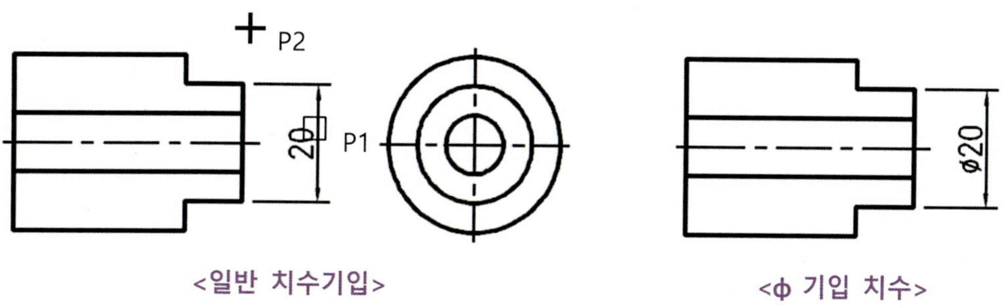

<일반 치수기입> <ϕ 기입 치수>

DDEDIT
주석 객체 선택 또는 [명령 취소(U)]: *(P1클릭)*
주석 객체 선택 또는 [명령 취소(U)]: *(%%C)*
혹은 (아래 그림에서 "@" 버튼을 눌러 지름(I) 클릭)
(이 때 미리보기 기능에 의해 ϕ기호가 기입된 치수를 볼 수 있음)
("확인" 버튼 혹은 P2 클릭; 아무것도 없는 화면의 빈공간)

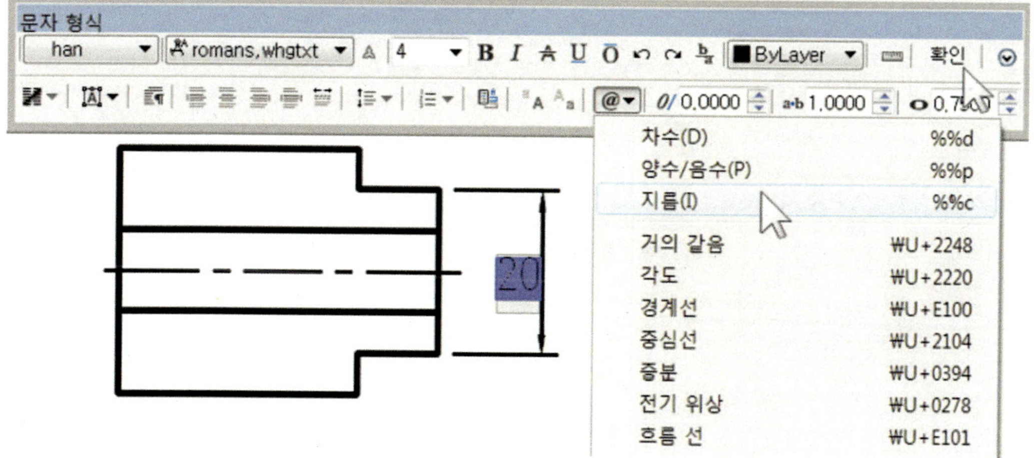

[2] 지름 치수 기호(ϕ) 일괄 기입

① 명령(Command) : dimedit ↵

② 툴바 메뉴 :

DIMEDIT
치수 편집의 유형 입력 [홈(H)/새로 만들기(N)/회전(R)/기울기(O)] <홈(H)>: *(N ↵)*

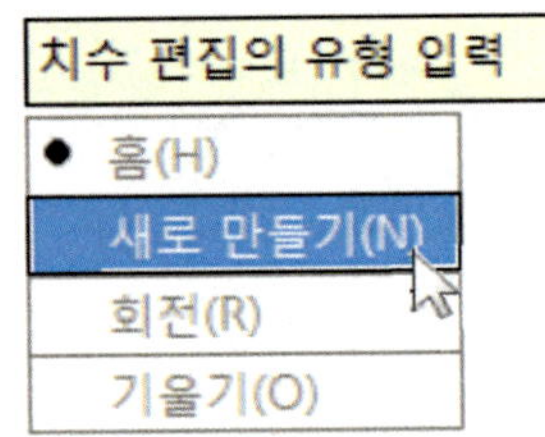

1) 명령 버튼을 누르고 커서를 화면 중앙부로 조금 움직여 작은 창이 나타나면 "새로 만들기" 버튼을 누른다. 작은 창이 나타나지 않으면 명령창에 N↵ .

2) 문자편집창이 나타나고 숫자 0 앞에 커서가 깜박거린다. %%C를 입력하거나 "@" 버튼을 눌러 '지름'을 클릭한다.

3) “확인” 버튼 혹은 화면의 빈공간 클릭한다.

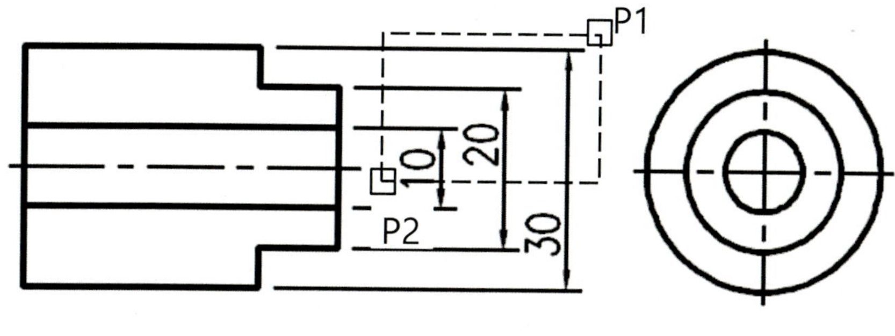

<수정할 치수 선택>

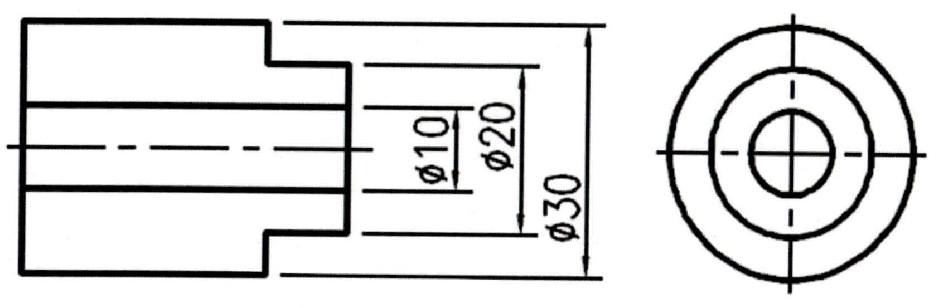

<φ 삽입 실행 후>

객체 선택: *(P1, P2 클릭)* 3개를 찾음
객체 선택: *(↵)*

[3] 치수 요소 수정

치수 요소 중 일부를 수정하여 제도 규정에 맞게 함.

- 수정하고자 하는 치수(φ10)를 더블 클릭한다(특성 팔레트가 열림).
- '선 및 화살표' 탭의 검정색 작은 삼각형을 눌러 펼친다.

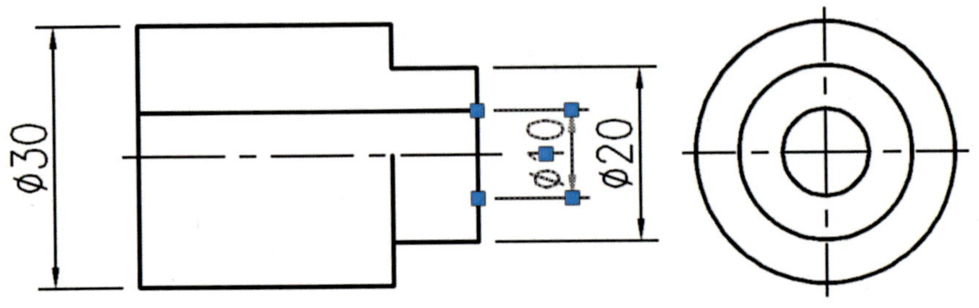

<수정할 치수 선택>

- 화살표 2 : '없음' 옵션 선택
- 치수선 2 : '끄기' 옵션 선택
- 치수보조선 2 : '끄기' 옵션 선택

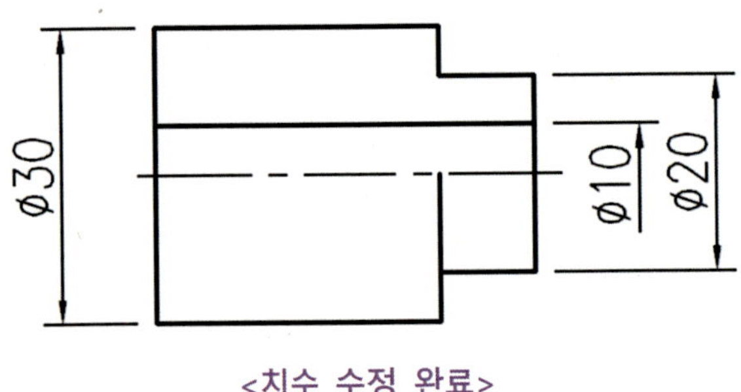

<치수 수정 완료>

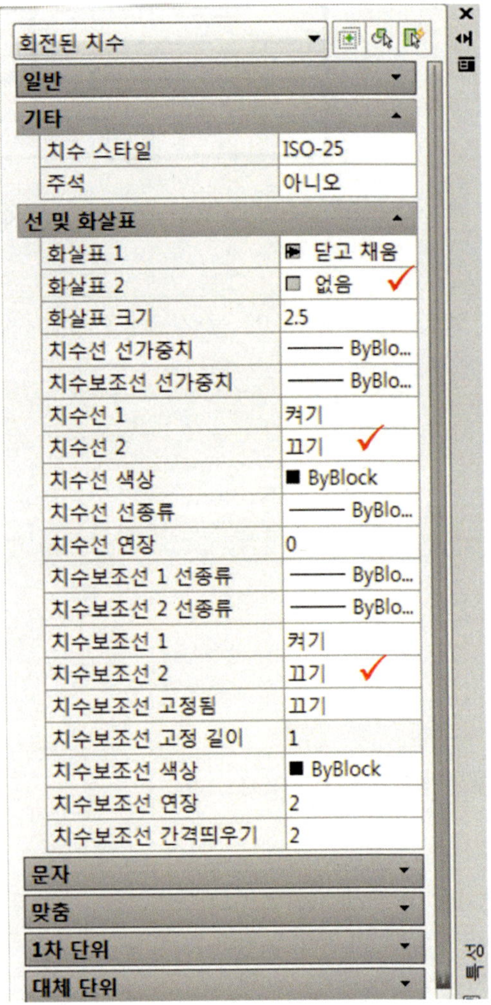

[4] 일반공차 기입 1

문자편집 명령을 이용해서 일반공차를 기입한다.

① 명령(Command) : _ddedit ↵

② 툴바 메뉴 :

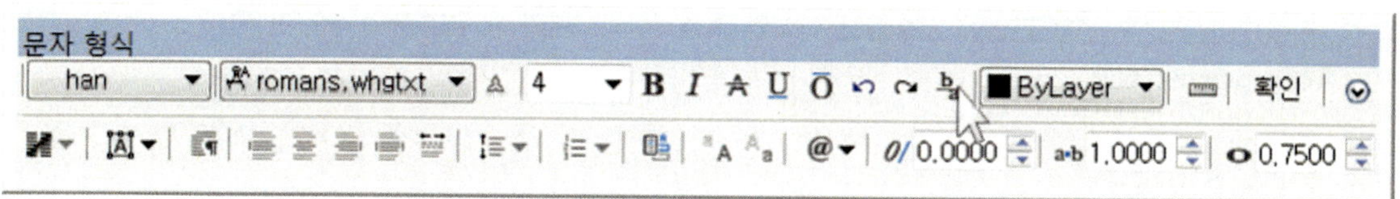

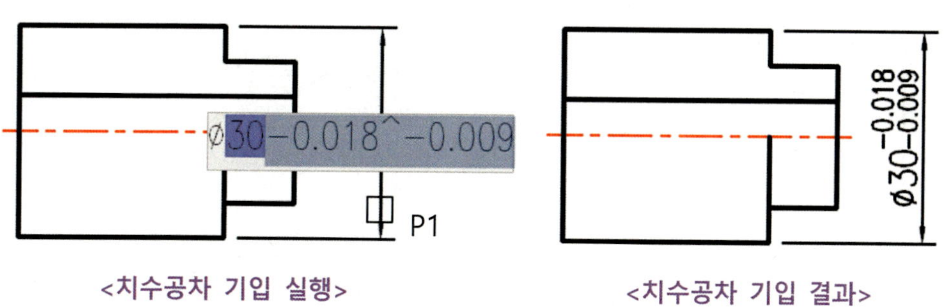

<치수공차 기입 실행> **<치수공차 기입 결과>**

주석 객체 선택 또는 [명령 취소(U)] : *(P1 클릭)* (공차를 기입할 치수선택)
주석 객체 선택 또는 [명령 취소(U)] : *(-0.018^-0.009 → 공차만 드래그 → '스택' 버튼 클릭 → '확인' 버튼 클릭)*
주석 객체 선택 또는 [명령 취소(U)] : *(↵)*

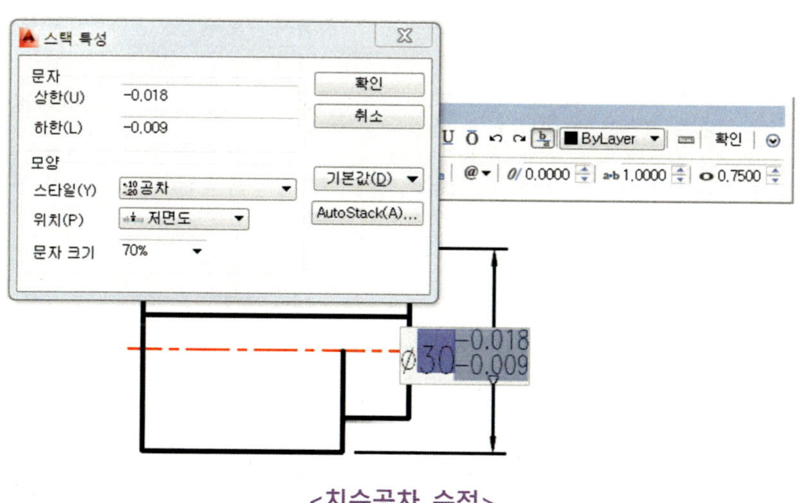

<치수공차 수정>

[5] 일반공차 기입 2

특성(_properties) 명령을 이용해서 일반공차를 기입한다.

① **명령(Command) : _properties** ↵

② **툴바 메뉴 :**

※ properties 실행 후 공차 기입할 치수를 선택하면 특성 편집 화면의 탭 버튼들이 활성화 된다.
혹은 properties 명령 실행하지 않고 치수를 더블 클릭해도 된다.

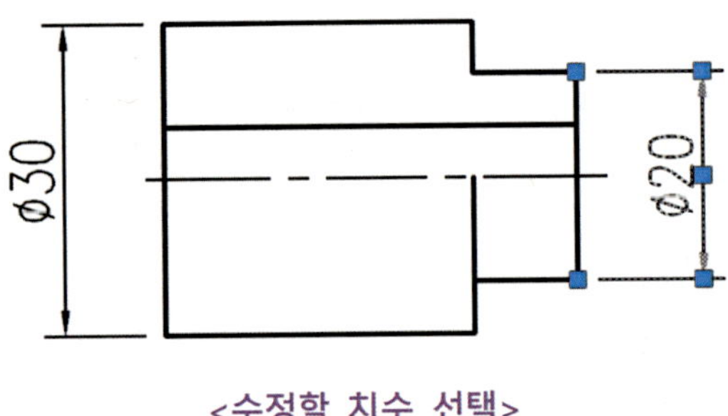

<수정할 치수 선택>

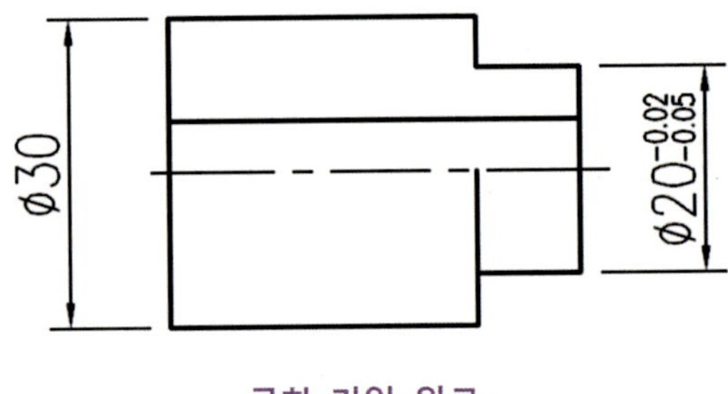

<공차 기입 완료>

- 공차 표시 : 공차 종류 선택 [편차]
- 공차 한계 하한 : 0.05 ↵
- 공차 한계 상한 : -0.02 ↵
- 공차 정밀도 : [0.000]
- 공차문자 높이 : 0.5 ↵

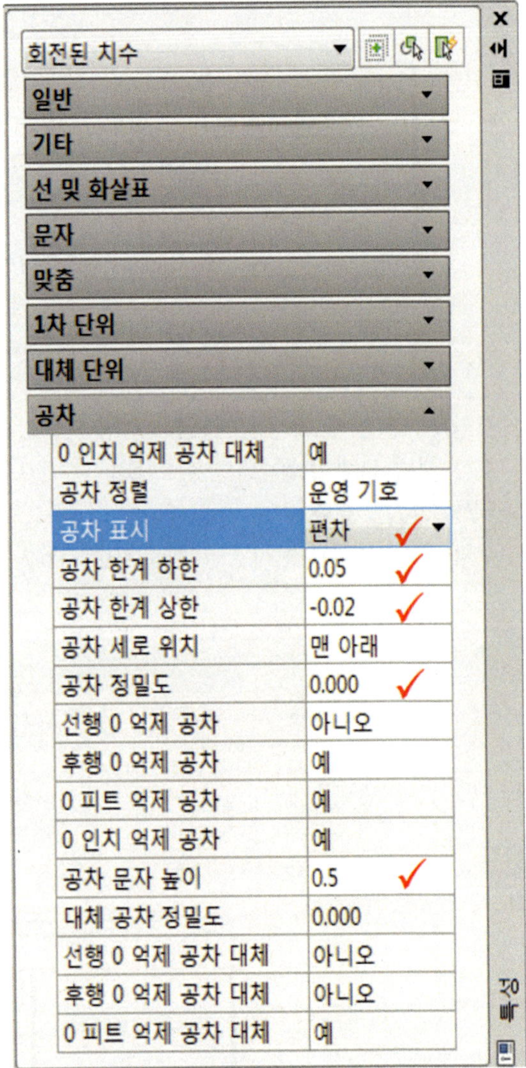

2.12.3 기타 치수 기입

제도 규정에 적합한 여러 가지 형태의 치수를 기입한다.

[1] 기준선 치수 기입

선형 치수를 기준으로 하여 다중(S) 치수를 기입한다.

① 명령(Command) : dimbaseline ↵

② 툴바 메뉴 :

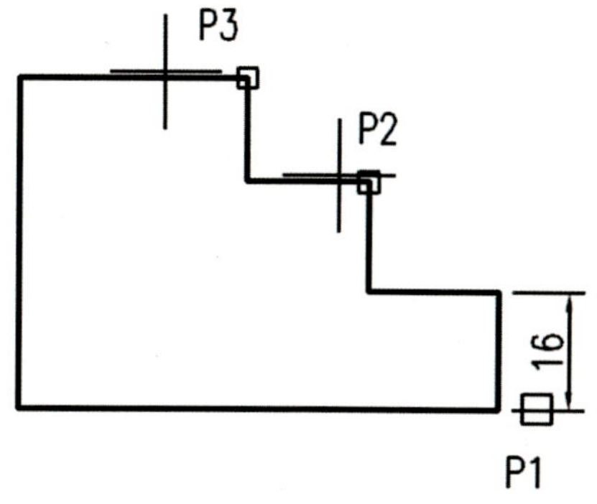

<기준선 치수 기입 실행>

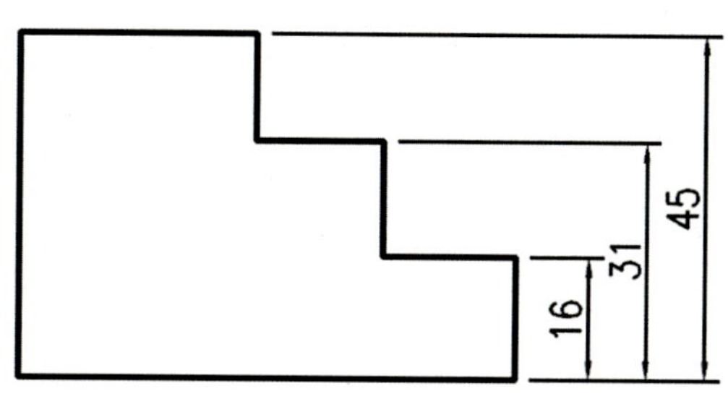

<기준선 치수 기입 결과>

_dimbaseline
기준 치수 선택: *(P1클릭)*
두 번째 치수보조선 원점 지정 또는 [명령 취소(U)/선택(S)] <선택(S)>: *(P2클릭)*
치수 문자 = 31
두 번째 치수보조선 원점 지정 또는 [명령 취소(U)/선택(S)] <선택(S)>: *(P3클릭)*
치수 문자 = 45
두 번째 치수보조선 원점 지정 또는 [명령 취소(U)/선택(S)] <선택(S)>: *(↵)*

기준 치수 선택: *(↵)* (명령 완료)

※ 기준선 치수 명령은 기준이 되는 치수가 먼저 기입되어 있어야 한다.
※ 기준 치수를 선택한 경우 기준 치수의 스타일 및 공차 등 특성을 그대로 사용한다.
※ 치수선 간격은 치수 스타일관리자에서 설정한 '기준선 간격' 값이다.

[2] 연속 치수 기입

선형치수를 기준으로 하여 연속 치수를 기입한다.

① 명령(Command) : dimcontinue ↵

② 툴바 메뉴 :

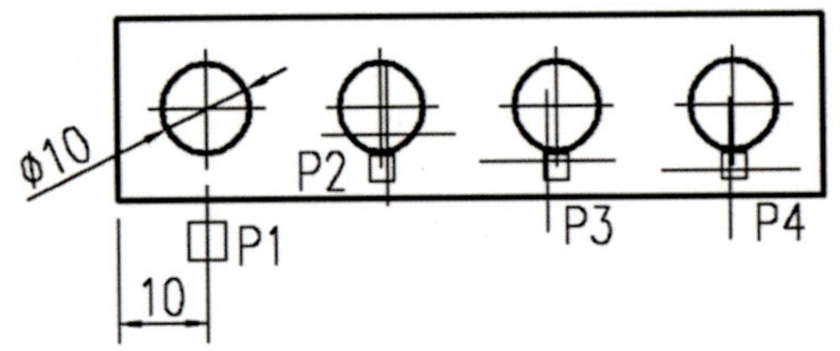

<연속 치수 기입 실행>

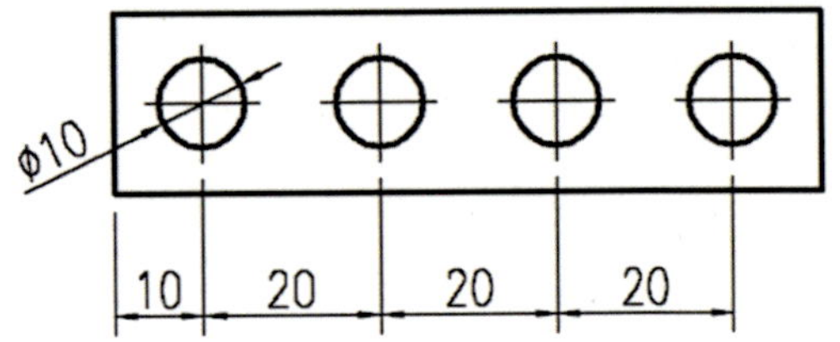

<연속 치수 기입 결과>

명령: _dimcontinue
연속된 치수 선택: ***(P1 클릭)***
두 번째 치수보조선 원점 지정 또는 [명령 취소(U)/선택(S)] <선택(S)>: ***(P2 클릭)***
치수 문자 = 20
두 번째 치수보조선 원점 지정 또는 [명령 취소(U)/선택(S)] <선택(S)>: ***(P3 클릭)***
치수 문자 = 20
두 번째 치수보조선 원점 지정 또는 [명령 취소(U)/선택(S)] <선택(S)>: ***(P4 클릭)***
치수 문자 = 20
두 번째 치수보조선 원점 지정 또는 [명령 취소(U)/선택(S)] <선택(S)>: ***(↵)*** (선택 완료)

연속된 치수 선택: ***(↵)*** (명령 종료)

2.12.4 신속 치수기입

선택한 객체로 일련의(여러 개의) 치수를 신속하게 작성한다.

[1] 기준선 치수 기입

① 명령(Command) : Qdim ↵

② 툴바 메뉴 :

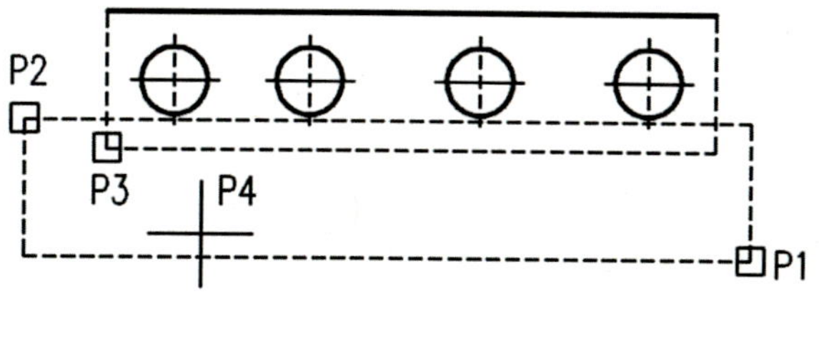

<기준선 치수 기입 실행>

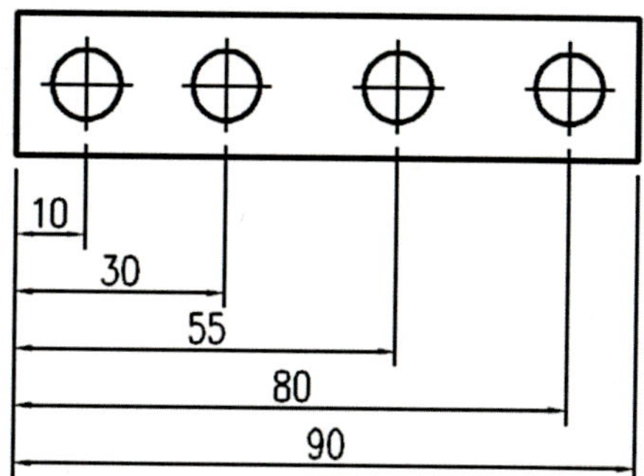

<기준선 치수 기입 결과>

연관 치수 우선순위 = 끝점(E)
치수 기입할 형상 선택: ***(P1 클릭)*** 반대 구석 지정: ***(P2 클릭)*** 6개를 찾음
(↵) (선택 완료)

치수 기입할 형상 선택:
치수선의 위치 지정 또는 [연속(C)/다중(S)/기준선(B)/세로좌표(O)/반지름(R)/지름 (D)/데이텀 점(P)/편집(E)/설정(T)] <연속(C)>: ***(b↵)***

치수선의 위치 지정 또는 [연속(C)/다중(S)/기준선(B)/세로좌표(O)/반지름(R)/지름 (D)/데이텀 점(P)/편집(E)/설정(T)] <기준선(B)>: ***(p↵)*** (기준 치수 시작점을 새로 지정한다.)
새 데이텀 점 선택: ***(p3 클릭)*** (기준 치수 시작점)
치수선의 위치 지정 또는 [연속(C)/다중(S)/기준선(B)/세로좌표(O)/반지름(R)/지름 (D)/데이텀 점(P)/편집(E)/설정(T)] <기준선(B)>: ***(p4클릭)*** (화면상 치수선 위치 점)

[2] 다중 치수 기입

① 명령(Command) : Qdim ↵

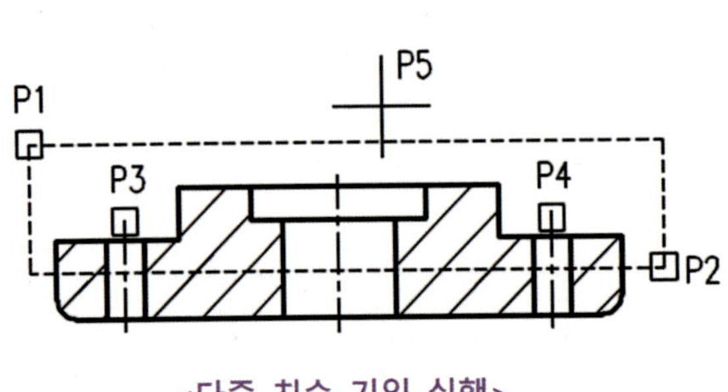

<다중 치수 기입 실행>

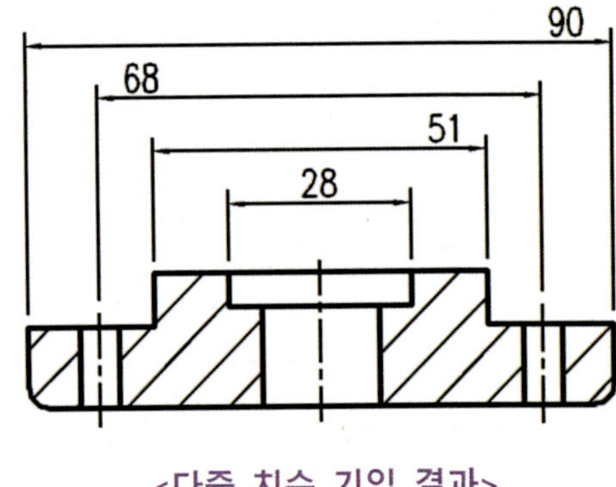

<다중 치수 기입 결과>

연관 치수 우선순위 = 끝점(E)
치수기입 할 형상 선택 : *(P1, P2 클릭) (P3, P4 클릭) (↵)*
치수선의 위치 지정 또는 [연속(C)/다중(S)/기준선(B)/세로좌표(O)/반지름(R)/지름 (D)/데이텀점(P)/편집(E)/설정(T)] <연속(C)> : *(S ↵)*
치수선의 위치 지정 또는 [연속(C)/다중(S)/기준선(B)/세로좌표(O)/반지름(R)/지름 (D)/데이텀점(P)/편집(E)/설정(T)] <다중(S)> : *(P5 클릭)*

[3] 치수 정렬(치수 업데이트)

① 명령(Command) : -dimstyle ↵

② 툴바 메뉴 :

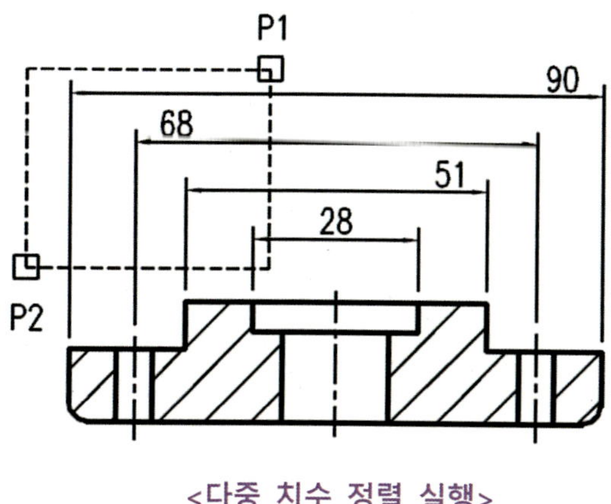

<다중 치수 정렬 실행>

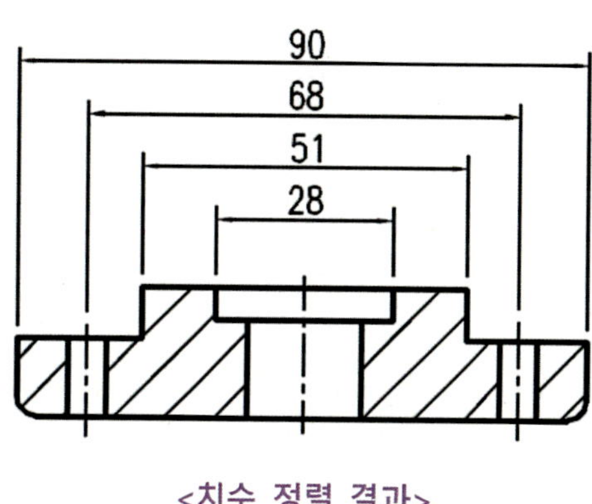

<치수 정렬 결과>

> 치수 스타일 옵션 입력
> [주석(AN)/저장(S)/복원(R)/상태(ST)/변수(V)/적용(A)/?] <복원(R)>: _apply
> 객체 선택: 반대 구석 지정: ***(P1, P2 클릭)*** 4개를 찾음
> 객체 선택: *(↵)*

[4] 연속 치수 기입

① 명령(Command) : Qdim ↵

② 툴바 메뉴 :

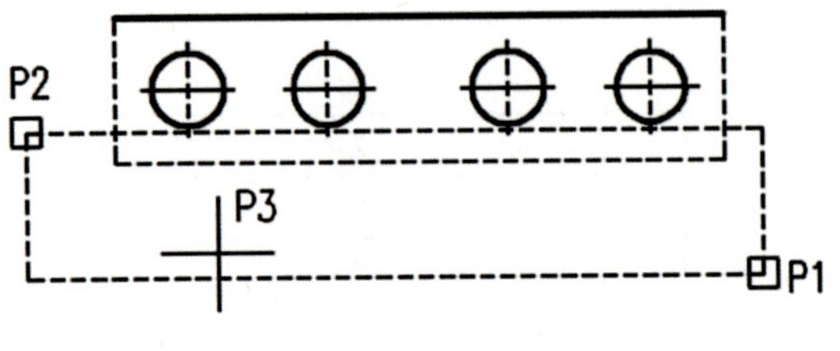

<연속 치수 기입 실행>

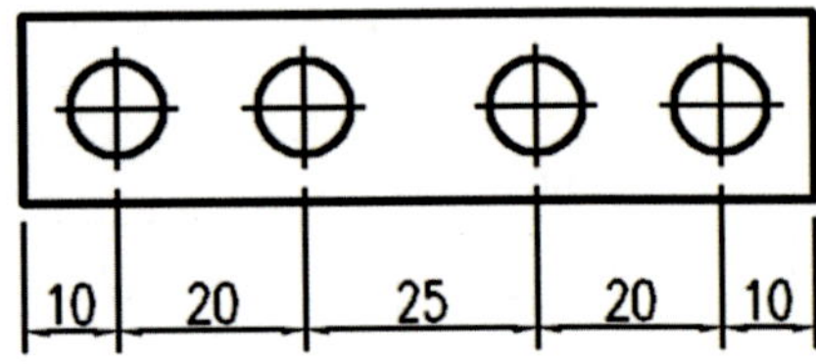

<연속 치수 기입 결과>

연관 치수 우선순위 = 끝점(E)
치수 기입할 형상 선택: ***(P1 클릭)*** 반대 구석 지정: ***(P2 클릭)*** 7개를 찾음
(↵) (선택 완료)
치수선의 위치 지정 또는 [연속(C)/다중(S)/기준선(B)/세로좌표(O)/반지름(R)/지름 (D)/데이텀 점(P)/편집(E)/설정(T)] <다중(S)> : ***(c↵)***
치수선의 위치 지정 또는 [연속(C)/다중(S)/기준선(B)/세로좌표(O)/반지름(R)/지름 (D)/데이텀 점(P)/편집(E)/설정(T)] <연속(C)>: ***(P3 클릭)*** (화면상 치수선 위치)

2.12.5 치수 간격 조정

평행하는 치수선 사이의 간격을 동일하게 만듭니다.

① 명령(Command) : DIMSPACE ↵

② 툴바 메뉴 :

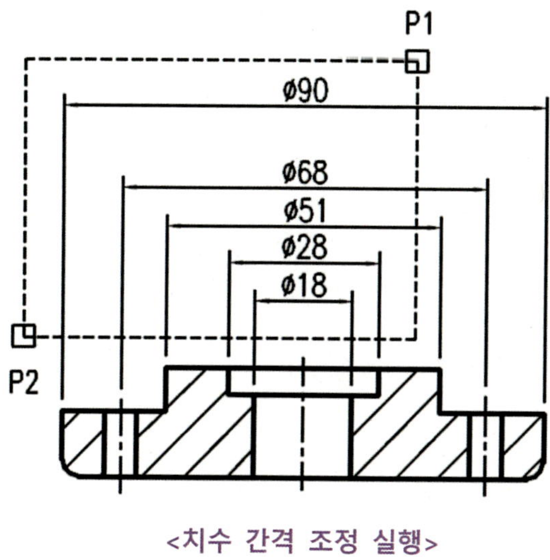

<치수 간격 조정 실행>

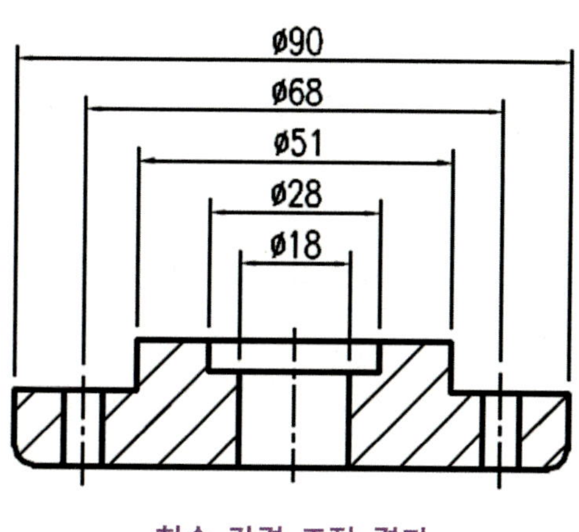

<치수 간격 조정 결과>

기본 치수 선택 : ***(P1 클릭)*** (기준 치수선)
간격을 둘 치수 선택 : ***(P2 클릭)*** 반대 구석 지정: ***(P3 클릭)*** 5개를 찾음
간격을 둘 치수 선택 : ***(↵)***
값 또는 [자동(A)] 입력 <자동(A)> : ***(8↵)***

※ <자동(A)>는 기본간격 8mm가 적용된다('치수스타일관리자'에서 설정한 값).
기계제도 표준 : 8~10mm

2.12 연습 문제 1

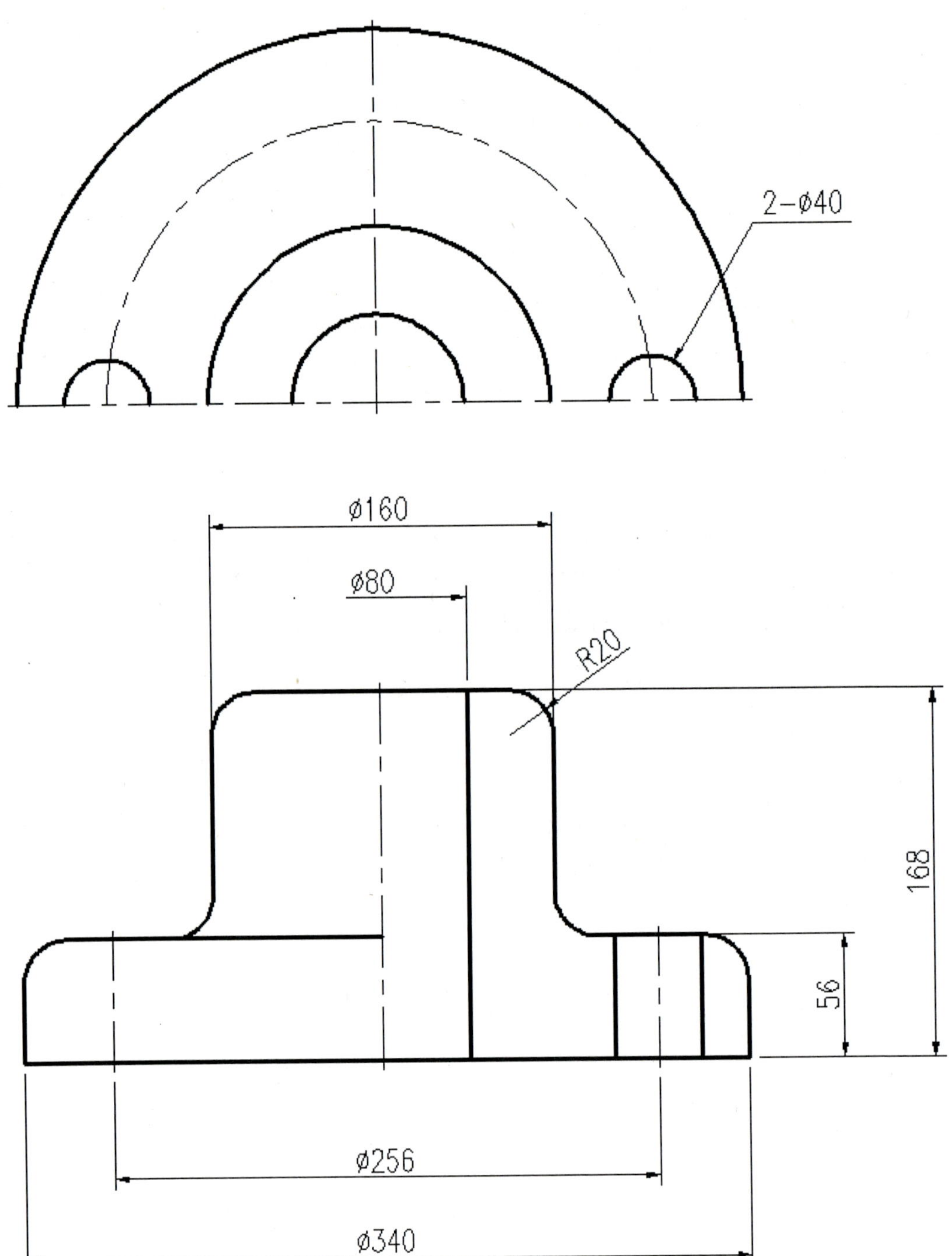

2.12 연습 문제 2

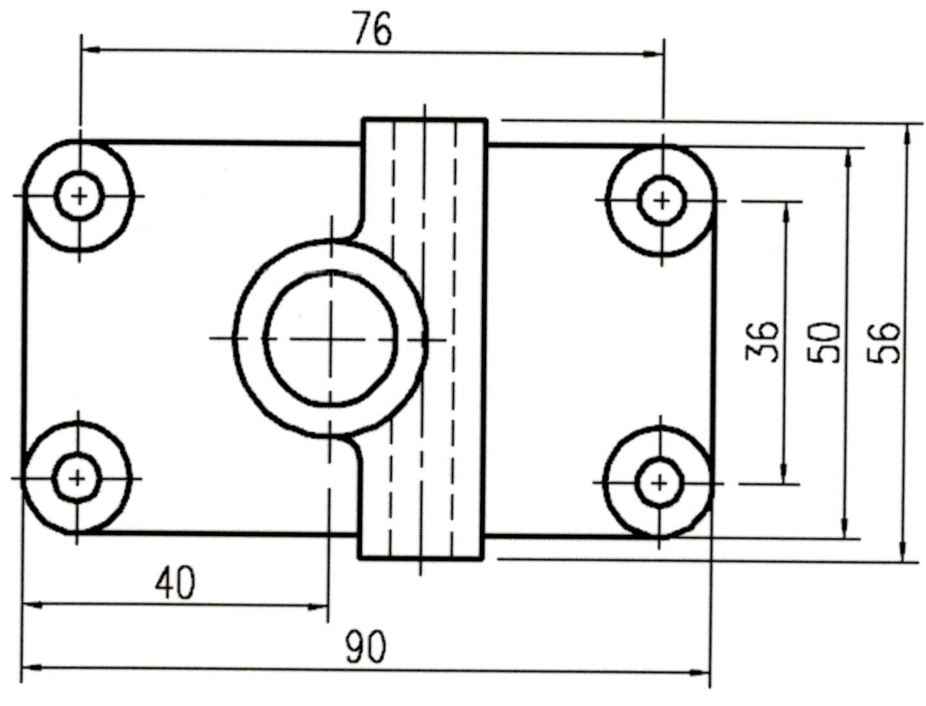

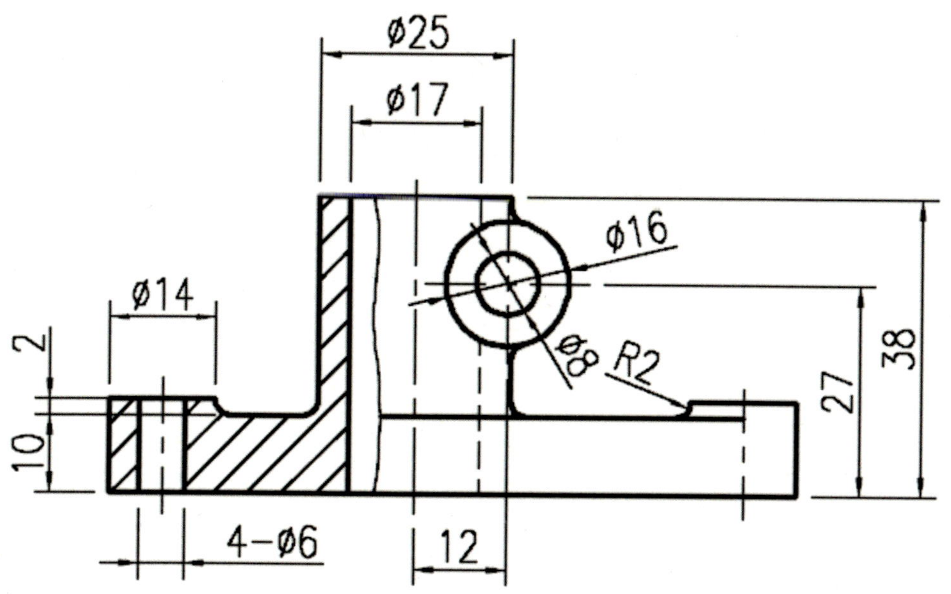

2.12 연습 문제 3

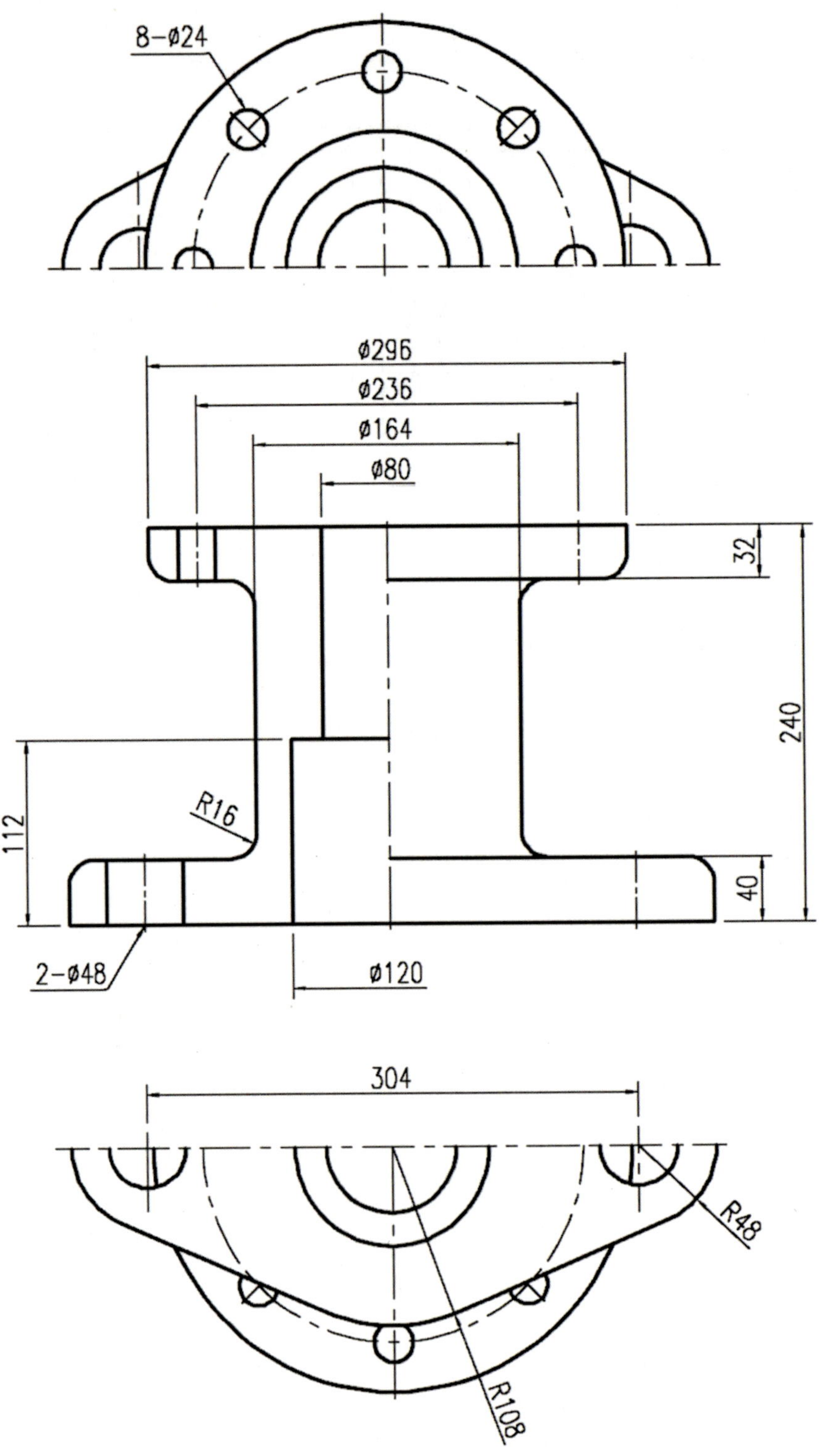
8-Ø24
Ø296
Ø236
Ø164
Ø80
32
240
112
R16
40
2-Ø48
Ø120
304
R48
R108

2.12 연습 문제 4

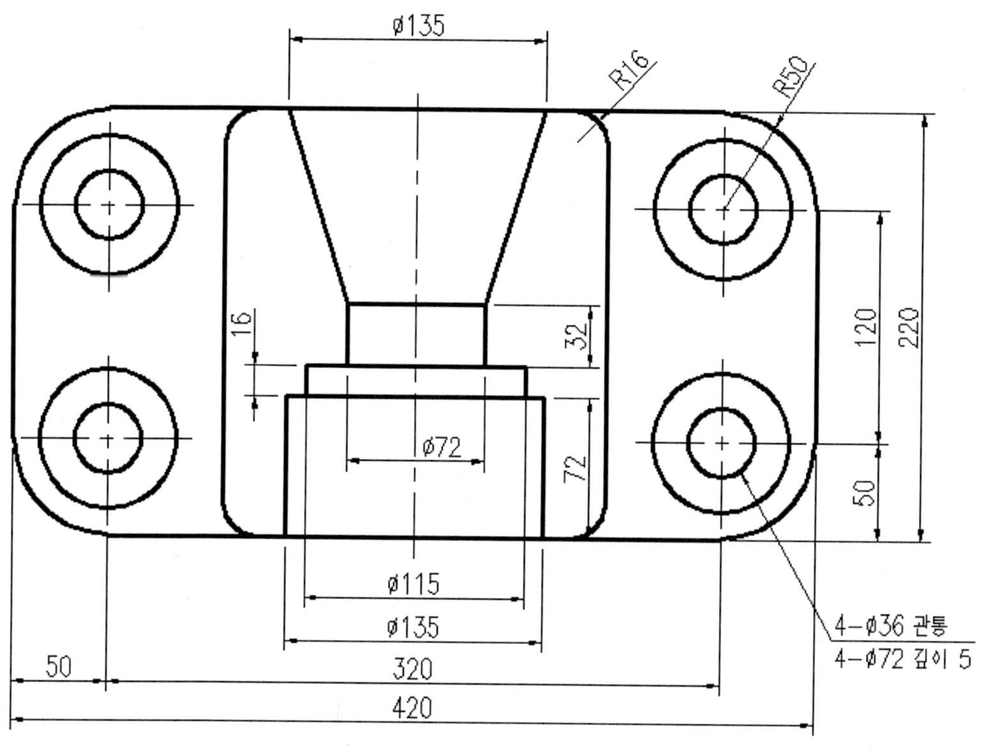

ø135
R16
R50
16
32
120
220
ø72
72
50
ø115
ø135
4-ø36 관통
4-ø72 깊이 5
50
320
420

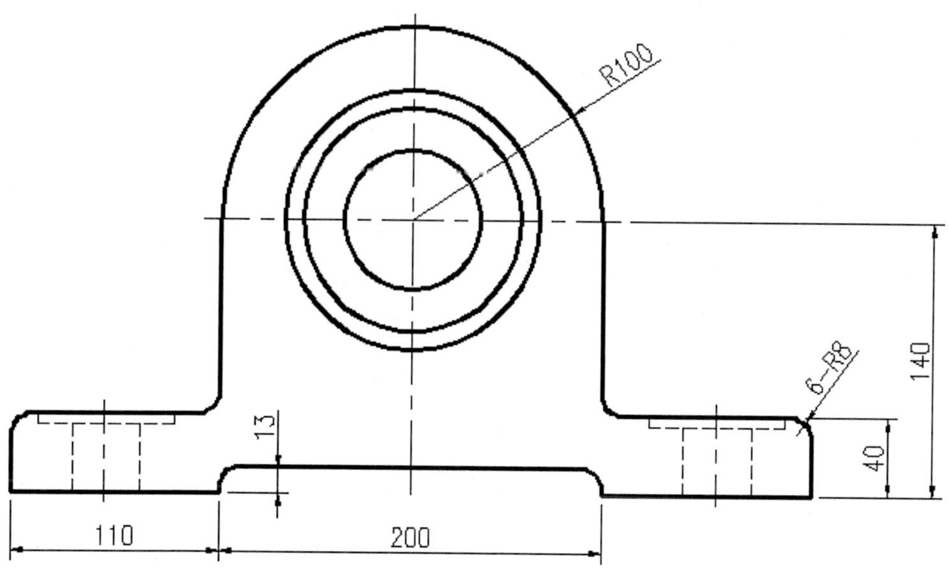

R100
6-R8
13
140
40
110
200

2.13 객체 특성 수정(Style, Properties, Matchprop)

2.13.1 Properties

객체의 특성을 수정한다.

① 명령(Command) : _ properties ↵

② 툴바 메뉴 :

[1] 특성 팔레트

- 객체를 선택하지 않은 경우 모든 새 객체에 사용할 현재 특성을 보고 변경할 수 있다.
- 객체 별로 변경이 가능한 항목을 각각의 탭 버튼으로 나타내어 변경할 수 있게 해준다.
- 항목 탭 내의 소항목 중 우측의 입력창이 활성화 된 것들은 값을 변경할 수 있다.

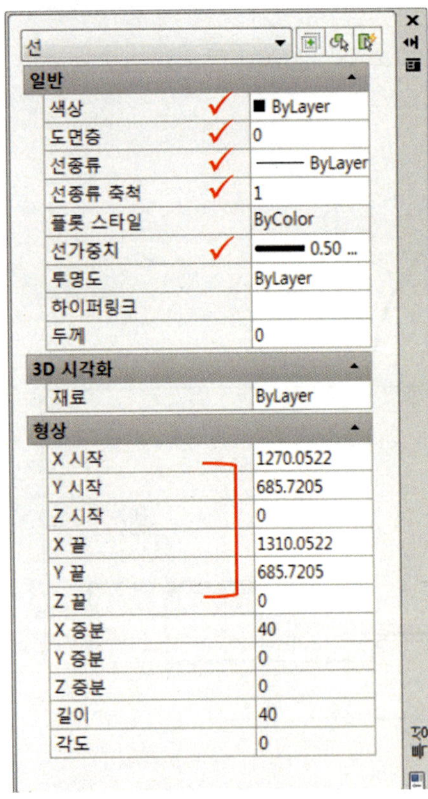

<선 객체 선택>

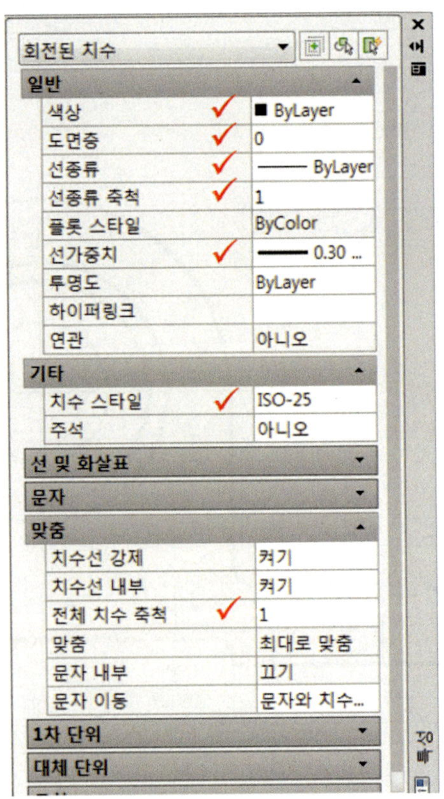

<치수 객체 선택>

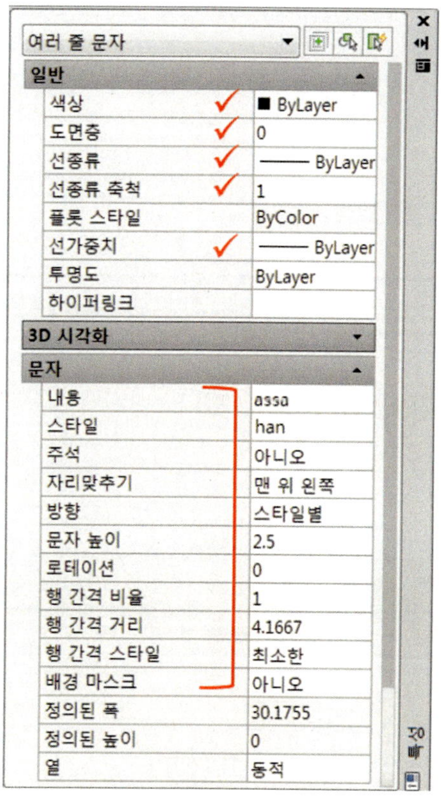

<여러 줄 문자 선택>

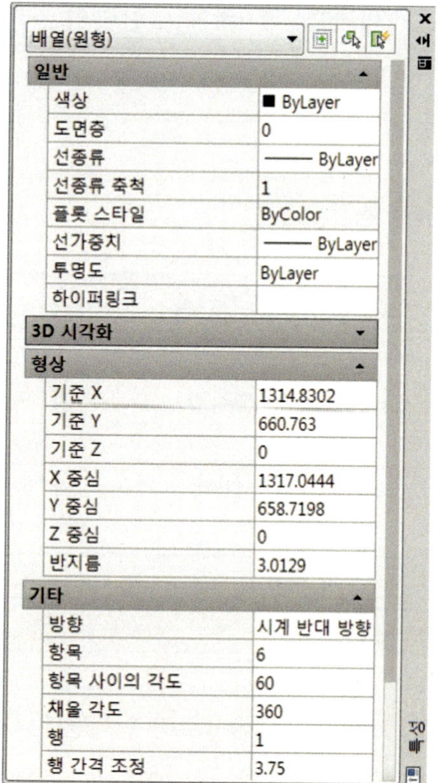

<배열(원형) 선택>

[2] 명령 없이 객체 수정하기

- 명령이 수행 중이 아닌 상태에서 객체를 더블 클릭하면 특성 팔레트가 자동으로 열리며 수정할 수 있는 상태가 된다.
- 몇몇 객체 유형의 경우에는 두 번 클릭하면 빠른 특성 팔레트가 아닌 편집기가 열리거나 객체별 명령이 시작된다. 이러한 객체 유형으로는 블록, 폴리선, 스플라인 및 문자가 있다.
- 사용자 인터페이스 사용자화(CUI) 대화상자에서 각 객체 유형을 두 번 클릭할 때 사용되는 팔레트 또는 명령을 조정할 수 있다.

2.13.2 객체 선택 후 특성 수정하기

객체를 선택한 후 AutoCAD 화면의 툴바에서 '스타일' 버튼이나 '특성' 버튼을 선택하여 수정할 수 있다.

[1] 스타일 툴바

- 문자 스타일, 치수 스타일, 표 스타일, 지시선 스타일을 변경할 수 있다.

[2] 도면층 툴바, 특성 툴바

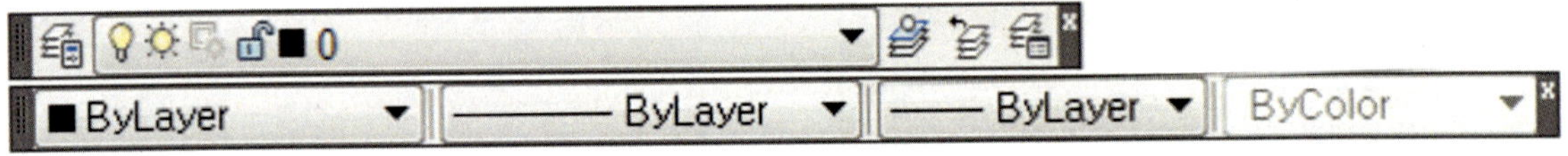

- 객체의 도면층을 바꿈으로써 한꺼번에 특성을 바꿀 수 있다.
- 객체의 색깔, 선 종류, 선 가중치(굵기)를 각각 바꿀 수 있다.

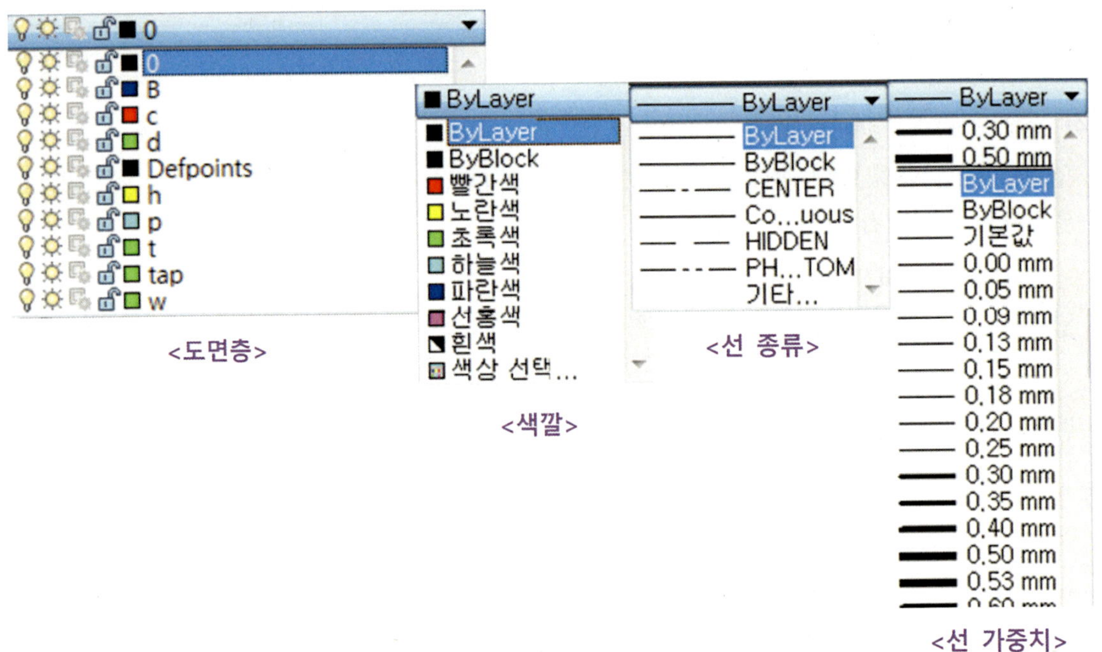

<도면층>

<색깔>

<선 종류>

<선 가중치>

2.13.3 특성 일치(Matchprop)

선택한 객체의 특성을 다른 객체에 적용한다.

① 명령(Command) : MA ↵

② 툴바 메뉴 :

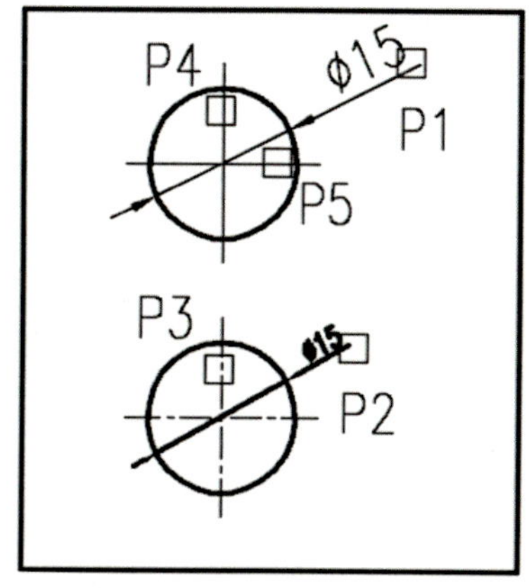

<특성 일치 실행>

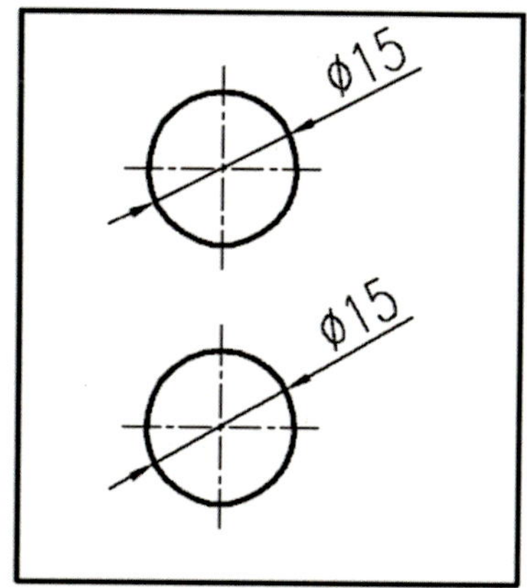

<특성 일치 실행 결과>

'MATCHPROP

원본 객체를 선택하십시오: *(P1 클릭)* (원본 선택)
현재 활성 설정: 색상 도면층 선종류 선축척 선가중치 투명도 두께 플롯 스타일 치수 문자 해치 폴리선 뷰포트 테이블 재료 그림자 표시 다중 지시선
대상 객체를 선택 또는 [설정(S)]:*(P2 클릭)* (대상 선택)
대상 객체를 선택 또는 [설정(S)]:*(↵)*

명령: *(↵)*
'MATCHPROP
원본 객체를 선택하십시오:*(P3 클릭)* (원본 선택)
현재 활성 설정: 색상 도면층 선종류 선축척 선가중치 투명도 두께 플롯 스타일 치수 문자 해치 폴리선 뷰포트 테이블 재료 그림자 표시 다중 지시선

대상 객체를 선택 또는 [설정(S)]:*(P4, P5 클릭)* (대상 선택)
대상 객체를 선택 또는 [설정(S)]: *(↵)*

2.14 Template File 만들기

새도면 만들기로 새 파일을 작성할 때 도면작성을 위한 표준들을 정해둔 템플릿 파일을 열어서 시작한다.

템플릿 파일에 저장해두는 설정은 표준단위, 도면 한계, 도면층, 문자 스타일, 치수 스타일, 인쇄 설정 등과 도면 양식인 윤곽선, 중심 마크, 표제란 등이다.

새도면 만들기로 새 파일을 열고 다음의 설정을 한다.

2.14.1 단위

Auto CAD에서 사용할 단위를 설정한다.

① 명령(Command) : units ↵

② 풀다운 메뉴 :

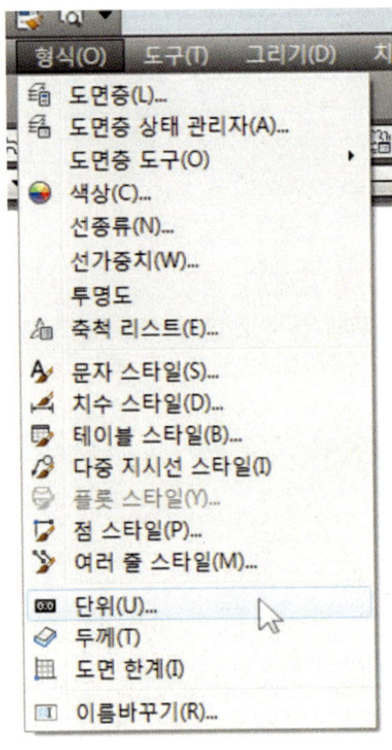

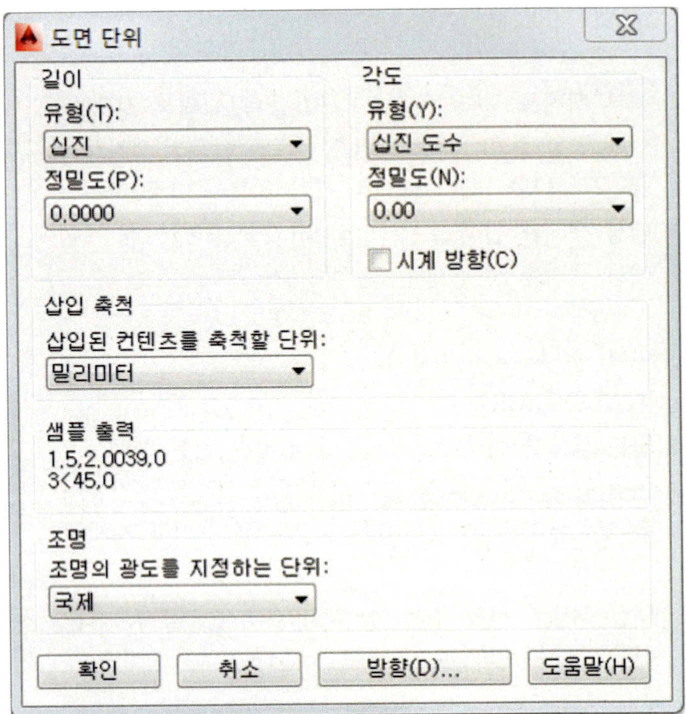

2.14.2 도면 한계

Auto CAD에서 도면을 작성할 가상의 공간 크기를 도면 용지 크기를 기준으로 설정한다.

① 명령(Command) : LIMITS ↵

② 풀다운 메뉴 :

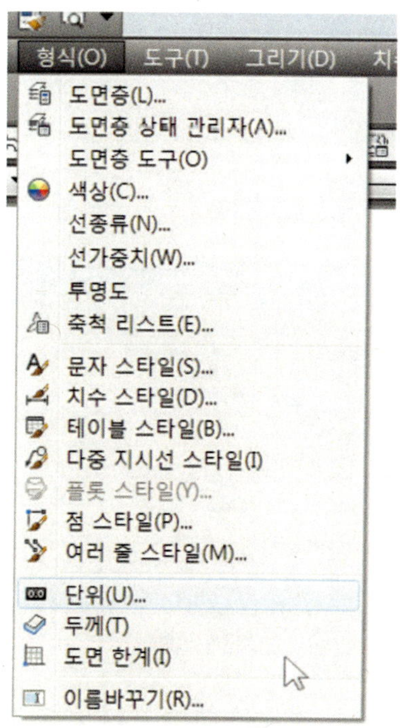


```
명령: '_limits
보형 공간 한계 재설정:
왼쪽 아래 구석 지정 또는 [켜기(ON)/끄기(OFF)] <0.0000,0.0000>: (↵)
오른쪽 위 구석 지정 <420.0000,297.0000>: (420,297 ↵) (A3용지 크기)
```

2.14.3 스타일 설정

Auto CAD에서 도면 작성 시 사용할 문자 스타일, 치수 스타일을 설정한다.

설정 방법 및 내용은 해당 단원을 참고한다.

① 툴바 메뉴 :

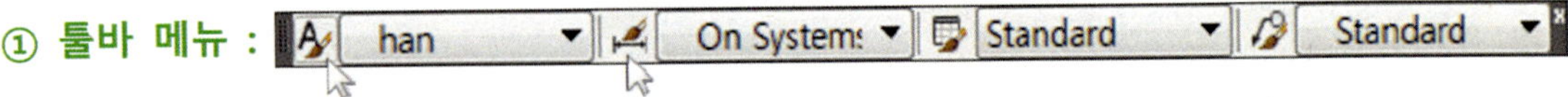

② 풀다운 메뉴 :

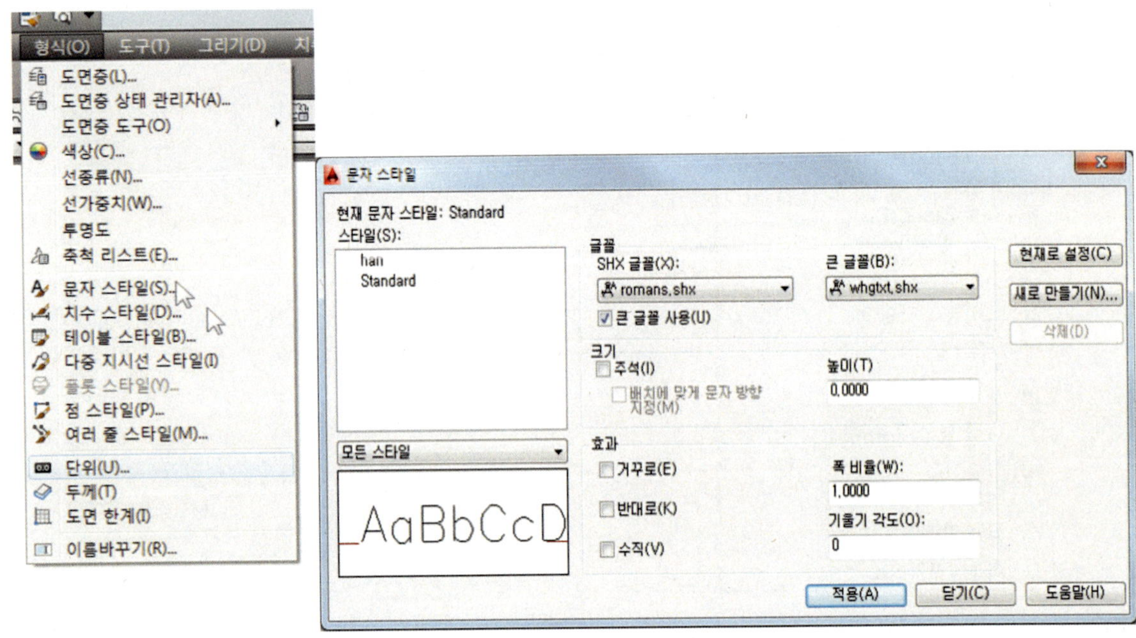

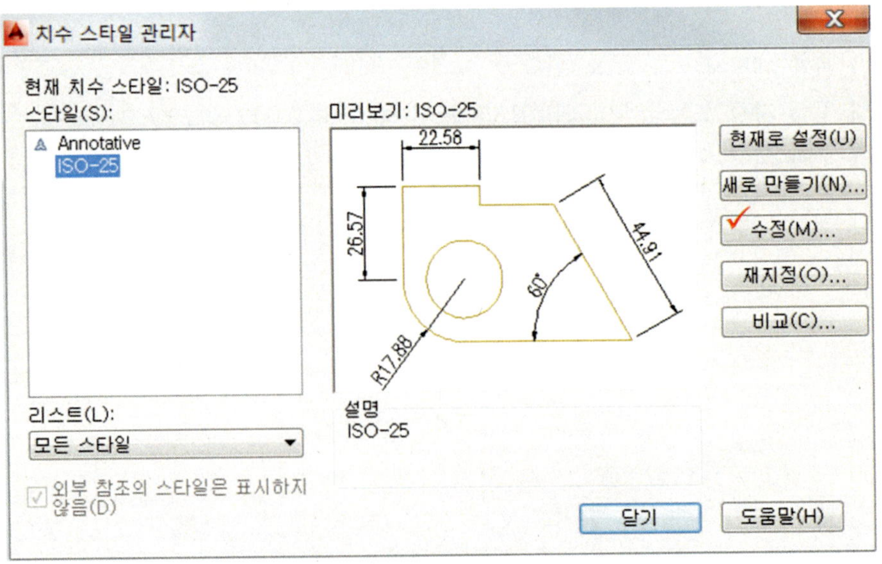

2.14.4 도면층 설정

도면 작성 시 사용할 선의 종류, 색, 굵기 등을 설정한다.

설정 방법 및 내용은 해당 단원을 참고한다.

① 명령 (Command) : LA ↵

② 툴바 메뉴 : 

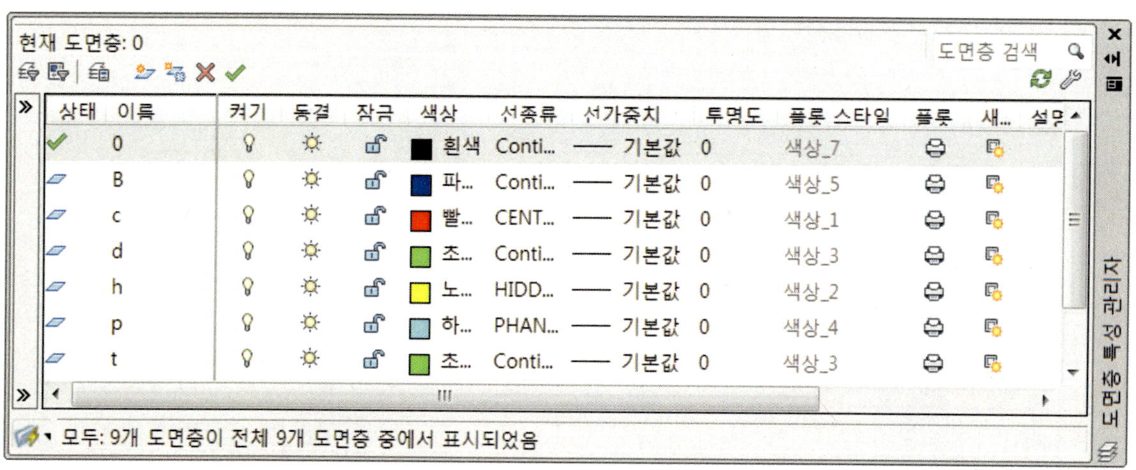

도면층 이름	선 색상	선 종류	선의 용도
0(외형선)	흰색(7)	Continuous	도형의 보이는 선 작성(굵은 선)
C(중심선)	빨간색(1)	CENTER	도형의 중심을 나타내는 선 작성
D(치수선)	초록색(3)	Continuous	치수선 작성
H(숨은선)	노란색(2)	HIDDEN	도형의 보이지 않는 선 작성
P(가상선)	하늘색(4)	PHANTOM	가상 선 작성

2.14.5 템플릿파일 저장

필요한 설정이 완료되면 템플릿파일로 저장한다.

저장 위치 및 파일 이름은 구분이 쉽고 사용이 편리하게 지정한다.

'파일 유형'에서 [AutoCAD 도면 템플릿(*.dwt)]를 선택하고 원하는 위치(폴더)에 구분이 되는 이름을 작성하여 저장한다.

① 명령 : save ↵

② 풀다운 메뉴 :

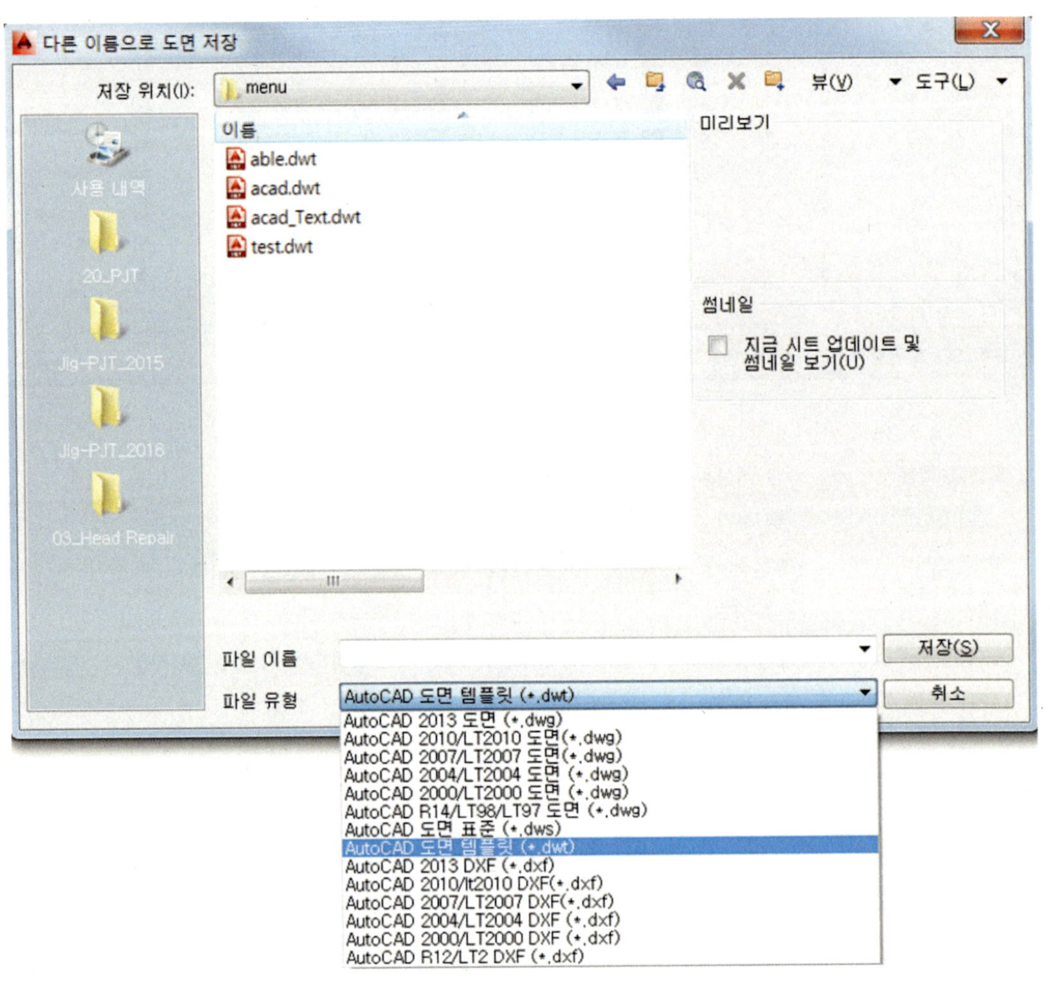

2.15 Block, Insert, Purge

2.15.1 BLOCK(블록) 작성

현재의 도면(*.dwg) 내에 블록을 생성시킨다.

① 명령(Command) : block ↵

② 툴바 메뉴 :

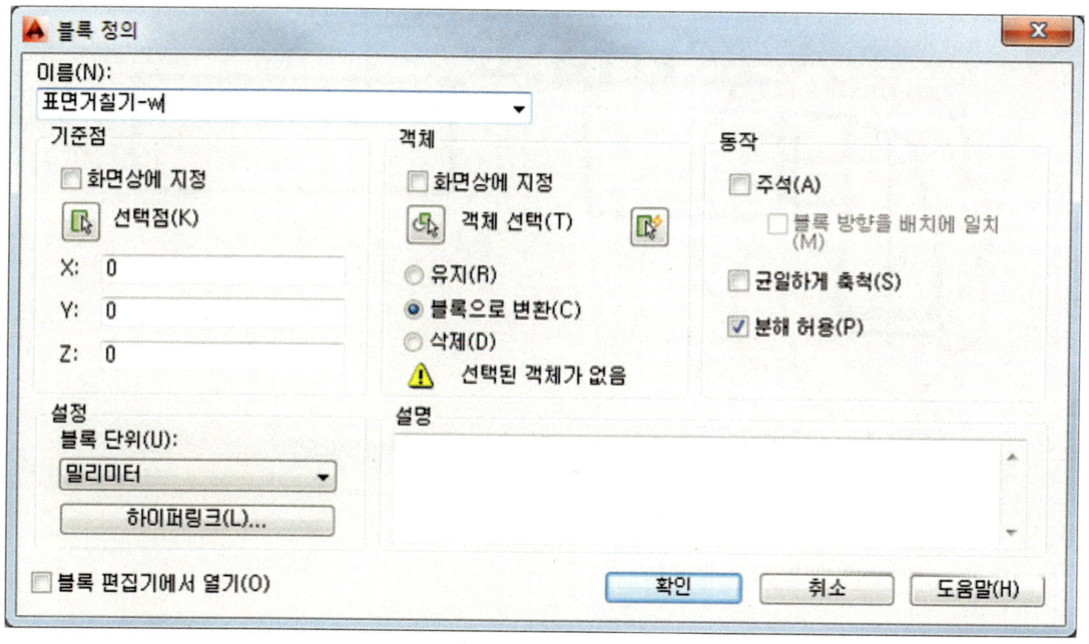

명령옵션	설 명
이름(N)	Block 이름을 지정한다.
객체 선택(T)	Block화 시킬 객체(요소)를 선택한다.
선택점(K)	Block화 시킬 객체(요소)의 기준점을 선택한다.

※ "선택점(K)"은 도면에 삽입할 때의 기준점이 된다.

※ BLOCK은 현재 도면에서만 사용되고 다른 도면에서는 사용할 수 없다.

※ Block 기능은 조립도 설계 시 유용하게 사용된다.
조립도에서 부품이나 부분품의 위치를 각각 다른 자세로 여러 곳에 나타낼 때 블록으로 만들어 사용하면 편리하다.

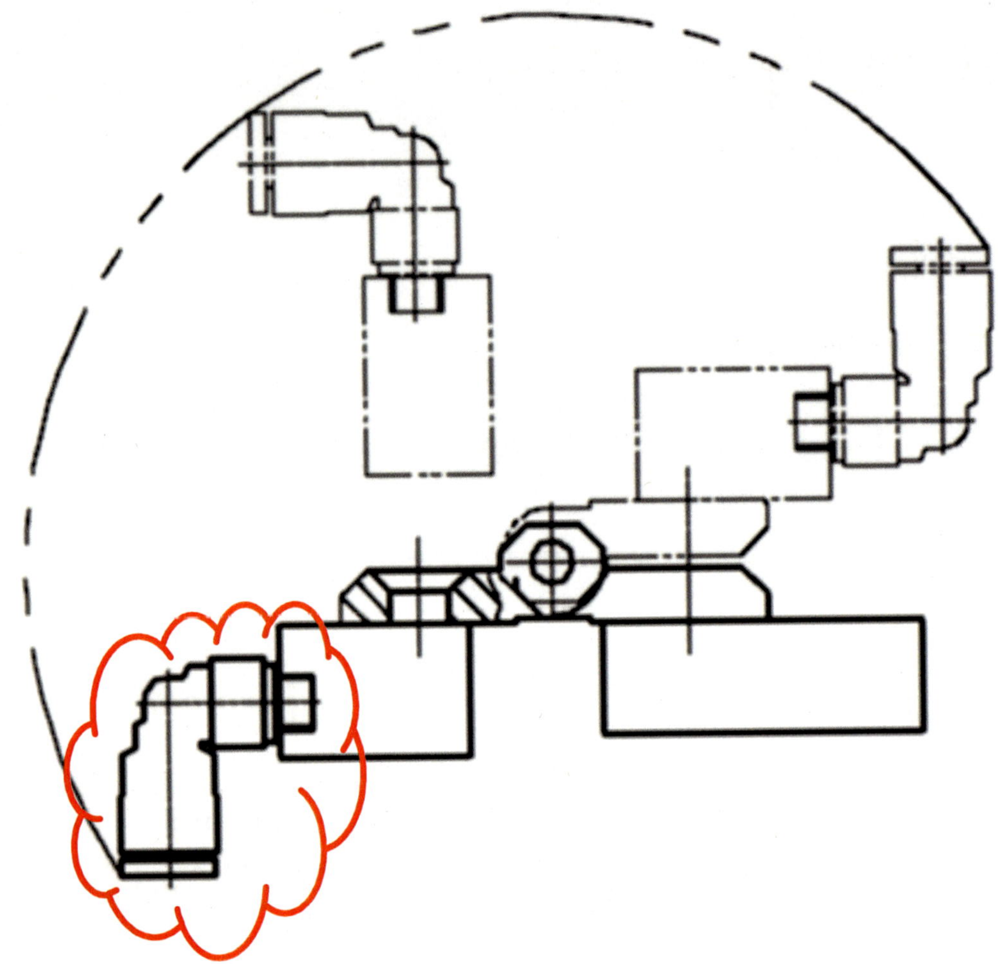

<블록을 이용한 부품의 가동 범위 표시(조립도)>

2.15.2 INSERT(블록 삽입)

블록 또는 도면(*.dwg) 등을 현재의 도면에 삽입한다.

① **명령(Command) : insert ↵**

② **툴바 메뉴 :**

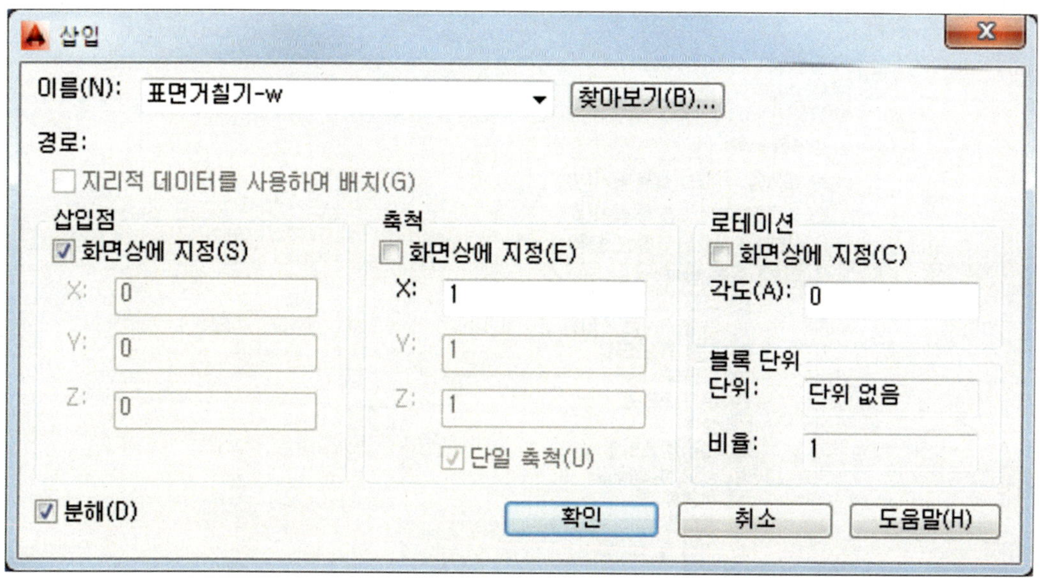

명령옵션	설 명
이름(N)	Block,Wblock(*dwg) 또는 외부 도면(*dwg)을 선택한다.
축척	체그히면 화면상에서 크기를 지정한다.
삽입점	화면상에서 삽입점을 지정한다.
분해(D)	분해(Explode)해서 삽입한다.

※ 만일 insert로 도면파일(*.dwg)을 삽입하게 되면, 갖고 있던 도면특성(block, layer 등)을 함께 가져오게 되므로 현재의 도면용량 크기가 증가하게 된다. 또한 삽입된 도면을 삭제하더라도 특성들은 그대로 남는다.

2.15.3 소거(Purge)

블록 정의 및 도면층 등 사용되지 않은 항목을 도면에서 제거한다.

① 명령(Command) : pu ↵

② 파일(F) → 도면 유틸리티(U) → 소거(P) → 소거 항목 선택

③ 툴바 메뉴 :

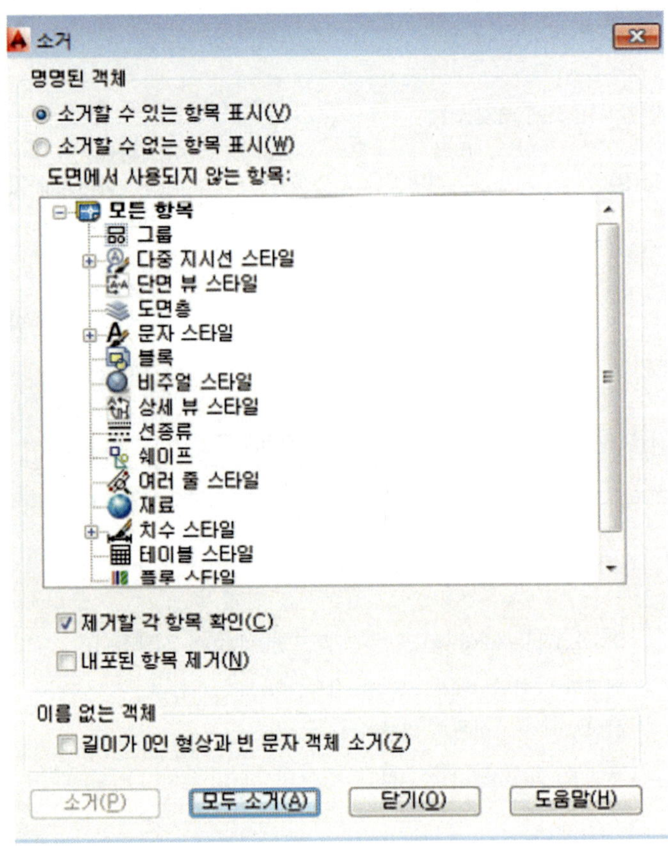

※ 도면에서 사용되었지만 삭제되어 보이지 않는 블록과 같은 도면을 새로 삽입하면 새로운 블록(내용)이 아닌 기존에 파일 내에 있는 블록이 나타나므로 블록 삽입 시 확인이 필요하며 Purge를 이용하여 관리해 주어야 한다.

※ 적당한 시점에서 Purge를 실행하여 도면용량을 줄여 저장하도록 한다.

2.16 조회(Distance, List, Area, Id, Status, Time)

2.16.1 Distance(거리 측정)

X, Y 및 Z 구성요소를 따라 지정된 점 사이의 거리 및 UCS를 기준으로 한 각도를 측정한다.

① 명령(Command) : Di ↵

② 툴바 메뉴 :

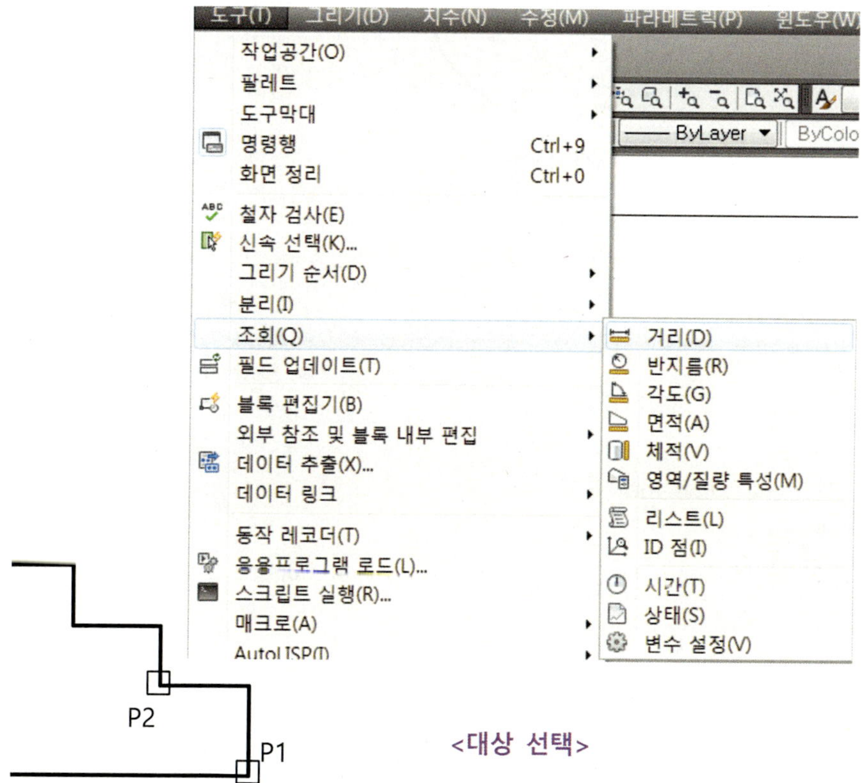

<대상 선택>

첫 번째 점 지정: *P1 클릭*
두 번째 점 또는 [다중 점(M)] 지정: *P2 클릭*
거리 = 21.2132, XY 평면에서의 각도 = 135, XY 평면으로부터의 각도 = 0
X증분 = -15.0000, Y증분 = 15.0000, Z증분 = 0.0000

2.16.2 List(리스트)

선택한 객체의 특성 데이터를 표시한다.

① 명령(Command) : Li ↲

② 툴바 메뉴 :

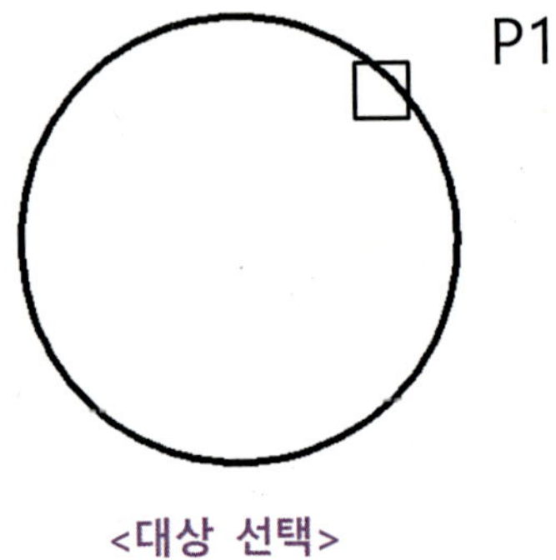

<대상 선택>

객체 선택: *(P1 클릭)* 1개를 찾음
객체 선택: ↲ (선택 완료)

원 도면층: "0"
공간: 모형 공간
선가중치: 0.50 mm
핸들 = 6e8
중심 점, X=1416.9641 Y= 912.4064 Z= 0.0000
반지름 20.0000
원주 125.6637
면적 1256.6371

2.16.3 Area(면적)

객체 또는 정의된 영역의 면적과 둘레를 측정한다.

① 명령(Command) : area ↵

② 풀다운 메뉴 :

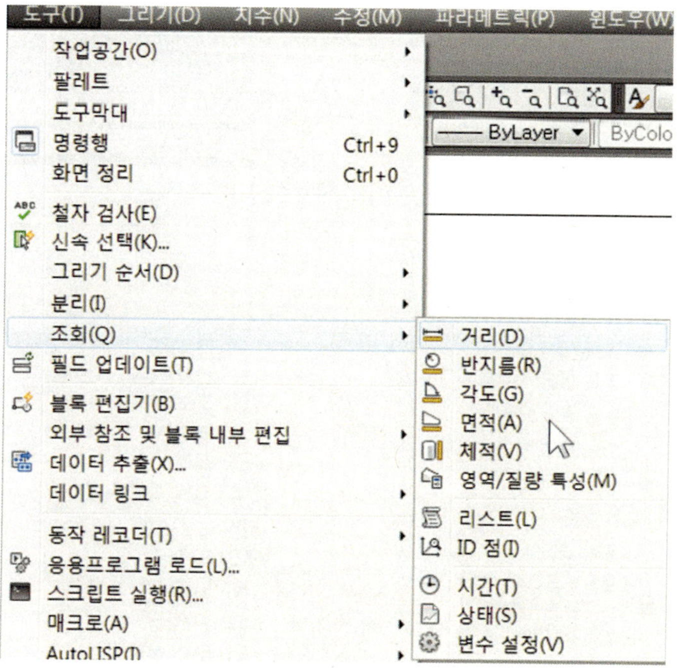

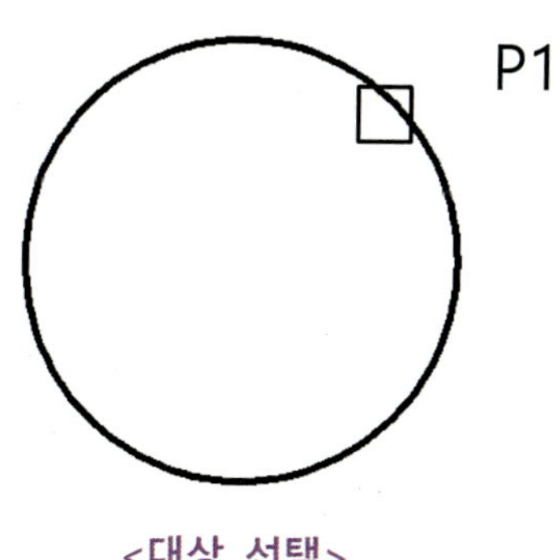

<대상 선택>

첫 번째 구석점 지정 또는 [객체(O)/면적 추가(A)/면적 빼기(S)] <객체(O)>: o↵
(객체 선택 옵션)
객체 선택: *P1 클릭*
영역 = 1256.6371, 원주 = 125.6637

2.16.4 ID

지정한 위치의 UCS 좌표 값을 표시한다.

① 명령(Command) : id ↵

② 풀다운 메뉴 :

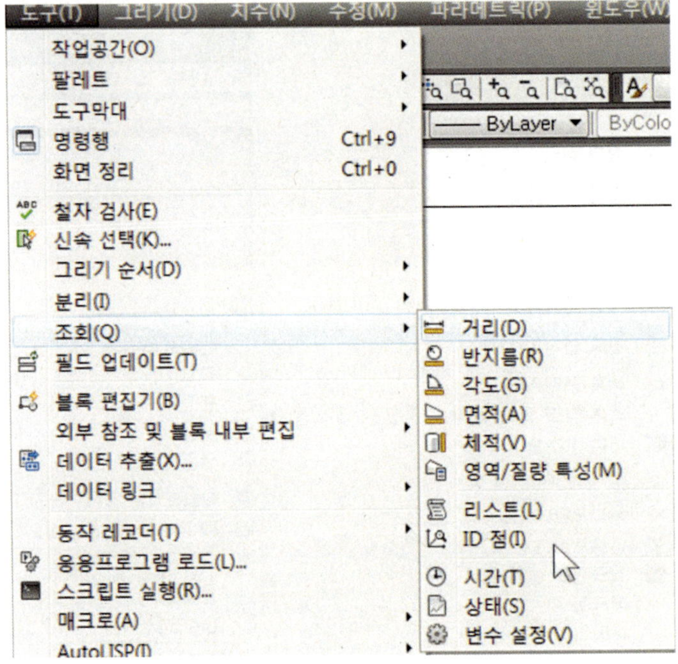

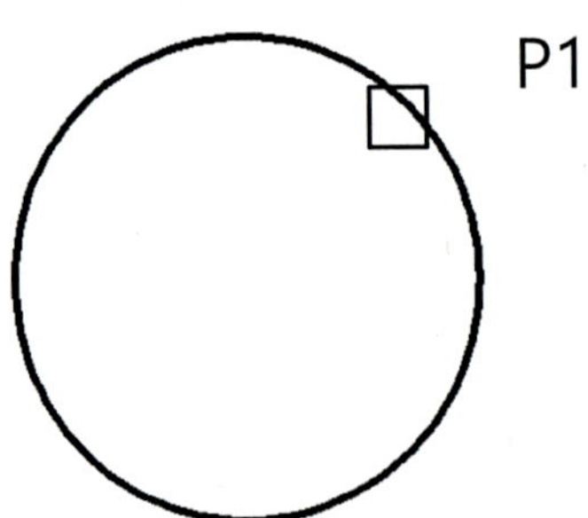

<대상 선택(중심점 객체 스냅 사용)>

'ID
점 지정: _cen *P1 클릭* <- X = 1416.9641 Y = 912.4064 Z = 0.0000

2.16.5 Status

도면 통계, 모드 및 범위를 표시한다.

① 명령(Command) : Status ↵

```
명령: STATUS
123 객체가 Drawing1.dwg에 있음
파일 크기 명령 취소:        475바이트
모형 공간 한계          X:     0.0000    Y:     0.0000   (끄기)
                  X:   420.0000    Y:   297.0000
모형 공간 사용         *없음*
디스플레이 보기         X:    -0.0184    Y:     6.6924
                  X:   641.1038    Y:   290.3076
삽입 기준           X:     0.0000    Y:     0.0000    Z:     0.0000
스냅 해상도          X:    10.0000    Y:    10.0000
그리드 간격          X:    10.0000    Y:    10.0000
현재 공간:           모형 공간
현재 배치:           Model
현재 도면층:          "0"
현재 색상:      BYLAYER -- 7 (흰색)
현재 선종류:     BYLAYER -- "Continuous"
현재 재료:      BYLAYER -- "Global"
현재 선가중치:    BYLAYER
현재 고도:          0.0000   두께:          0.0000
채우기 켜기  그리드 끄기  직교 끄기  Qtext 끄기  스냅 끄기  타블렛 끄기
객체 스냅 모드:    중심점, 끝점, 교차점
빈 도면 디스크 (E:) 공간: 527016.7 MB
빈 임시 디스크 (C:) 공간: 9766.7 MB
사용 가능한 실제 메모리: 13182.7 MB (16185.1M 외).
사용 가능한 스왑 파일 공간: 28947.8 MB (전체 32368.4M).
```

2.16.6 Time

도면의 날짜 및 시간 통계를 표시한다.

① 명령(Command) : Time ↵

```
현재 시간:            2015년 2월 22일 일요일  오전 9:43:32:756
이 도면의 시간:
  작성:              2015년 2월 22일 일요일  오전 9:35:29:165
  최종 업데이트:        2015년 2월 22일 일요일  오전 9:35:29:165
  전체 편집 시간:       0일 00:08:03:666
  경과 타이머 (켜기):    0일 00:08:03:632
  다음 자동 저장:       <아직 수정되지 않음>
옵션 입력 [표시(D)/켜기(ON)/끄기(OFF)/재설정(R)]:
```

2.17 AutoCAD Option

제도 작업을 하기 편리하도록 개인별 환경 설정을 하거나, 시스템이 최적 조건에서 작동하도록 구성해주고, 또는 조직의 표준을 따르도록 설정한다.

① 명령(Command) : op ↵

② 다른 방법 : 명령창의 빈 공간을 마우스 우측 버튼으로 클릭하면 옵션창을 선택할 수 있는 팝업 창이 생긴다.

2.17.1 화면 표시

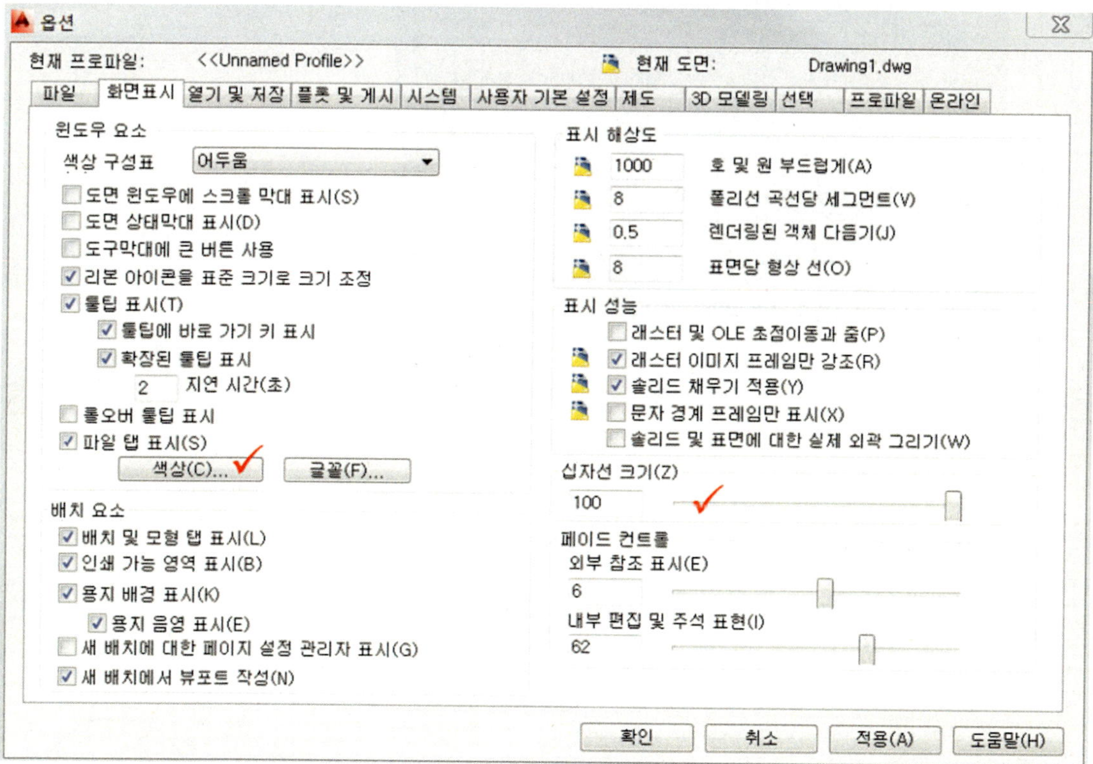

1) 도면 윈도우 색상 설정

오랜 시간 동안 바라보아야 하는 모형공간의 배경색은 어두운 색(검정)으로 설정하는 것이 눈의 피로를 적게 하고 객체들을 잘 구분하여 볼 수 있다.

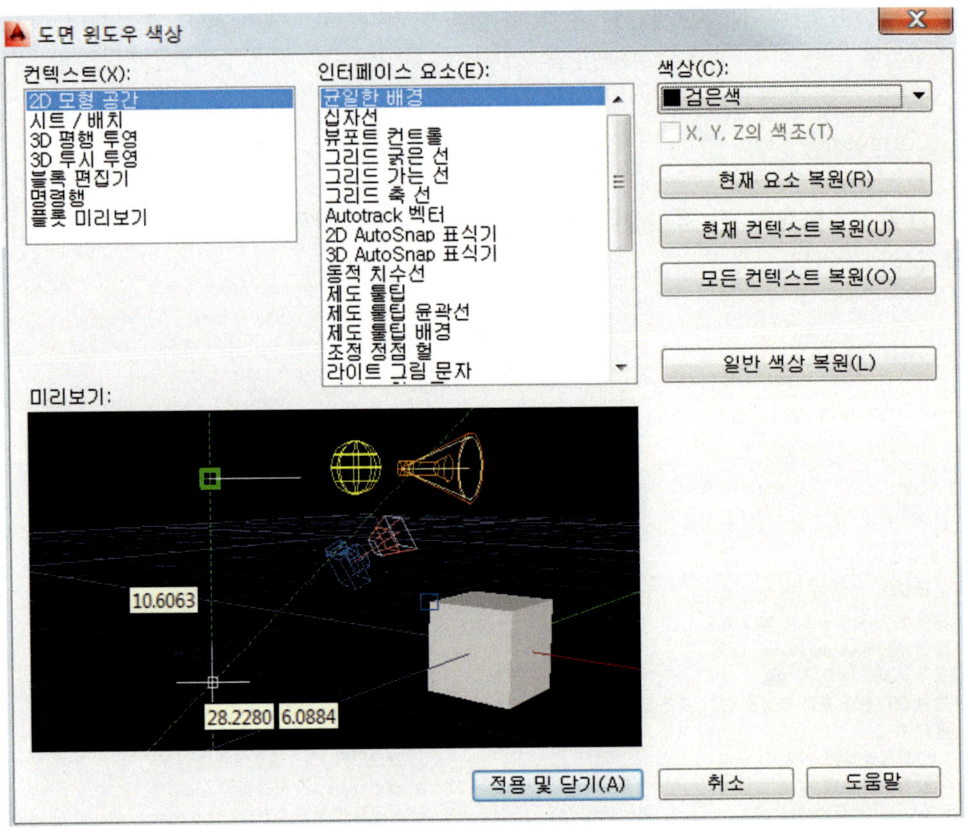

2) 십자선 크기 설정

십자선은 커서의 기능과 함께 화면 내의 수직, 수평을 비교해 볼 수 있는 기준선 역할을 하므로 크기를 100으로 설정하는 것이 좋다.

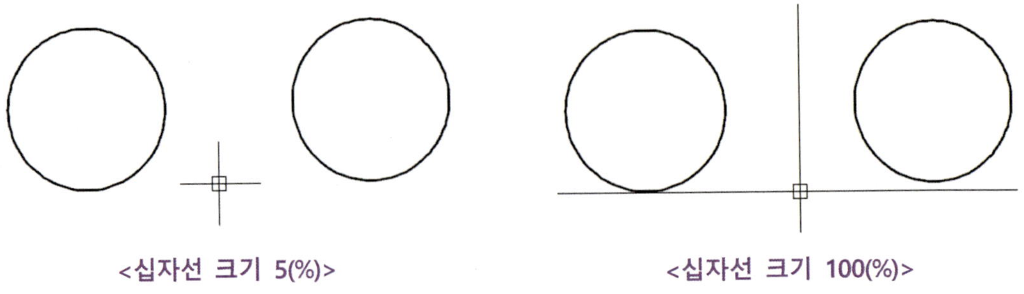

<십자선 크기 5(%)> <십자선 크기 100(%)>

2.17.2 파일

시스템이 효율적으로 작동할 수 있도록 지원파일의 위치를 지정한다.

특히 도면 템플릿 파일 지정, 자동저장 위치 등을 설정해두면 편리하다.

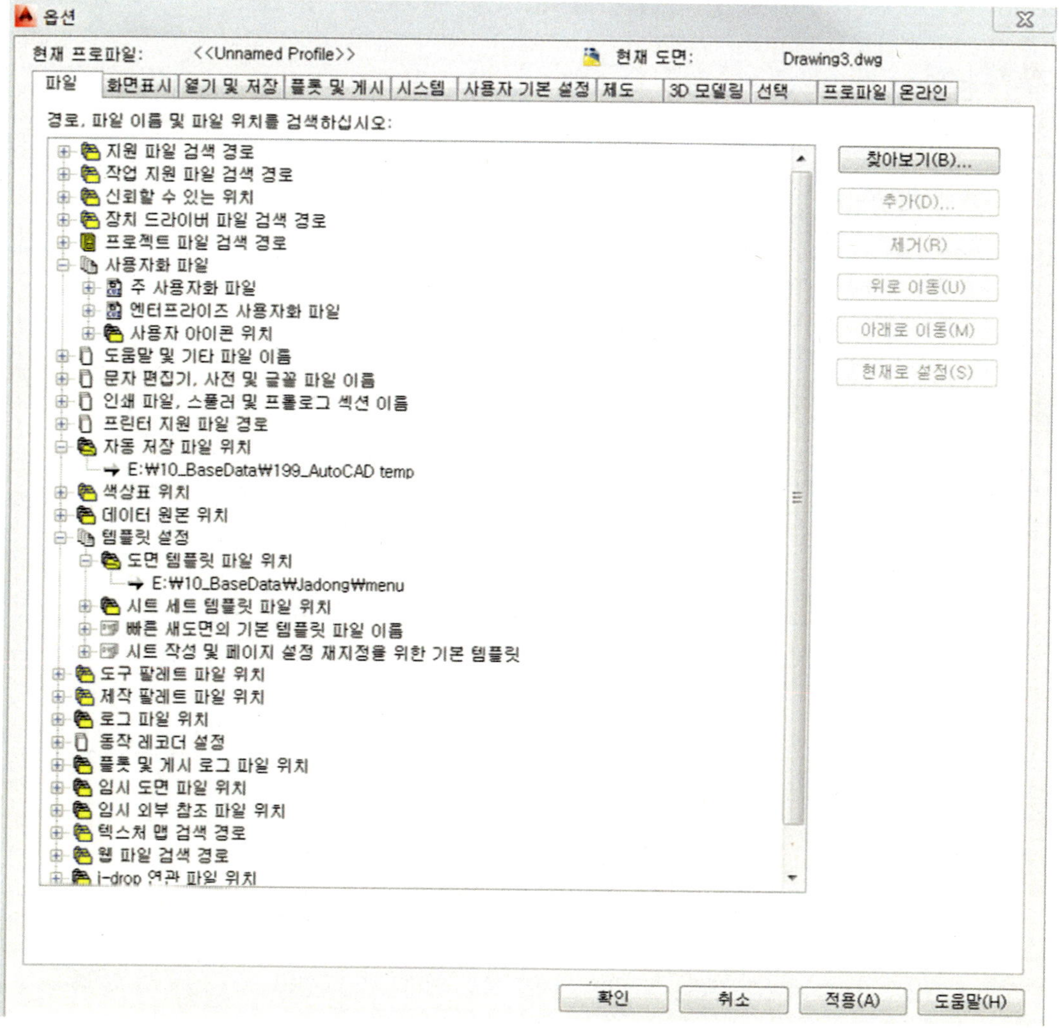

2.17.3 열기 및 저장

도면파일을 저장하고 열기 위한 옵션을 지정한다.

자동 저장 기능은 불의의 사고에 의한 도면 작업 결과의 손실을 예방하기 위한 기능이므로 잘 활용하여야 한다. 다만 너무 짧은 주기로 저장하면 작업에 불편을 끼칠 수 있다.

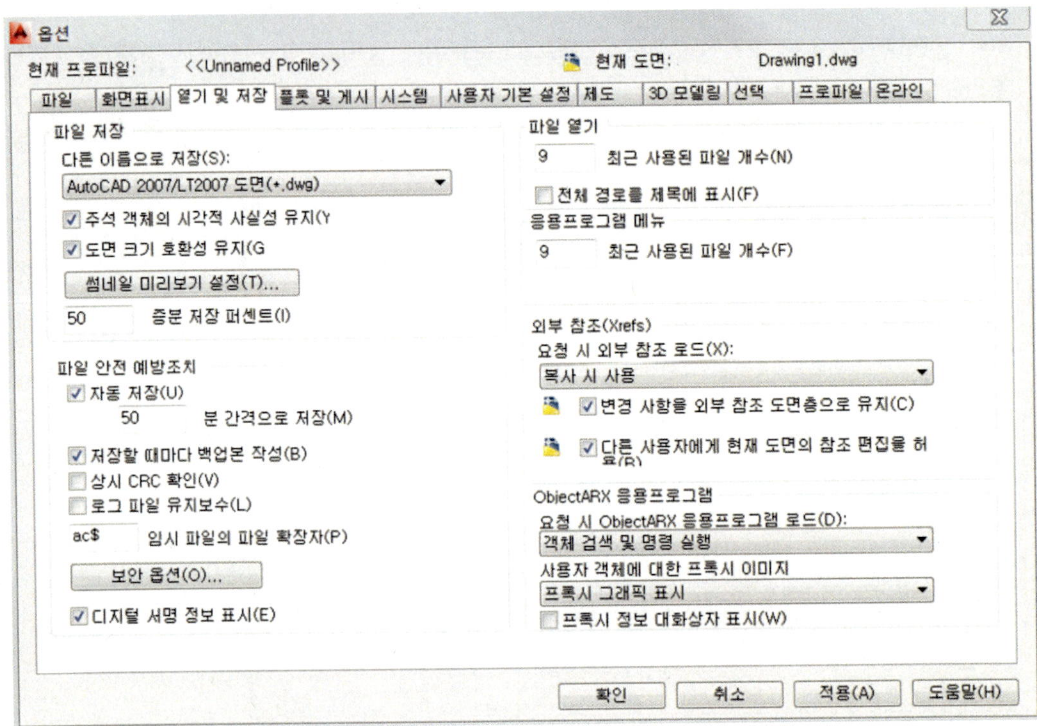

명령위치	명령옵션	설 명
파일	자동 저장 파일 위치	자동 저장 파일 위치를 설정해 놓는다.
열기 및 저장	자동저장(U)	자동 저장 시간을 분 단위로 정해 놓는다.
	저장할 때마다 백업본 작성(B)	자동 저장 때마다 백업파일(*bak)을 함께 작성한다.
	임시 파일의 파일 확장자(P)	자동 저장 파일 확장자를 임시 파일(AC$)로 작성한다.

※ 자동저장파일 열기 : 임시 파일(ac$)은 *.dwg 확장자로 바꾸면 된다.
(예 : ABC.ac$ → ABC.dwg)
백업 파일(*bak)도 *.dwg로 바꾸면 열어서 도면 수정작업을 할 수 있다.

2.17.4 사용자 기본 설정

오른쪽 클릭 사용자화 : AutoCAD에서는 엔터 버튼을 많이 사용해야 하는데 키보드의 엔터 버튼을 사용하는 것 보다 마우스 오른쪽 버튼을 엔터 버튼으로 지정해서 사용하는 것이 편리하다.

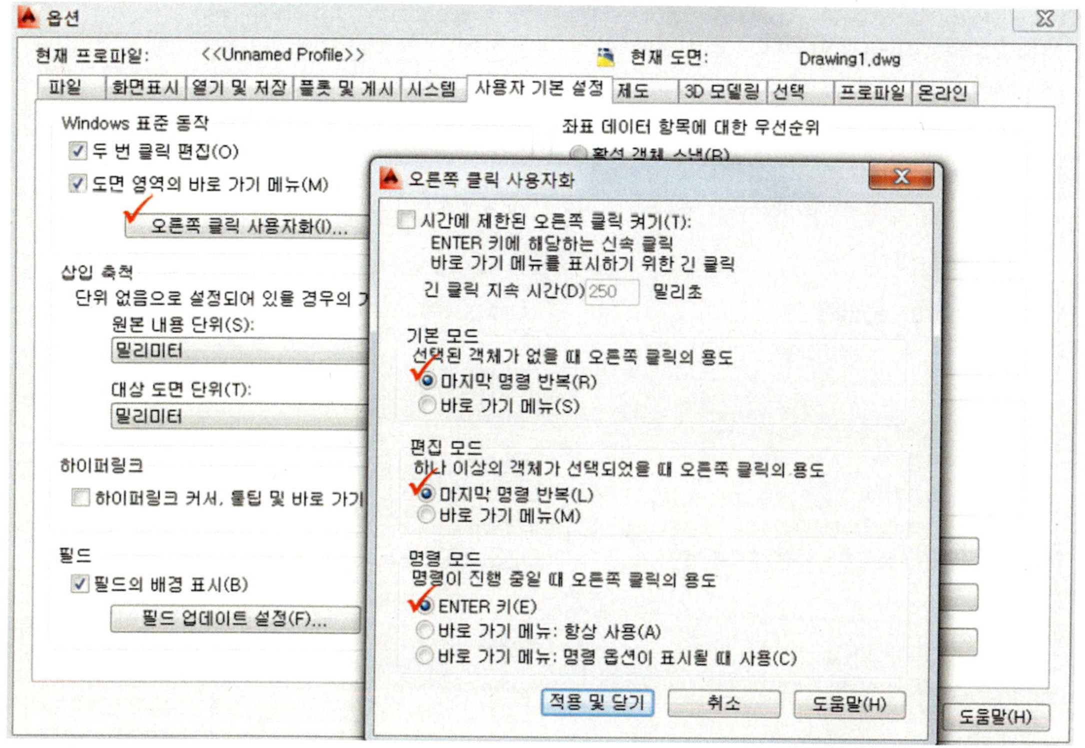

2.17.5 제도

객체스냅 기능을 사용할 때의 옵션사항을 설정한다.

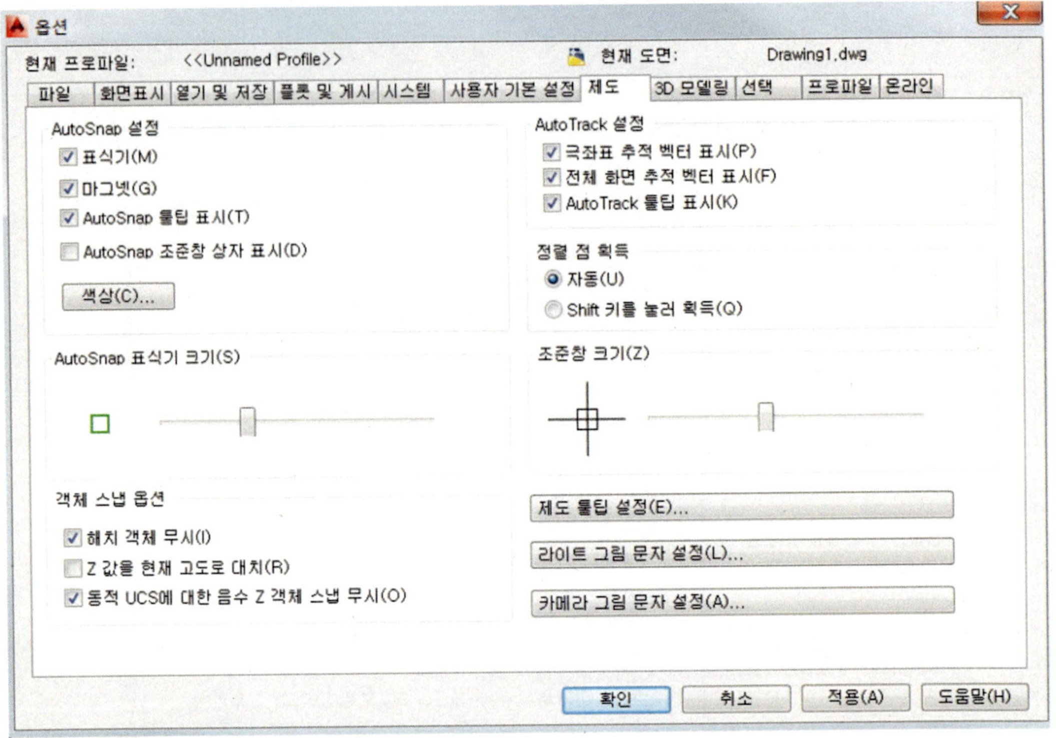

※ Auto Snap 표식기, 조준창 크기 설정
크기가 작으면 복잡한 객체 사이에서 정확하게 선택하기 유리한 반면 정밀한 마우스 이동이 필요하므로 개인별로 적당한 크기를 설정하는 것이 좋다.

2.17.6 선택

객체를 선택할 때의 편리성을 위한 개인 설정화면이다.

확인란의 크기는 객체를 선택하기 위한 선택박스의 크기를 말하며 작게 하면 복잡한 부분에서 줌 기능을 사용하지 않고 작업할 수 있는 반면 선택하는데 정확한 위치로 이동해야 해서 시간이 더 걸린다.

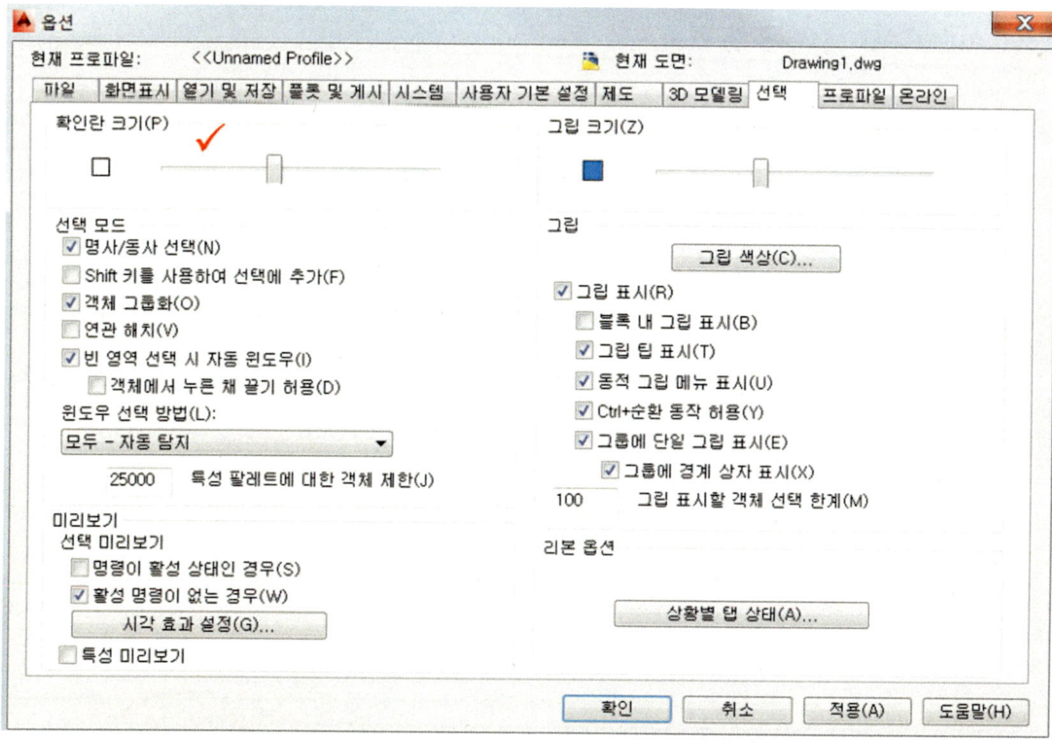

2.18 AutoCAD 명령 단축키

AutoCAD는 아주 많은 명령들이 있으며 자주 사용하는 명령어는 단축 명령어를 등록해서 사용하면 편리하다.

2.18.1 AutoCAD 단축 명령 등록

1) acad.pgp 파일 수정

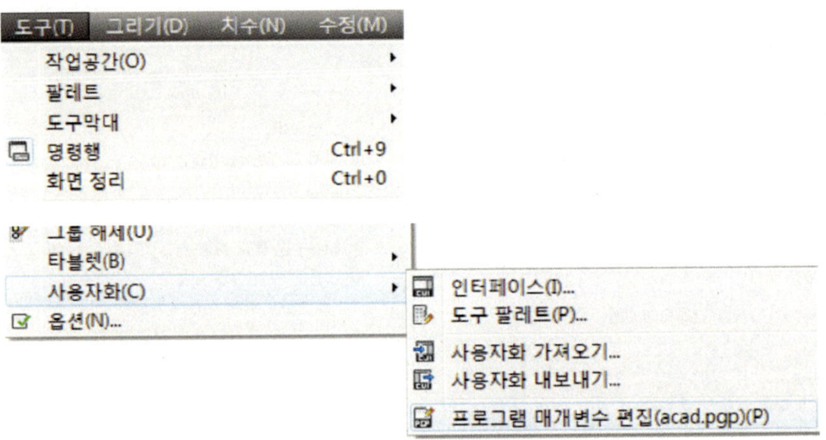

acad.pgp

```
; These examples include most frequently used commands.

3A,      *3DARRAY
3DO,     *3DORBIT
3F,      *3DFACE
3P,      *3DPOLY
A,       *ARC
ADC,     *ADCENTER
AA,      *AREA
AL,      *ALIGN
AP,      *APPLOAD
AR,      *ARRAY
-AR,     *-ARRAY
ATT,     *ATTDEF
-ATT,    *-ATTDEF
```

2) aliasedit

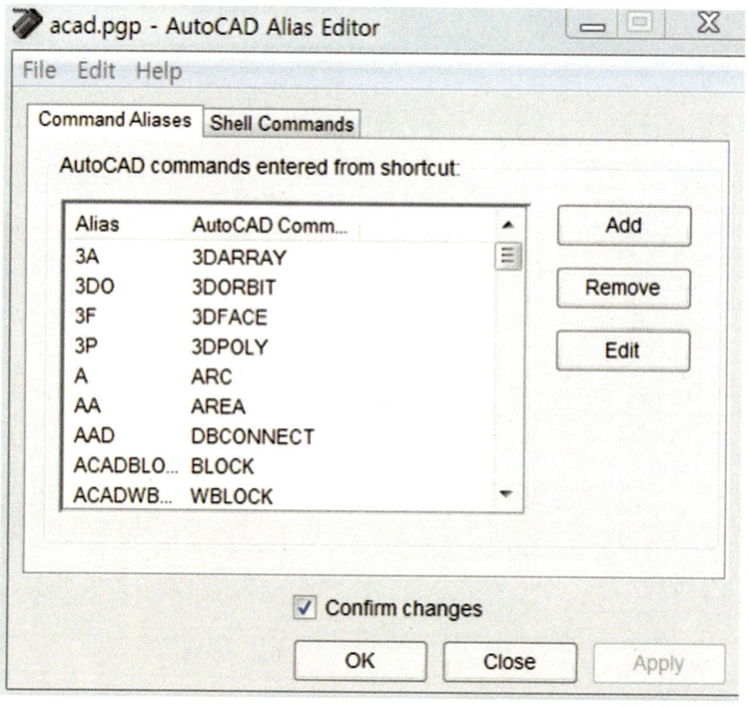
acad.pgp - AutoCAD Alias Editor
File Edit Help
Command Aliases
Shell Commands
AutoCAD commands entered from shortcut:
Alias AutoCAD Comm...
3A 3DARRAY
3DO 3DORBIT
3F 3DFACE
3P 3DPOLY
A ARC
AA AREA
AAD DBCONNECT
ACADBLO... BLOCK
ACADWB... WBLOCK
Add
Remove
Edit
Confirm changes
OK
Close
Apply

2.18.2 작도(DRAWING) 명령

단축키	명령어	내 용	비 고
L	LINE	선 그리기	
A	ARC	호(원호)그리기	
C	CIRCLE	원 그리기	
REC	RECTANG	사각형 그리기	
POL	POLYGON	정다각형 그리기	
EL	ELLIPSE	타원 그리기	
XL	XLINE	무한선 그리기	
PL	PLINE	연결선 그리기	
SPL	SPLINE	자유곡선 그리기	
ML	MLINE	다중선 그리기	
DO	DONUT	도넛 그리기	
PO	POINT	점 찍기	

2.18.3 편집(EDIT) 명령

단축키	명령어	내 용	비 고
Ctrl+Z	UNDO	이전명령 취소	
Ctrl+Z	MREDO	UNDO 취소	다중복구
E	ERASE	지우기	
EX	EXTEND	선분 연장	
	TRIM	선분 자르기	
O	OFFSET	등 간격 및 평행선 복사	
CO	COPY	객체 복사	
M	MOVE	객체 이동	
AR	ARRAY	배열 복사	
MI	MIRROR	대칭 복사	
F	FILLET	모깍기	라운드
CHA	CHAMFER	모따기	
RO	ROTATE	객체 회전	
SC	SCALE	객체 축척 변경	
S	STRETCH	선분 신축	점 이동
LEN	LENGTHEN	선분 길이 변경	
BR	BREAK	선분 대충 자르기	
X	EXPLODE	객체 분해	
J	JOIN	PLINE 만들기	
PE	PEDIT	PLINE 편집	
SPE	SPLINEDIT	자유 곡선 수정	
DR	DRAWORDER	객체 높낮이 조정	

2.18.4 문자쓰기 및 편집 명령

단축키	명령어	내 용	비 고
T, MT	MTEXT	다중 문자 쓰기	문서 작성
DT	DTEXT	다이나믹 문자 쓰기	도면 문자
ST	STYLE	문자 스타일 변경	
ED	DDEDIT	문자, 치수 문자 수정	

2.18.5 치수기입 및 편집 명령

단축키	명령어	내 용	비 고
QDIM	QDIM	빠른 치수 기입	
DLI	DIMLINEAR	선형 치수 기입	
DAL	DIMALIGNED	사선 치수 기입	
DAR	DIMARC	호길이 치수 기입	
DOR	DIMORDINATE	좌표 치수 기입	
DRA	DIMRADIUS	반지름 치수 기입	
DJO	DIMJOGGED	꺾기 반지름 치수 기입	
DDI	DIMDIAMETER	지름 치수 기입	
DAN	DIMANGULAR	각도 치수 기입	
DBA	DIMBASELINE	첫 점 연속 치수 기입	
DCO	DIMCONTINUE	끝 점 연속 치수 기입	
MLD	MLEADER	다중 치수 보조선 작성	인출선 작성
MLE	MLEADEREDIT	다중 치수 보조선 수정	인출선 작성
LEAD	LEADER	치수 보조선 기입	인출선 작성
DCE	DIMCENTER	중심선 작성	원, 호
DED	DIMEDIT	치수 형태 편집	
D	DIMSTYLE, DDIM	치수 스타일 편집	

2.18.6 도면 패턴

단축키	명령어	내 용	비 고
H	HATCH	도면 해치패턴 넣기	
BH	BHATCH	도면 해치패턴 넣기	
HE	HATCHEDIT	해치 편집	
GD	GRADIENT	그라디언트 패턴 넣기	

2.18.7 도면 특성 변경

단축키	명령어	내 용	비 고
LA	LAYER	도면층 관리	
LT	LINETYPE	도면선분 특성관리	
LTS	LTSCALE	선분 특성 크기 변경	
COL	COLOR	기본 색상 변경	
MA	MATCHPROP	객체 속성 맞추기	
MO, CH	PROPERTIES	객체 속성 변경	

2.18.8 블록 및 삽입

단축키	명령어	내 용	비 고
B	BLOCK	객체 블록 지정	
W	WBLOCK	객체 블록화 도면 저장	
I	INSERT	도면 삽입	
BE	BEDIT	블록 객체 수정	
XR	XREF	참조 도면 관리	

2.18.9 드로잉 환경설정 및 화면, 환경설정

단축키	명령어	내 용	비 고
OS, SE	OSNAP	객체 스냅 설정	
Z	ZOOM	도면 부분 축소확대	
P	PAN	화면 이동	
RE	REGEN	화면 재생성	
R	REDRAW	화면 다시 그리기	
OP	OPTION	AutoCAD 환경설정	
UN	UNITS	도면 단위변경	

2.18.10 도면특성 및 객체정보

단축키	명령어	내 용	비 고
DI	DIST	거리 확인	
LI	LIST	객체 속성 정보	
AA	AREA	면적 산출	

2.18.11 FUNCTION 키 셋팅 값

단축키	명령어	내 용	비 고
F1	HELP	도움말 보기	
F2	TEXT WINDOW	문자윈도우 띄우기/닫기	
F3	OSNAP ON/OFF	객체 스냅 사용여부	
F4	3DOsnap ON/OFF	3D 객체 스냅 사용여부	
F5	ISOPLANE	2.5 차원 방향 변경	
F6	DYNAMIC UCS ON/OFF	자동 UCS 변경 사용여부	
F7	GRID ON/OFF	그리드 사용여부	
F8	ORTHO ON/OFF	직교모드 사용여부	
F9	SNAP ON/OFF	도면 스냅 사용여부	
F10	POLAR ON/OFF	극좌표 추적 사용여부	
F11	OSNAP TRACKING ON/OFF	객체스냅 추적 사용여부	
F12	DYNAMIC INPUT ON/OFF	동적 입력 사용여부	

2.18.12 Ctrl + 숫자 단축 값

단축키	명령어	내 용	비 고
Ctrl+1	PROPERTIES/ PROPERTIESCLOSE	특성창 On/Off	
Ctrl+2	ADCENTER/ADCLOSE	디자인센터 On/Off	
Ctrl+3	TOOLPALETTES/ TOOLPALETTESCLOSE	툴팔레트 On/Off	
Ctrl+4	SHEETSET/SHEETSETHIDE	시트셋 관리자 On/Off	
Ctrl+5			기능 없음
Ctrl+6	DBCONNECT/DBCCLOSE	DB 접속 관리자 On/Off	
Ctrl+7	MARKUP/MARKUPCLOSE	마크업 셋트 관리자 On/Off	
Ctrl+8	QUICKCALC/QCCLOSE	계산기 On/Off	
Ctrl+9	COMMANDLINE	커멘트 영역 On/Off	
Ctrl+0	CLENASCREENOFF	화면 툴바 On/Off	

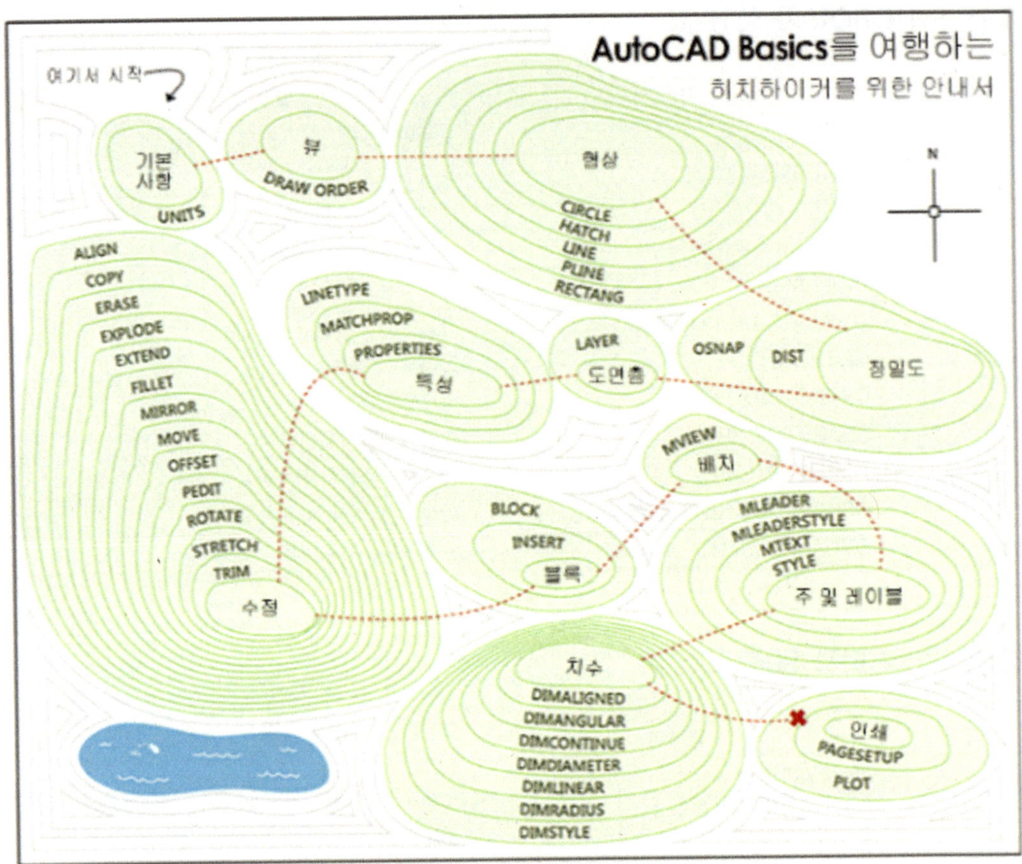

기본 사항 AutoCAD를 조정하는 기본적인 방식을 검토합니다.

뷰 도면을 초점이동 및 줌 확대하고 겹치는 객체의 순서를 조정합니다.

형상 선, 원 및 솔리드-채움 영역과 같은 기본 기하학적 객체를 작성합니다.

정밀도 AutoCAD는 모형에 필요한 정밀도를 확인할 수 있는 여러 기능을 제공합니다.

도면층 도면층에 객체를 지정하여 도면을 구성합니다.

특성 색상 및 선종류와 같은 특성을 개별 객체에 지정하거나 도면층에 지정된 기본 특성으로 지정할 수 있습니다.

수정 도면의 객체에 대해 지우기, 이동 및 자르기와 같은 편집 작업을 수행합니다.

블록 상업용 온라인 소스의 설계 또는 직접 작성한 설계에 기호 및 상세 정보를 삽입합니다.

배치 배치라고 하는 표준 크기의 도면 시트에 설계에 대한 하나 이상의 축척된 뷰가 표시됩니다.

주 및 레이블 주, 레이블, 버블 및 콜아웃을 작성합니다. 스타일 설정을 이름별로 저장 및 복원합니다.

치수 여러 유형의 치수를 작성하고 이름별로 치수 설정을 저장합니다.

인쇄 도면 배치를 프린터, 플로터 또는 파일로 출력합니다. 각 배치에 대한 프린터 설정을 저장 및 복원합니다.

2.19 미치겠다!

AutoCAD 작업을 하다 보면 여러 가지 이유로 진도가 나가지 못하거나, PC가 꺼지는 등 문제가 생길 수 있다.

2.19.1 갑자기 프로그램이 다운되거나 PC가 꺼지는 경우

그 동안 작업한 것을 살릴 수 있을까?

AutoCAD 프로그램은 이러한 문제에 대비해 자동 저장 기능이 있어 일정 시간마다 현재 작업된 내용을 저장한다. 이 자동 저장된 파일을 자동으로 불러주는 기능이 있지만 이마저 안되는 경우에 자동 저장 파일을 찾아 열어보자.

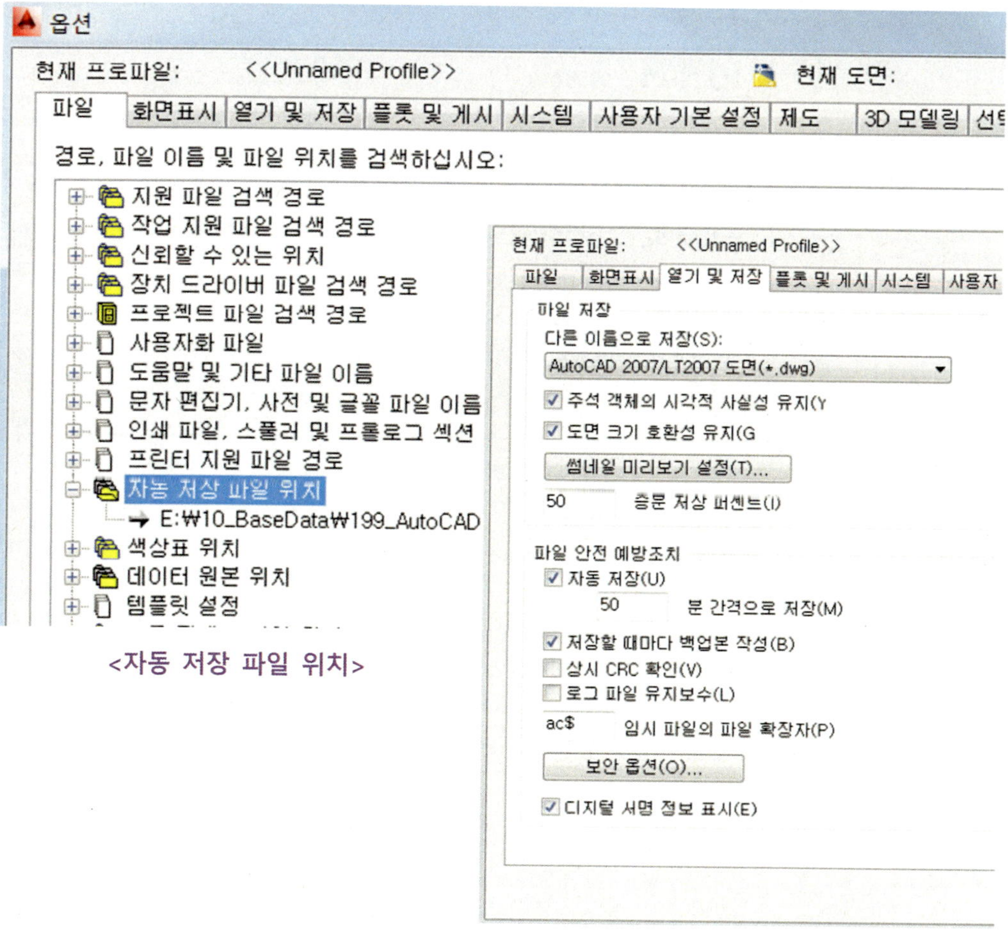

<자동 저장 파일 위치>

<자동 저장 파일 설정>

1) 자동 저장 파일 찾기

① '옵션'의 '파일' 탭에서 '자동 저장 파일 위치' 항목의 '+'를 눌러 위치를 확인한다.

② 윈도우즈 탐색기에서 그 위치를 열어 *.bak나 *.ac$ 파일 중 가장 나중에 생성된 파일을 찾는다. 파일 이름(*)은 작업 중 저장했던 파일이다.

2) 파일 확장자 변경 및 파일 열기

① *.bak나 *.ac$ 파일의 확장자를 바꿔 *.dwg로 바꾼다.

② AutoCAD에서 파일을 연다.

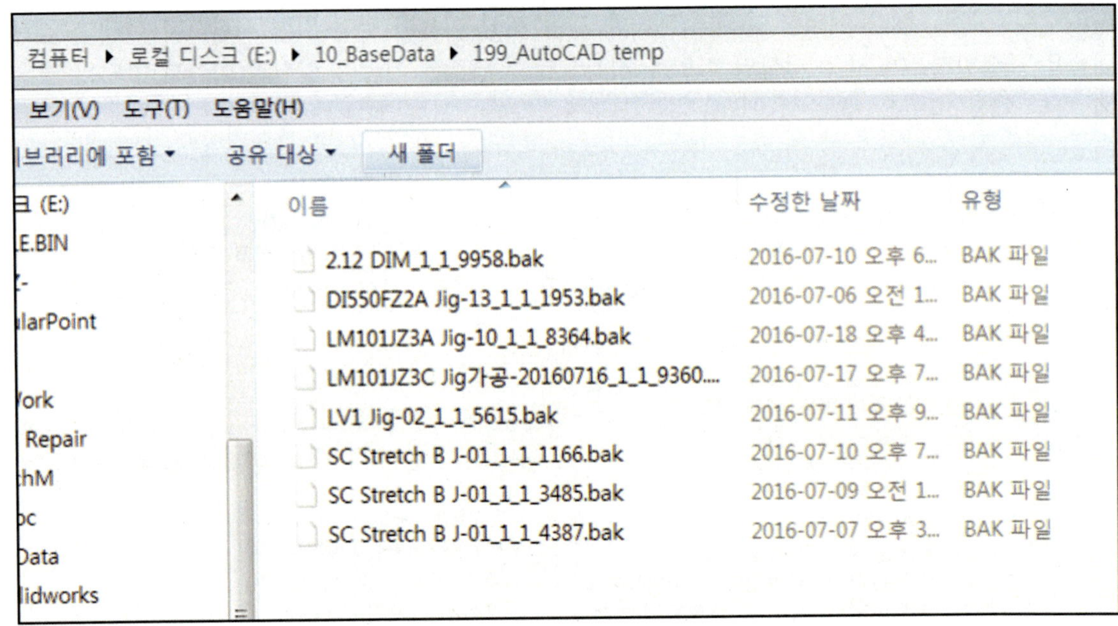

<자동 저장 파일(탐색기)>

※ 자동 저장 파일 옵션에서 '저장할 때마다 백업본 작성'을 선택하면 *. bak 파일이 생기고, 선택하지 않으면 *.ac$ 파일이 생긴다(자동 저장 위치).

※ 작업 중 저장을 하면 최초 저장한 위치나 옮겨진 위치에 *. bak 파일이 생긴다.

2.19.2 특정한 점을 찍을 수가 없는 경우

AutoCAD의 여러 설정 중 스냅이 설정된 경우 바둑판에서 두 선의 교차점에만 바둑돌을 놓을 수 있듯이 특정 지점만 클릭이 되므로 임의의 위치에 클릭이 안된다.

펑션키 'F9'를 누르거나 화면 하단의 상태막대의 스냅 버튼을 누른다.

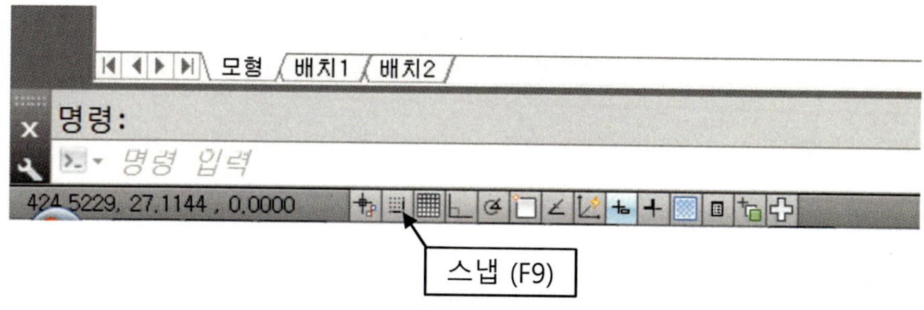

2.19.3 그렸는데 인쇄하면 일부가 없어지는 경우[2.7 단원 참조]

AutoCAD 도면층 설정에서 해당 도면층이 플롯 안됨으로 체크되어 있는 경우 인쇄가 되지 않는다. 도면층 관리자에서 플롯 항목의 플롯 안됨을 해제한다.

혹은 해당 도면층이 동결되어 있어도 인쇄되지 않는다.

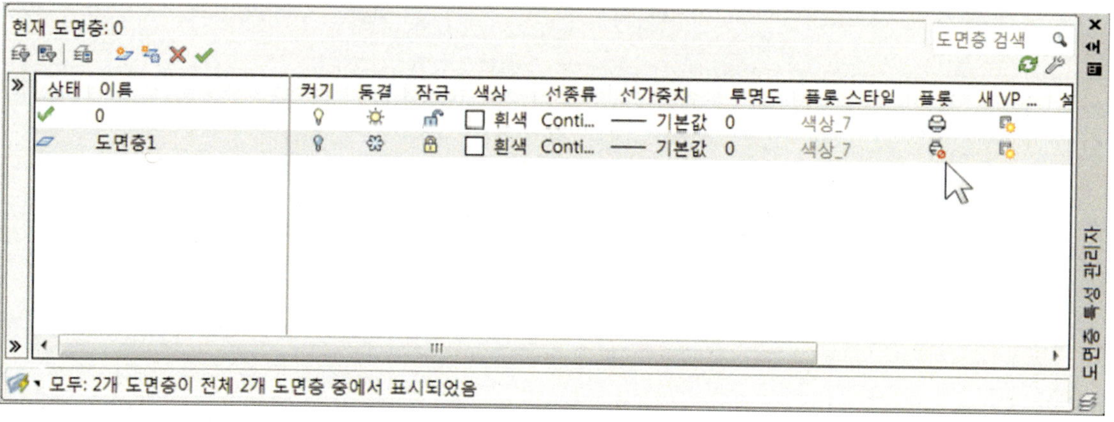

<도면층 관리자_도면층 설정>

2.19.4 이전에 그렸던 객체를 볼 수가 없는 경우[2.1.2 ZOOM 단원 참조]

마우스의 휠을 이용해 줌 아웃을 아무리 해도 이전에 그렸던 객체들이 보이지 않는 경우가 생긴다. AutoCAD에서는 S/W 실행 자원 최소화를 위해 자동적으로 줌 범위의 제한이 된다.

이 경우 Zoom '전체(a)' 혹은 '범위(e)'를 실행한다.

① 명령(Command) : Zoom

z ↵a ↵ (줌 전체)

z ↵e ↵ (줌 범위)

② 툴바 메뉴 :

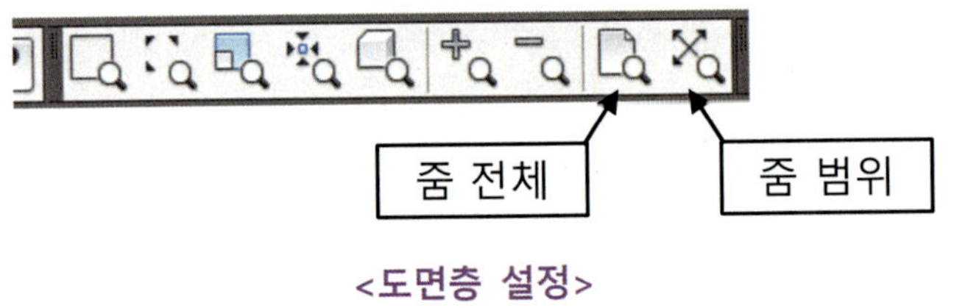

<도면층 설정>

2.19.5 점선을 그렸는데 실선으로 보이는 경우

점선이 실선으로 보이는 경우는 2가지가 있다.

첫 번째 선 모양의 비율 문제이다. 점선의 경우 선과 빈 공간의 거리를 설정하여 도면 크기에 따라 적절하게 보이도록 한다.

이 경우 빈 공간의 거리를 지정하는 명령을 실행한다. 선종류 축척을 1보다 작게 하거나 크게 바꾼다.

1) 해당 객체만의 특성을 바꾸기

① 명령(Command) : properties

② 툴바 메뉴 :

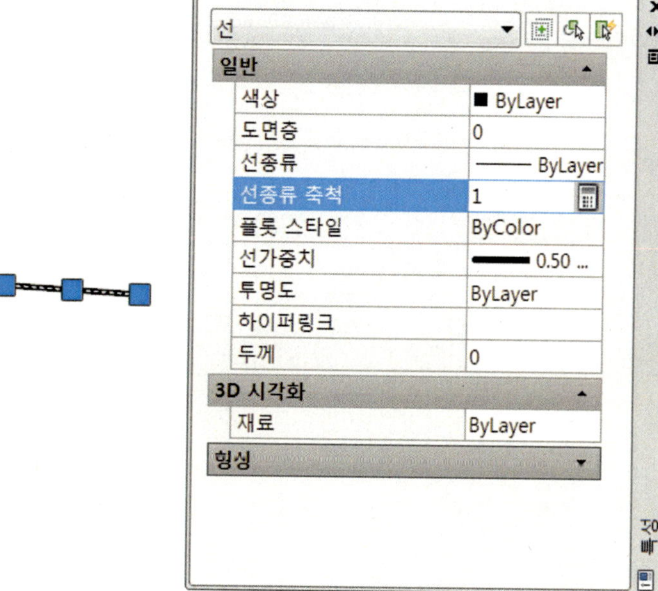

2) 전체 객체의 특성 바꾸기

① 명령(Command) : lts ↵

명령: *(lts)*
LTSCALE 새 선종류 축척 비율 입력 <1.0000>: *(.5)*
모형 재생성 중.

2.19.6 점선을 그렸는데 실선으로 보이는 경우

두 번째 AutoCAD에서 S/W 실행 자원 최소화를 위해 자동적으로 점선을 실선처럼 보이게 하는 경우이다.

```
명령: RE
REGEN
모형 재생성 중.
```

※ Regen(재생성) 명령은 원이 다각형으로 보이는 경우에도 사용하여 원으로 보이도록 하는데 사용된다.

2.19.7 호가 이상하게 그려지는 경우

호가 엉뚱하게 그려지는 것은 그려지는 방향 지정이 맞지 않는 경우이다.

AutoCAD에서는 회전 방향에도 정/역이 있으며 일반적으로 반시계방향이 정방향이고 호가 그려지는 방향이다.

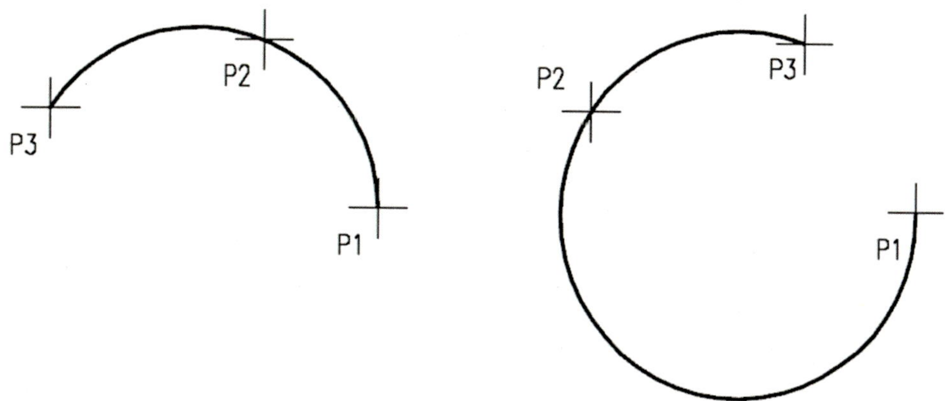

<호 그리기 ; 점 지정 순서에 따라 그려지는 호의 모양>

[제 3 장]

투상도 연습

3.1 기초 투상도 연습문제 1

1칸을 10mm로 해서 정투상도를 작성하라.

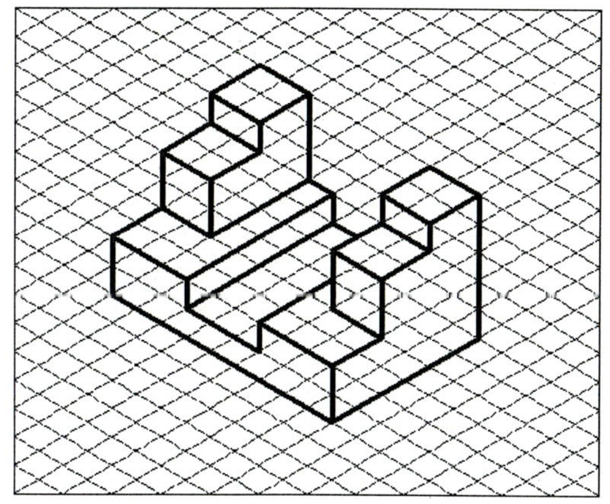

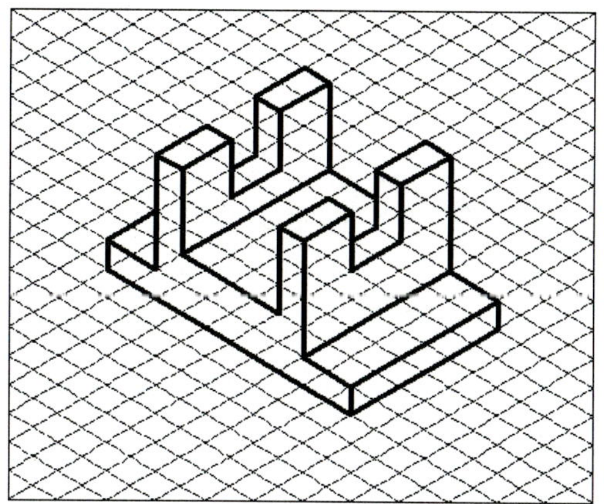

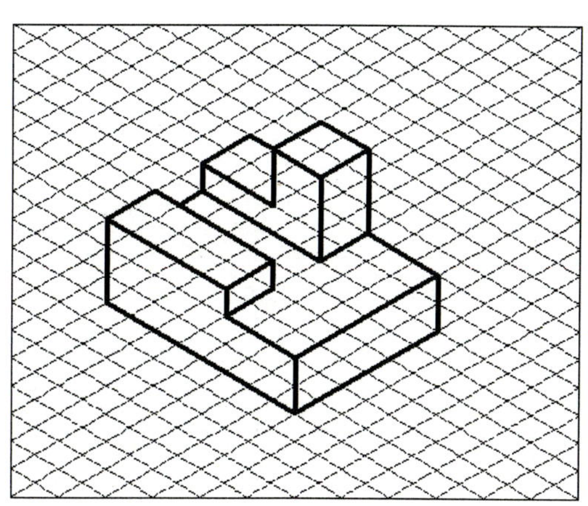

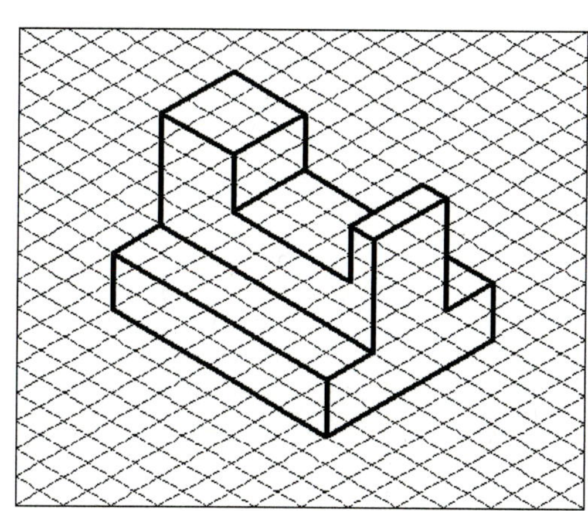

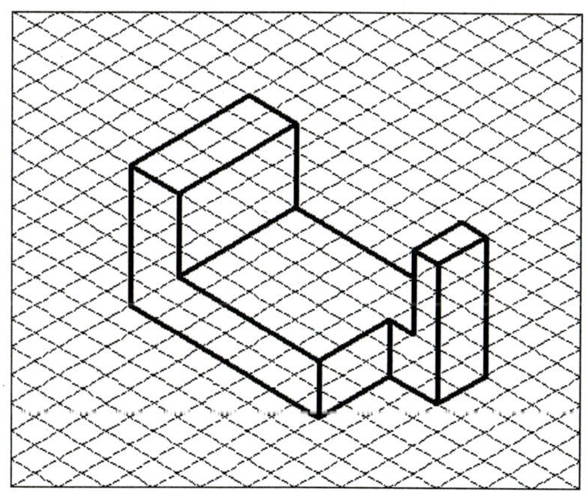

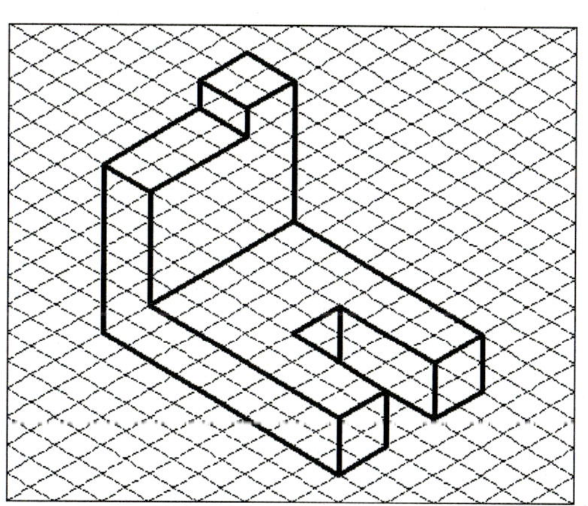

3.1 기초 투상도 연습문제 2

1칸을 10mm로 해서 정투상도를 작성하라.

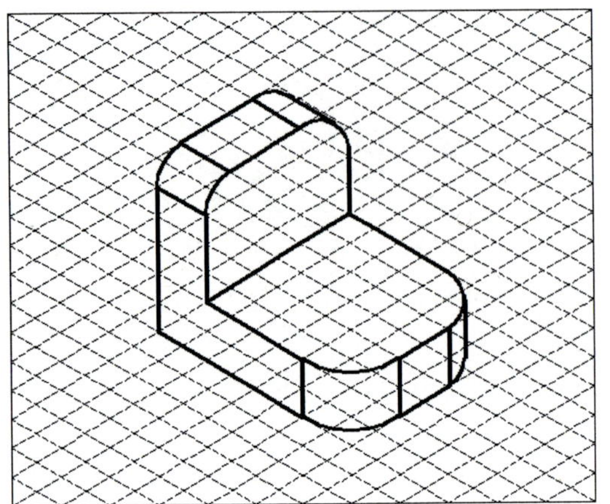

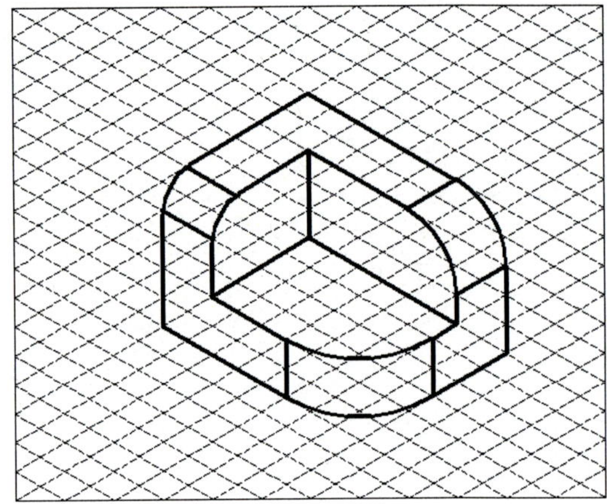

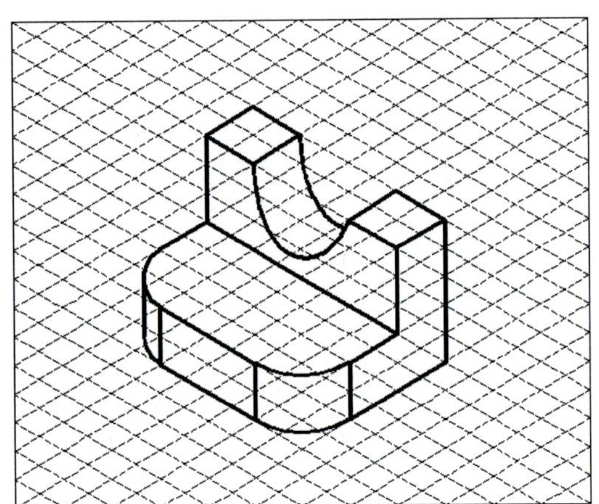

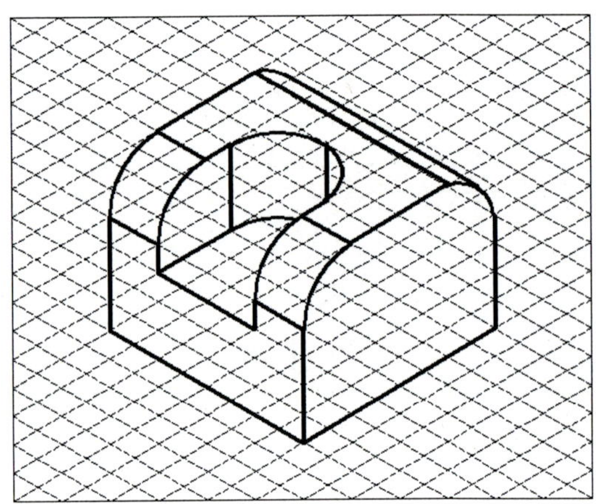

3.1 기초 투상도 연습문제 3

정투상도를 작성하라.

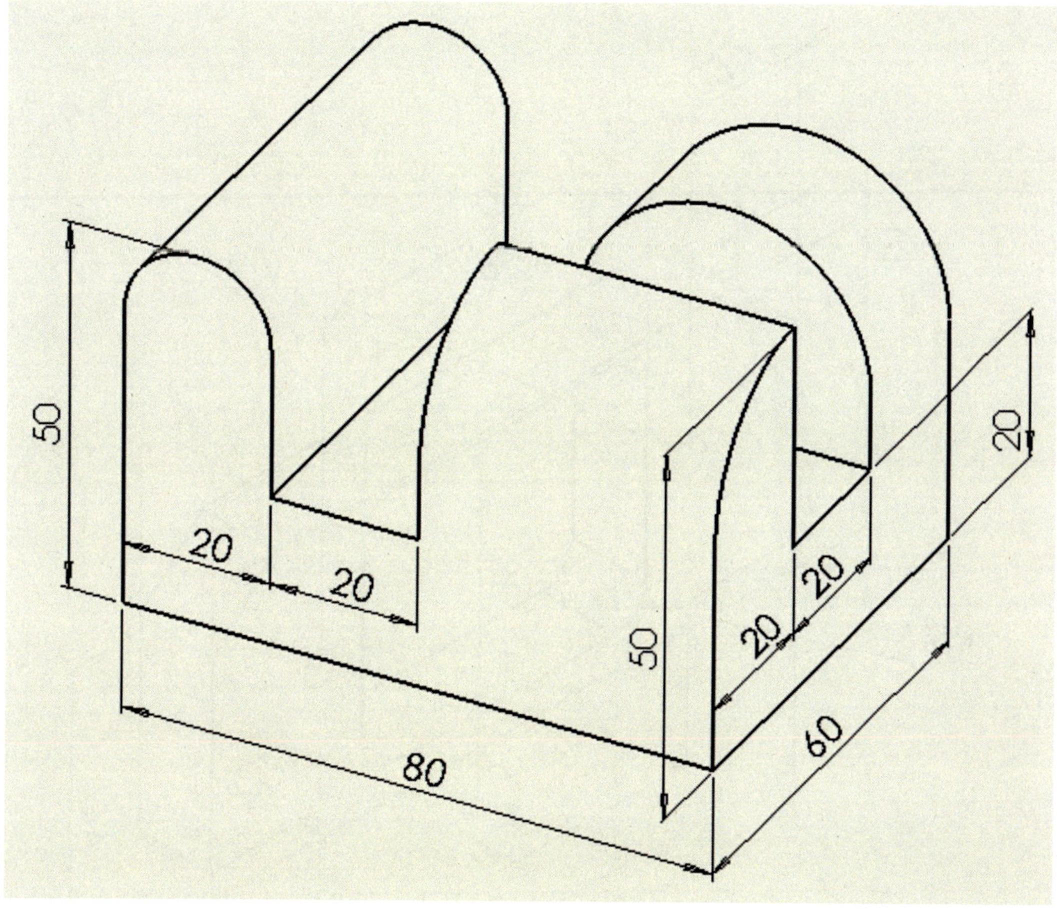

3.2 일반 투상도 연습문제 1

정투상도를 작성하라.

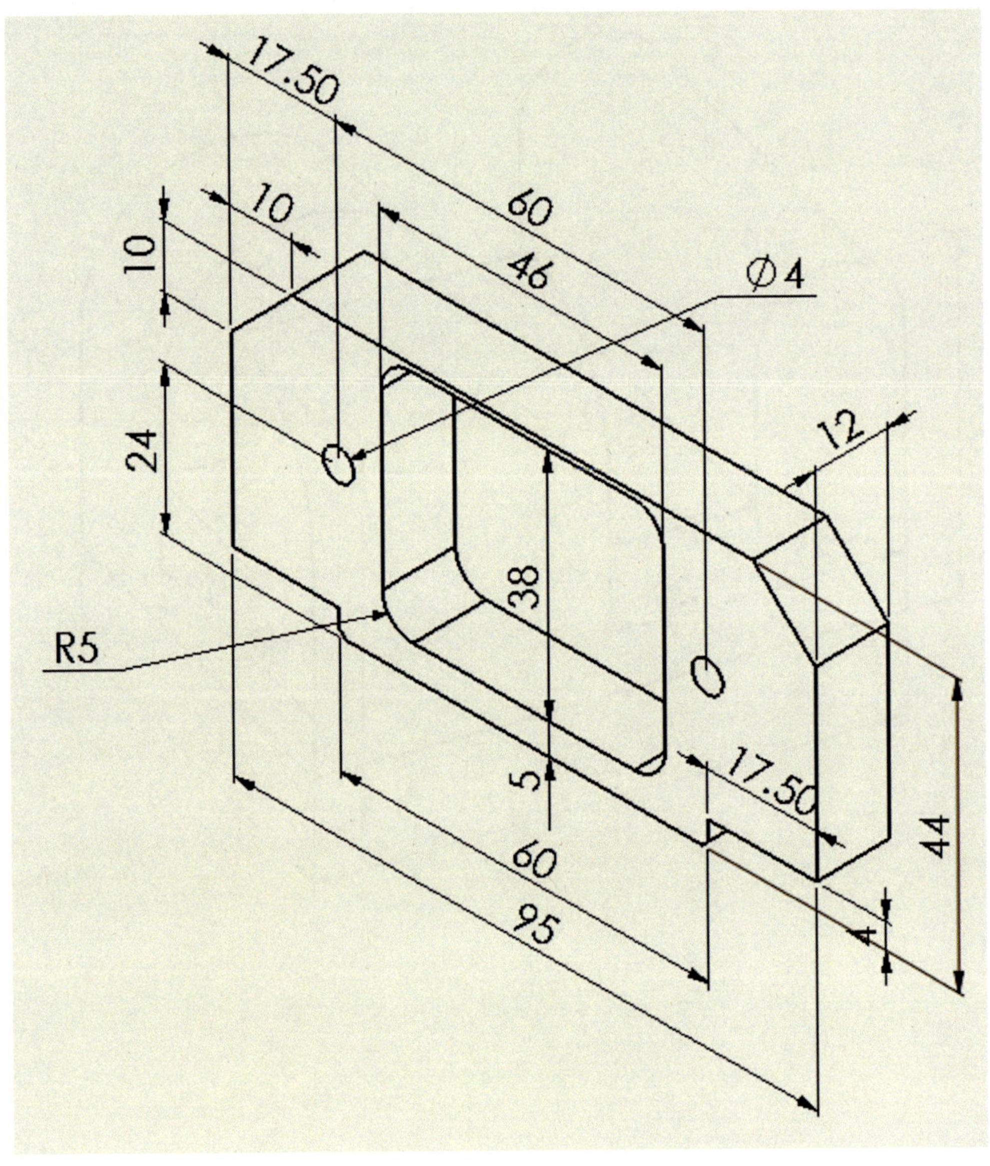

3.2 일반 투상도 연습문제 2

정투상도를 작성하라.

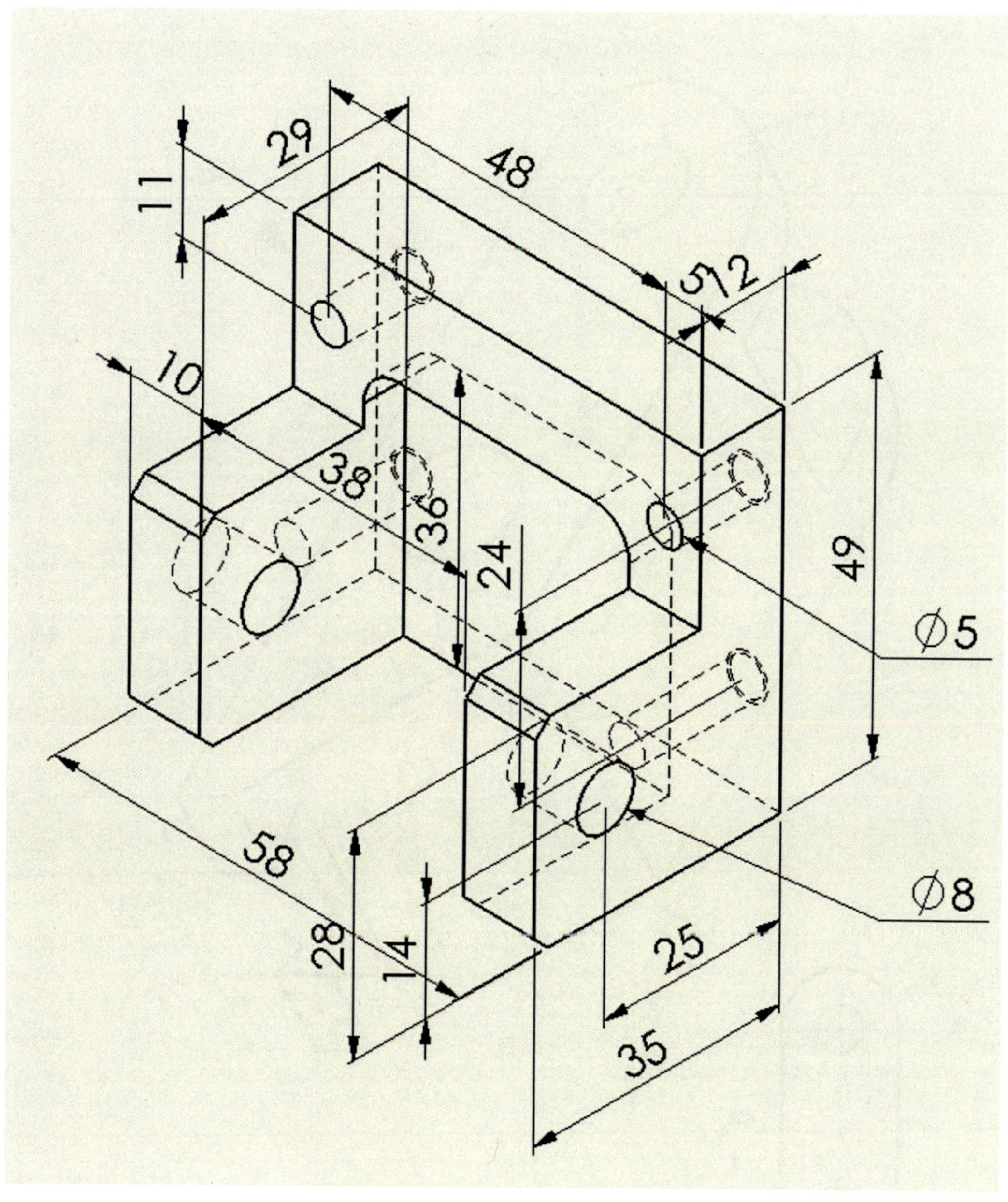

3.2 일반 투상도 연습문제 3

정투상도를 작성하라.

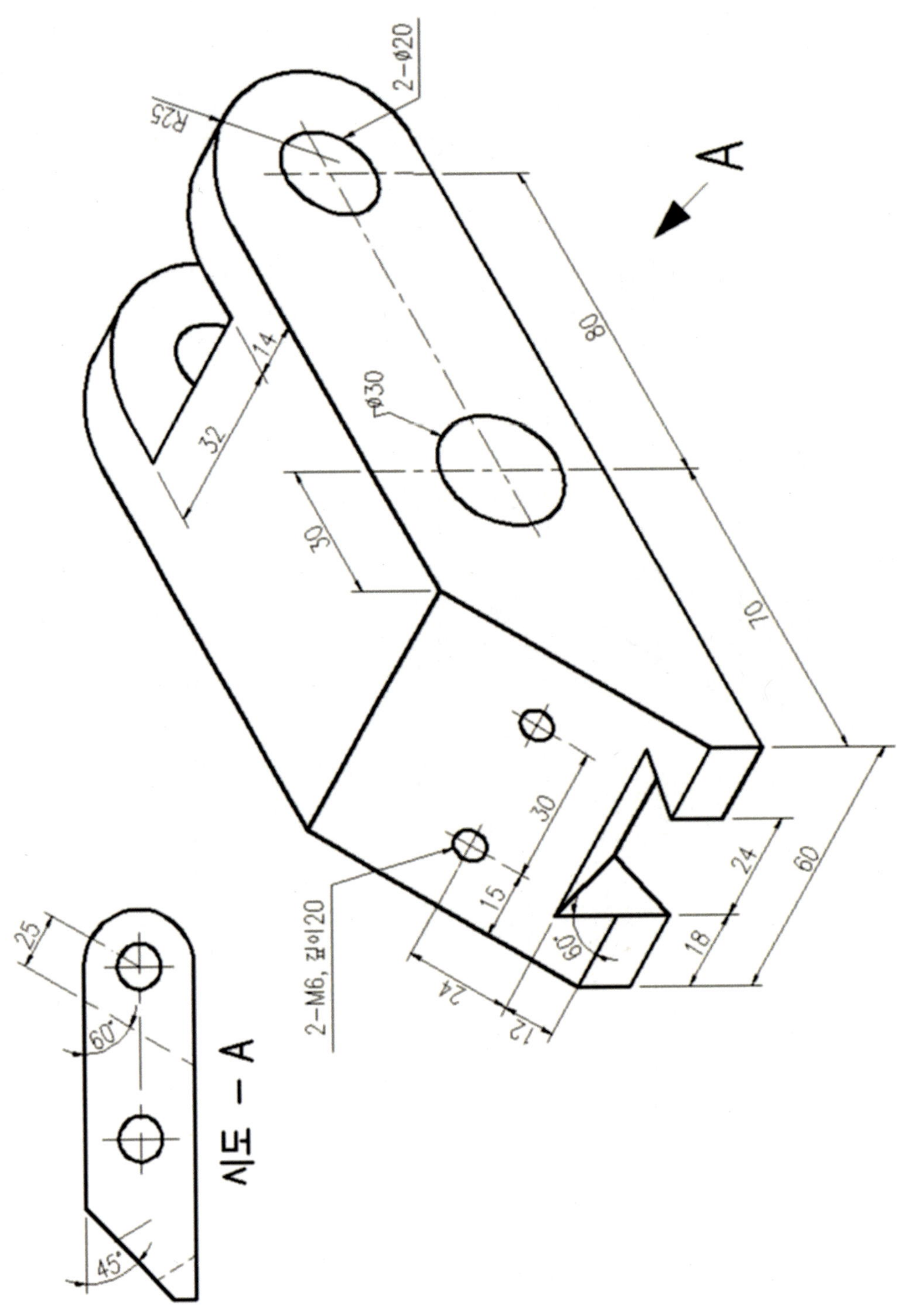

3.2 일반 투상도 연습문제 4

정투상도를 작성하라.

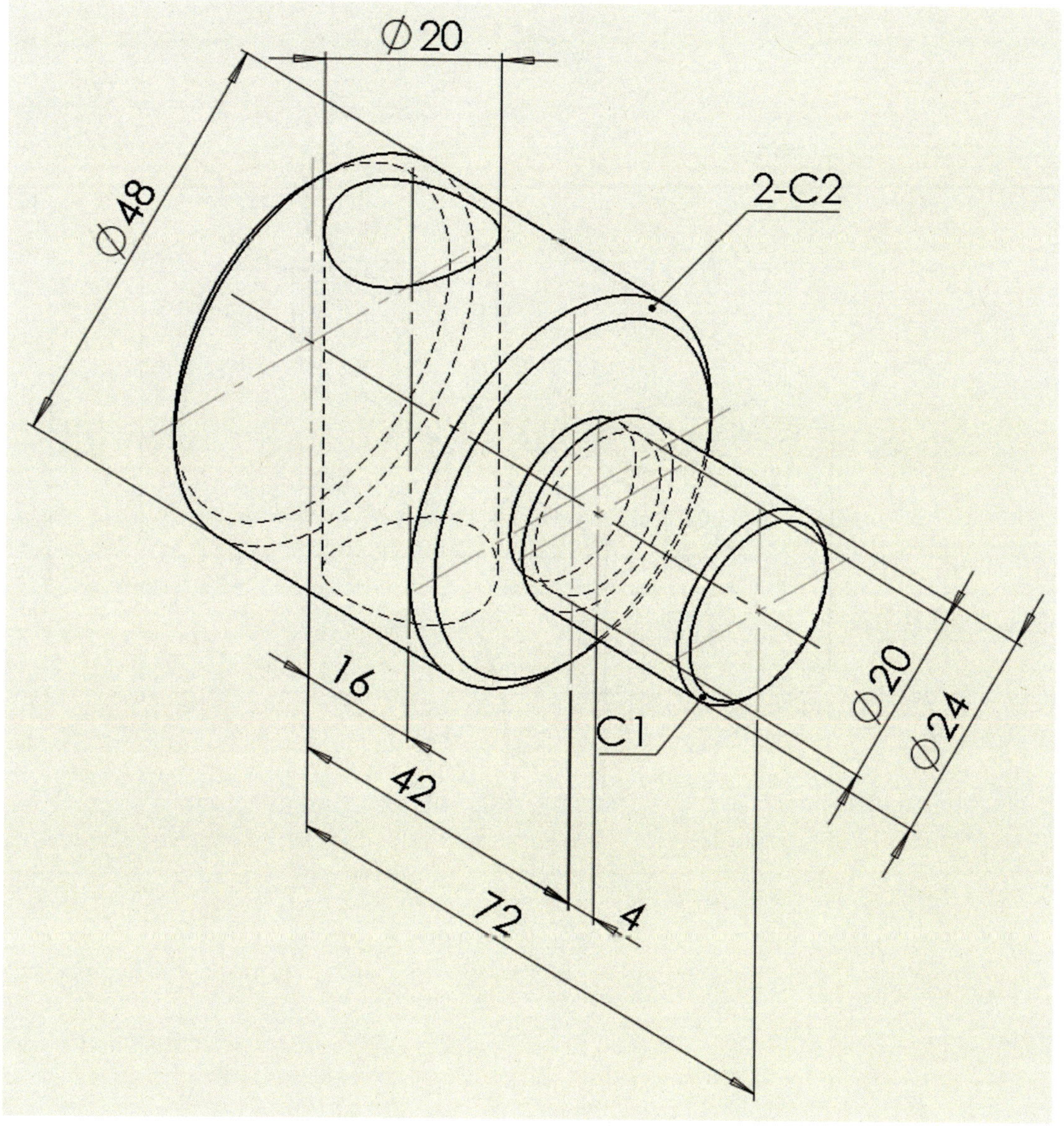

3.2 일반 투상도 연습문제 5

정투상도를 작성하라.

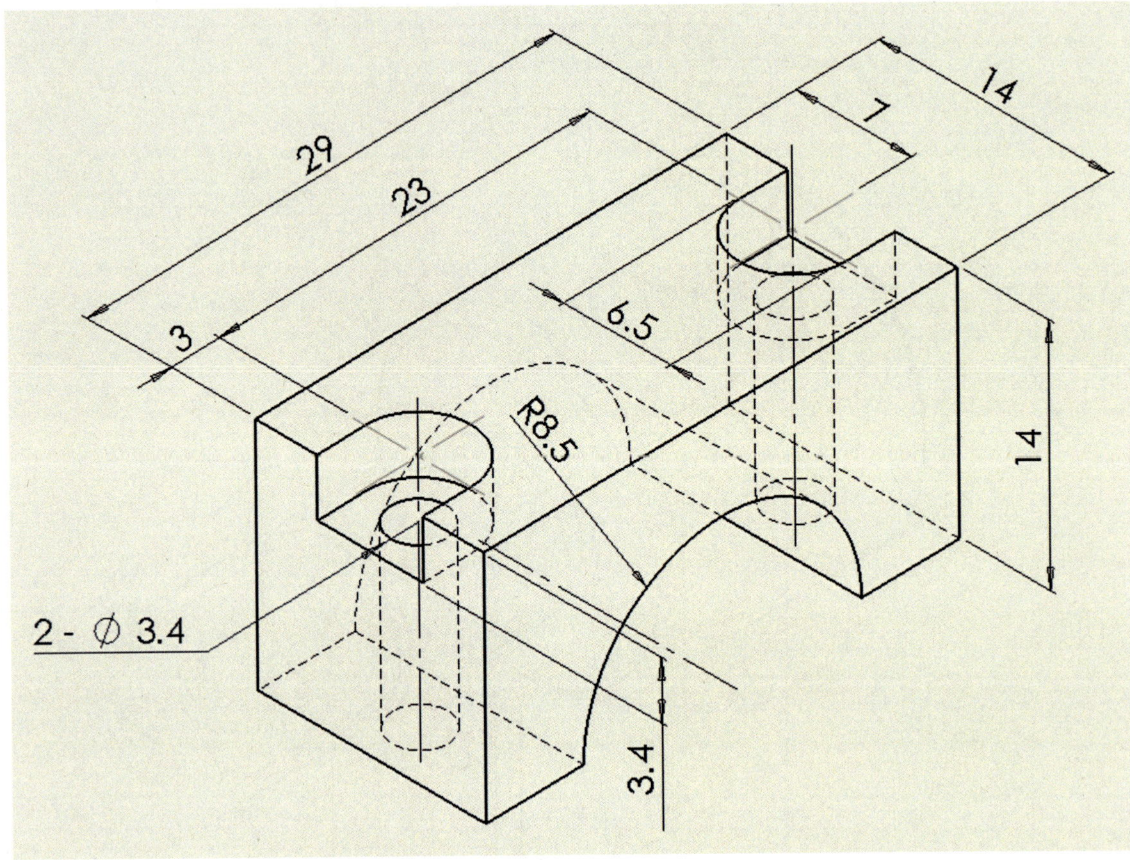

3.2 일반 투상도 연습문제 6

정투상도를 작성하라.

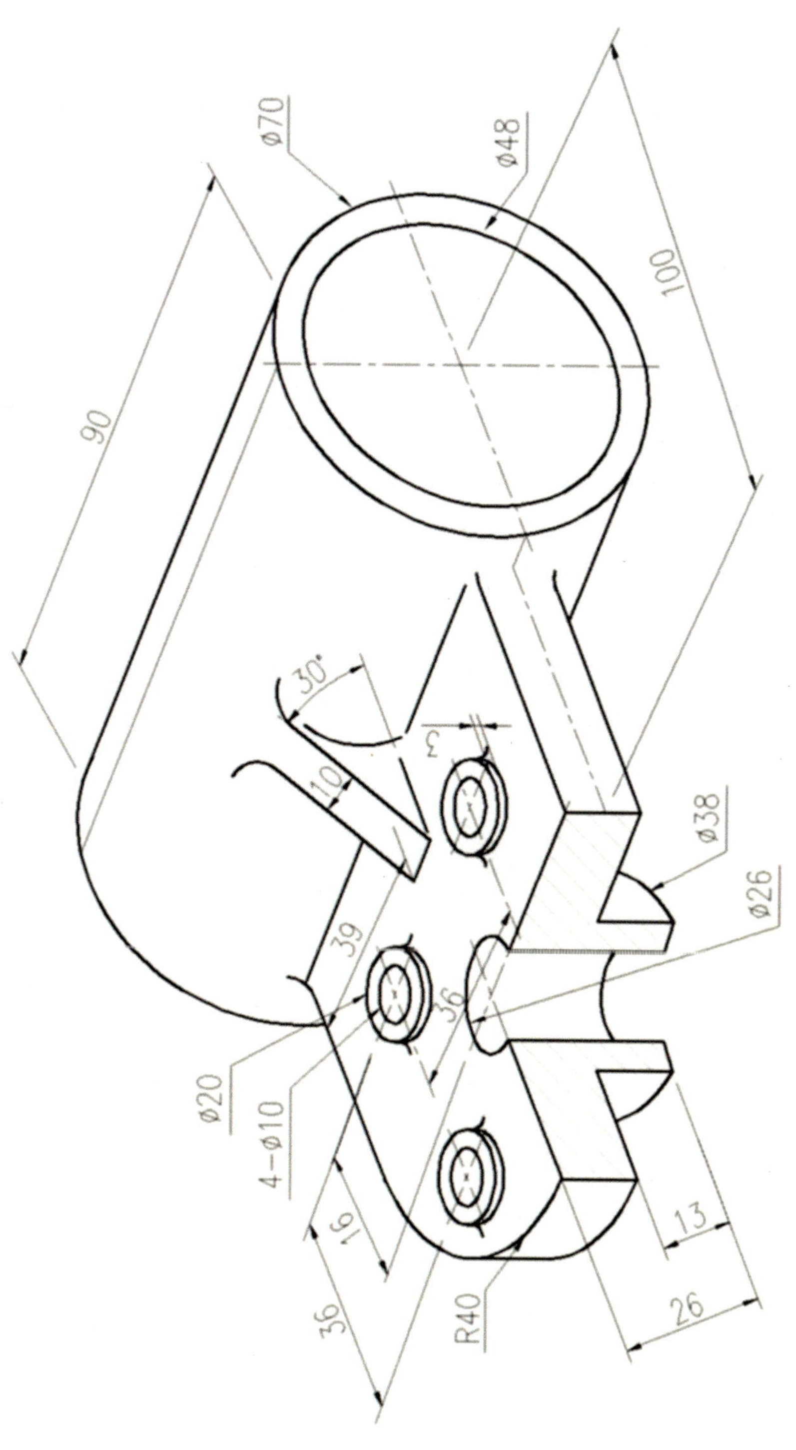

3.2 일반 투상도 연습문제 7

정투상도를 작성하라.

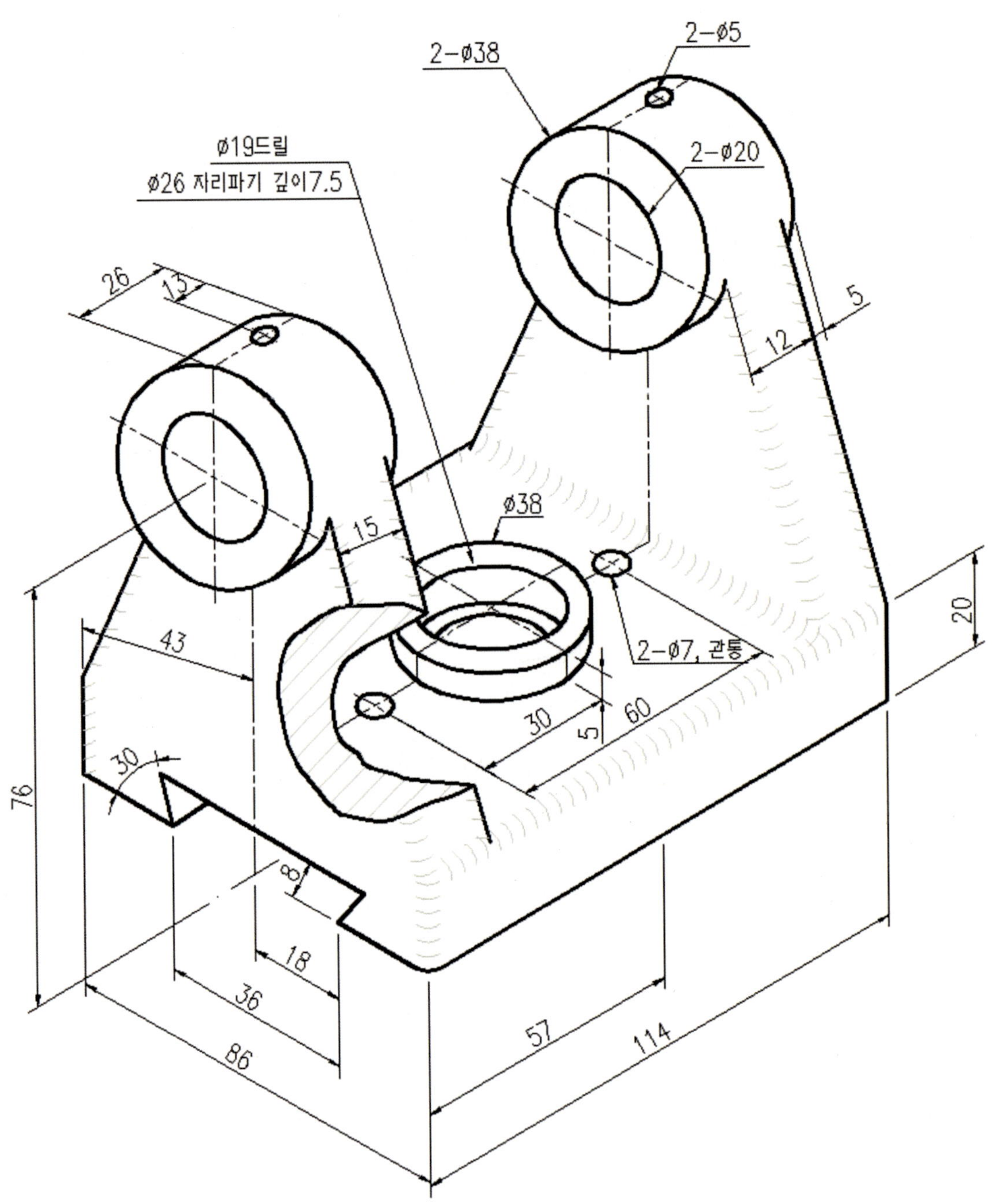

3.2 일반 투상도 연습문제 8

정투상도를 작성하라.

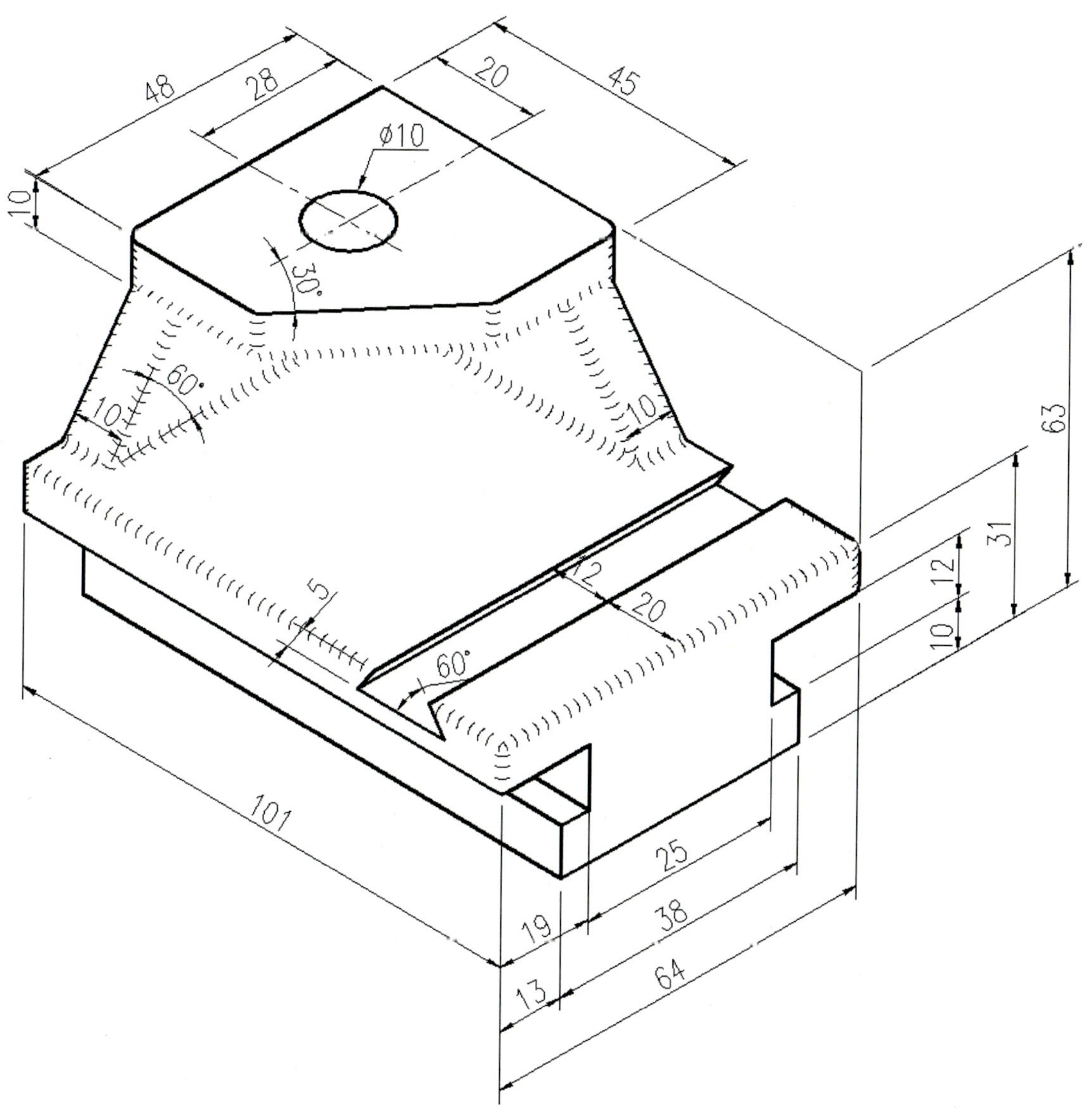

Auto CAD for Mechanical Drawing

지 은 이	신동일 · 박정규 · 백덕화
펴 낸 이	김형근
펴 낸 곳	도서출판 기한재
주 소	경기도 파주시 회동길 56 (파주출판문화정보산업단지)
전 화	031)955-0900~2
팩 스	031)955-0100
등 록	1990년 3월 15일 제2-968호
발 행	2022년 9월 20일 1판 2쇄
정 가	18,000원

Published by Kihanjae Co.
ISBN 978-89-7018-774-7
http://www.kihanjae.com
E-mail : kihanjae@hanmail.net